Yes we camp!

ALPEN-CAMPING AN SEEN UND FLÜSSEN

DIE SCHÖNSTEN PLÄTZE UND TOUREN

von

Marc Roger Reichel

Zu allen sechs Touren in diesem Buch stehen für Sie GPX-Daten zum kostenlosen Download bereit. Einfach den nebenstehenden QR-Code scannen und losfahren!

PiN CAMP

powered by ADAC

»Mit dem Wohnmobil an einem Bergsee in den Alpen übernachten – das ist pures Naturerleben.«

Marc Roger Reichel

PINCAMP: SUCHEN. BUCHEN. CAMPEN.

Camping-Vorfreude statt Urlaubsstress: *Auf PiNCAMP (www.pincamp.de), dem Campingportal des ADAC, können Camper ihren Urlaub von der Inspiration über die Campingplatzsuche bis zur Buchung bequem und kostenlos planen.*

Auf der Suche nach dem passenden Campingplatz ist PiNCAMP die richtige Adresse für alle Camper. Das Campingportal listet über 11 000 Campingplätze in ganz Europa, mehrere Tausend können davon direkt online gebucht werden. Camper erhalten somit auf PiNCAMP einen perfekten Überblick, welche Campingplätze in ihrer Wunschregion noch frei sind, und können sich direkt ihren Platz einfach und schnell online buchen. So steht dem nächsten Campingglück nichts mehr im Weg.

Um Camper bei der Urlaubsplanung bestmöglich zu unterstützen, bildet die europaweit einheitliche ADAC Klassifikation die perfekte Grundlage zum Vergleich von Campingplätzen.

Die ADAC Klassifikation basiert auf der objektiven Bewertung durch die ADAC Inspekteure. Diese geschulten und erfahrenen Camping-Experten durchleuchten regelmäßig 6000 Campingplätze europaweit einheitlich auf Basis eines standardisierten Fragebogens mit über 200 Messkriterien. Das Ergebnis ist eine objektive Analyse der Qualität von Ausstattung und Angebot. Die besten Campingplätze mit einer 5-Sterne-Klassifikation erhalten die Auszeichnung ADAC Superplatz. Ein Platz mit zwei Sternen muss aber nicht automatisch weniger attraktiv sein als ein Platz mit vier oder fünf Sternen. Camper müssen sich lediglich darauf einstellen, dass Infrastruktur und Ausstattung bei wenigen Sternen einfacher gehalten sind. Aber manchmal sind gerade einfachere Plätze die charmanten Geheimtipps. Alle in diesem Buch vorgestellten Campingplätze wurden mit größtmöglicher Sorgfalt ausgewählt und bilden ganz bewusst das volle Spektrum der Sterne-Klassifikation ab. Campingplätze ohne Sterne sind ganz neu in der Datenbank und wurden noch nicht von ADAC Inspekteuren besucht.

Für genauere Informationen steht am Ende der Platzbeschreibung ein Link zu pincamp.de, dem Campingportal des ADAC. Dort gibt es alle Details, die für die Auswahl eines Angebots hilfreich sind. Viel Spaß beim Sichten und Auswählen!

Beliebtes Ausflugsziel und perfekt als Ausgangspunkt für Aktivitäten aller Art ist der Pragser Wildsee.

INHALT

Sanfte Hügel, grüne Wiesen – so zeigt sich das Berchtesgadener Land bei Schneizlreuth.

ÖSTERREICH 42

SCHWEIZ 80

FRANKREICH 118

ITALIEN 150

Nahe Dorf Tirol in Südtirol lädt eine tolle Bergkulisse zu einer kurzen Pause ein.

SLOWENIEN 194

LIEBLINGS-TOUREN 220

INFOS VON A-Z

Mit Wohnmobil und Wohnwagen in den Bergen unterwegs

Fahrtbeginn: Die verkehrsarmen frühen Morgen- und Abendstunden sind zum Überqueren von Pässen und Grenzübergängen günstiger. Prüfen Sie vor der Abfahrt Fahrzeuge und Anhänger auf ihren einwandfreien technischen Zustand. Kupplung, Bremsen und Reifen werden bei Passfahrten besonders stark beansprucht. Denken Sie auch an die grüne Internationale Versicherungskarte für den Anhänger.

Fahrverhalten: Bildet sich hinter Ihrem Fahrzeug eine Kolonne, fahren Sie hin und wieder rechts ran, damit man Sie überholen kann. In Deutschland ist dies sogar vorgeschrieben.

Geschwindigkeit: In Deutschland gelten 80 km/h als Höchstgeschwindigkeit für Gespanne, oder mit Ausnahmeregelungen Tempo 100. Erkundigen Sie sich ggf. vor Reisebeginn über die Regelungen im Ausland. Reduzieren Sie bei Seitenwind die Geschwindigkeit. In den Alpen muss auch im Sommer mit Schnee und Eis gerechnet werden.

Kühlwasser: Gerät der Zeiger der Kühlwasserkontrolle in den roten Bereich oder leuchtet die entsprechende Kontrolllampe auf, schalten Sie die Heizung ein und fahren Sie sofort in die nächste Parkbucht oder an den äußersten rechten Fahrbahnrand – durch die eingeschaltete Heizung sinkt die Temperatur rascher. Öffnen Sie bei laufendem Motor die Motorhaube; Wasserpumpe und Verbindungsschläuche dürfen keine Flüssigkeit verlieren, der Kühlerventilator muss sich drehen. Ist hier äußerlich kein Defekt festzustellen, schalten Sie den Motor aus und schrauben nach angemessener Zeit mit einem Tuch vorsichtig den Kühlerverschluss ab, kontrollieren den Flüssigkeitsstand und füllen – wenn nötig – langsam Wasser nach.

Auch bei einem planmäßigen Halt auf einem Parkplatz empfiehlt es sich, den Motor noch kurze Zeit im Stand laufen zu lassen. Dadurch kühlt er schneller ab.

Steigungen: Pässe mit mehr als 12 % Steigung sind für Gespanne ungeeignet. Auch Passstraßen mit langen Steigungen mit weniger als 12 % sollten Sie meiden. Im Gebirge kann mit zunehmender Höhe die Leistung des Motors abnehmen. Kleinen Gang einlegen!

Vor Steigungen und besonders vor Kehren immer zurückschalten. Auch beim Abwärtsfahren ist es notwendig, den kleineren Gang einzulegen, um die Bremsen zu schonen. Sichern Sie im Falle einer Panne die Räder immer mit Unterlegkeilen.

Winterausrüstung: Im Winter sollten Gespannfahrer nie ohne Winterreifen und Schneeketten für den Pkw losfahren. Auch Sandsäcke, eine Schneeschaufel oder ein Spaten und ein Abschleppseil gehören ins Fahrzeug. Aktuelle Informationen sowie Angaben zur Befahrbarkeit von Alpenstraßen unter 0800 5 10 11 12 oder auf adac.de/verkehr/verkehrsinformationen.

Wohnmobil- und Wohnwagen-Fahrsicherheitstrainings

Ob zu zweit oder mit der Familie – mit einem Fahrsicherheitstraining starten Sie sicher in den Urlaub und üben vor Ihrer Reise das Beladen, Rangieren, Ausweichen und Bremsen mit Ihrem Fahrzeug gefahrlos und in sicherer Umgebung. Mehr Informationen zu Inhalten und Standorten finden sie unter: ▶ www.adac.de/services/fahrsicherheitstrainings

ADAC

LIEBE LESERINNEN, LIEBE LESER,

das erste Geräusch, das morgens ans Ohr dringt, ist das Rauschen eines Baches oder Flusses. Der erste Blick nach dem Öffnen der Tür gilt dem glasklaren See, der in der Morgensonne glitzert … Campen an Seen und Flüssen ist besonders – erst recht mit den Alpen als malerischer Kulisse. Die Kombination von Bergen und Wasser übt eine Anziehungskraft aus, der man sich kaum entziehen kann: Hier sind wir mitten in der Natur, wo Quellen und Wasserfälle, Gipfel und Höhlen für Ursprünglichkeit stehen und uns durchatmen lassen. Die Schönheit der Landschaft sorgt jeden Tag für großartige Eindrücke und Erlebnisse.

Urlaub in den Alpen ist besonders reizvoll, wenn sich der Campingplatz in der Nähe eines Gewässers befindet. Die Bade- und Wassersportmöglichkeiten sind verlockend, meist lassen sich Boote oder SUP-Boards über die Rezeption ausleihen. Oft haben sich in direkter Nähe der Campingplätze Surf- und Segelschulen angesiedelt. Tipps für den Ausflug in die Berge gibt es ebenfalls – die Palette reicht hier von Wanderrouten bis hin zu Rafting- oder Canyoningtouren. Doch auch das Hinterland bietet Höhepunkte, die man nicht verpassen sollte. Je nach Region locken Schlösser und längst aufgegebene Festungen. So manches Skigebiet ist längst auch auf die Sommersaison eingerichtet und bietet Wanderern und Mountainbikern interessante Wegenetze in unterschiedlichen Schwierigkeitsgraden.

Nicht wenige Plätze bieten zudem Wellnesseinrichtungen vor Ort oder ganz in der Nähe – in den Alpen lässt man es sich gut gehen. Das gilt natürlich auch für den Nachwuchs: Schwimmbäder auf und außerhalb der Campingplätze sind oft

So lässt sich's gut SUPpen: auf einem Bergsee, die schneebedeckten Gipfel immer im Blick.

ÜBER DEN AUTOR

Das Leben zur Reise machen, das Reisen zum Leben: Als freier Journalist ist Marc Roger Reichel seit mehr als 30 Jahren mit Kamera und Laptop unterwegs – immer neugierig darauf, was noch hinter dem Horizont liegt. Schwerpunkt seiner Artikel und Bücher sind die Themen Verkehr und Reise in allen Spielarten. Den Reiz des Mittelmeers in der Abendsonne schätzt der bekennende Camper ebenso wie die spektakuläre Natur Skandinaviens. In der Reihe »Yes we camp!« ist von ihm auch der Band »Die schönsten Camping-Ziele zum Überwintern« erschienen.

kindgerecht gestaltet; Spielplätze und Animation regen die Phantasie an und lassen schnell neue Freundschaften entstehen. Selbst Kletterparks und Baumwipfelpfade bieten oft spezielle Programme und Rallyes für Kinder an.

Vierbeinige Reisebegleiter kommen ebenfalls nicht zu kurz. Nur wenige Plätze untersagen in der Hochsaison das Mitbringen von Hunden, üblich sind eher eine Leinenpflicht auf dem Platz und Tipps, wo es in der näheren Umgebung Möglichkeiten zum Auslauf gibt. Mitunter gibt es an den Seen abgegrenzte Hundezonen.

Kleinere Seen oder Flüsse üben oft einen ganz besonderen Reiz aus. Etwas abseits der Urlauberströme findet man wahre Perlen, die noch nicht überlaufen sind. Nicht zuletzt deshalb befinden sich viele Campingplätze dort fest in der Hand der einheimischen Urlauber, bei denen es sich nicht selten um Stammgäste handelt. Selbst wenn an der Rezeption noch weitere Sprachen gesprochen werden, sind etwaige Unterhaltungsprogramme in Landessprache gehalten.

Grundsätzlich gut gelöst ist die Frage der Ver- und Entsorgung. Zugang zum Stromnetz wird durchgängig auf allen Plätzen gewährt. Eine Absicherung von 16 Ampere darf man jedoch nicht überall erwarten. Auf manchen Camps kann man seinen voraussichtlichen Energiebedarf anmelden und bekommt dann einen entsprechend ausgerüsteten Platz. Anschlüsse für Frisch- und Abwasser sind an für Caravaner vorgesehenen Parzellen üblich. Die Anzahl eigenständiger Entsorgungsstationen für Wohnmobile steigt allerdings.

Das letzte Geräusch, das abends ans Ohr dringt, ist das Plätschern des Wassers. Die Farbenpracht des Sonnenuntergangs über Bergen und See war wieder spektakulär. Mit der Vorfreude auf den kommenden Tag lässt sich gut und tief schlafen. Ob im Reisemobil oder in einem Caravan – das mag den persönlichen Vorlieben überlassen bleiben.

Ihr Marc Roger Reichel

Deutschland

Unterwegs am Forggensee im Allgäu

Mit den Zielen …

Fünfseenland ▸ S. 12, Allgäu ▸ S. 18, Vom Blauen Land zur Zugspitze ▸ S. 24, Tegernsee ▸ S. 30, Chiemsee & Berchtesgadener Land ▸ S. 36

FÜNFSEENLAND

Wenn das Gute liegt so nah ... Zwischen Lech und Isar locken die malerischen Seen des Alpenvorlandes; südlich der Metropolregion München stellen Ammersee und Starnberger See leicht erreichbare Naherholungszentren dar. Ob segeln, surfen oder einfach nur vom nächsten Strandbad aus ins Wasser springen – die Möglichkeiten, aktiv zu werden, sind zahlreich. Für Ausflüge über die großen Seen bieten sich die regelmäßig verkehrenden Dampfer an, die in der Nähe der beliebtesten Orte anlegen. Dort finden Besucher so manche kulturell oder historisch interessante Stätte, die nicht nur an Regentagen reizvoll erscheint. An den kleineren Gewässern wie dem Pilsensee oder dem Weßlinger See geht es ruhiger zu; sie empfehlen sich als schöne Plätze zur Entspannung. Charme weisen auch die Flussläufe von Isar, Lech und Amper auf – entlang all dieser Flüsse verlaufen auch gut ausgebaute Radwege.

Die Anzahl der Campingplätze in der Region steht in direktem Verhältnis zur Größe des Sees. Sowohl am Starnberger See als auch am Ammersee haben sich mehrere gut ausgestattete Plätze angesiedelt, die auch genügend Kapazitäten für Touristencamper aufweisen. Im weiteren Umkreis konzentrieren sich die Camps eher auf die größeren Orte. Auch einen Wohnmobilstellplatz zu finden, stellt kein größeres Problem dar. Rund um den an sich kleineren Ammersee ist die Auswahl an Stellplätzen sogar noch größer als in der Region des Starnberger Sees.

Gewusst, wann ...

Georgiritt

Bei der Pferdewallfahrt am Ostermontag ziehen Hunderte geschmückter Pferde von Traunstein zum Ettendorfer Kirchlein, Musikkapellen begleiten sie. Der Festzug gehört sogar zum UNESCO-Kulturerbe! Auf dem Marktplatz wird ein historischer Schwertertanz aufgeführt.

▸ www.traunstein.de

Freizeit- und Wassersportler finden am Ammersee hervorragende Bedingungen. Und zahlreiche Plätze für einen gemütlichen Drink bei Sonnenuntergang.

SEHENSWERTES

LANDSBERG AM LECH

1 Der Lech hat Landsberg einst reich gemacht: Ab dem 14. Jh. durften für Transporte auf dem Wasser Salzzölle erhoben werden, und der prächtigen Altstadt mit ihren historischen Häusern und Türmen ist der frühe Reichtum anzusehen. Am Hauptplatz mit dem zentralen Marienbrunnen steht seit 1702 das alte Rathaus; der ebenfalls dort befindliche Schmalzturm ist der älteste der fünf Türme, die zu der nahezu unversehrten Stadtmauer gehören. Landsberg von oben kann man beim Besuch des 1425 erbauten Bayertores erleben – das Besteigen der 36 m hoch gelegenen Plattform erlaubt eine gute Sicht über die Altstadt.

In der Stadt der kurzen Wege ist es nicht weit zum Lechwehr, das den Fluss in fünf Stufen absenkt. Den besten Blick darauf hat man von der Karolinenbrücke, wo auch der steinerne Vater Lech über den Strom wacht. Folgt man der Promenade, kommt bald das Herkomer Museum in Sicht. Dessen Ausstellung zeigt den Nachlass des Malers und Grafikers Hubert von Herkomer (1849–1914).

UTTING AM AMMERSEE

2 Langeweile dürfte in Utting am Ammersee nicht aufkommen: Das Freizeitgelände nimmt einen beträchtlichen Teil des Dorfes ein. Das alte Strandbad, dessen Wahrzeichen der hölzerne 10-m-Sprungturm ist, blickt auf eine über 90-jährige Tradition zurück – die Umkleidekabinen stammen aus dem Jahr 1929, der Kiosk wurde 1930 errichtet (www.strandbad-utting.de). Unweit der Wasserlinie gibt es zudem einen Hochseilgarten sowie einen Golfplatz. Zu bundesweiter Berühmtheit hat es das ExOrnamentis gebracht, das jedes Jahr unter einem anderen Motto steht: Auf breiten Pfaden sucht man zwischen Juli und September im Maisfeld nach dem rechten Weg; Kürbistunnel und eine Rennstrecke für Tret-Trecker lassen vor allem bei jüngeren Besuchern die Augen leuchten (www.exornamentis.de).

In die Zeit der Künstlerkolonien des frühen 20. Jh. führt der Besuch des Künstlerhauses von Mathias und Anna Sophie Gasteiger im nahen Holzhausen. In der Museumsvilla werden Skulpturen und Bilder des kreativen Ehepaars gezeigt.

Camping- & Stellplätze ▸ S. 16

ESSEN & TRINKEN

Beim Wangerbaur Möglichst regional, aber immer transparent: Beim Wangerbaur kann man nachlesen, woher Karotte und Hendl stammen. Ein Schock für Kinder: Pommes werden hier nicht serviert, denn Fertigprodukte kommen dem Wirt nicht auf den Tisch. Bisher waren die Kids auch mit den Alternativen stets glücklich.
▸ Painhofen 1, 86926 Greifenberg, Tel. 081 92/995 45 37, www.wangerbaur.de

Wirtshaus am Steg Wer die Philosophie vom Wangerbaur mag, aber lieber direkt am See sitzt, geht zum Wirtshaus am Steg, das demselben Besitzer gehört. Es gibt herzhafte Speisen, nachmittags Kaffee und Kuchen, und freitags und samstags kann man hier den Sommerabend verbringen.
▸ Seestr. 8, 86938 Schondorf/Ammersee, Tel. 081 92/93 48 21, www.wangerbaur.de

Zum Fischmeister Hier kommt auf den Tisch, was den Betreibern schmeckt: Fisch aus dem See oder aus der Loisach, Biofleisch, Gemüse, dazu regionale Biere und sorgfältig ausgewählte Weine. Wer gern noch ein Gläschen im Wohnmobil trinkt, nimmt sich eine Flasche mit.
▸ Seeuferstr. 31, 82541 Münsing, Tel. 081 77/533, www.zumfischmeister.com

EINKAUFEN

Dechants Fischladen Nur 34 Familien haben das Fischereirecht am Starnberger See. Familie Dechant ist eine davon. Im Fischladen gibt es frisch Gefangenes und traditionell Geräuchertes sowie frischen Seefisch und hausgemachte Spezialitäten.
▸ Hauptstr. 20, 82319 Starnberg, Tel. 081 51/121 06, www.dechants-fischladen.de

PILSENSEE

3 Der Pilsensee, vor ein paar Tausend Jahren noch Teil des Ammersees, zieht sein eigenes Publikum an. Wegen seiner spiegelglatten Wasseroberfläche lassen Surfer den 2,5 km langen See zwar links liegen, bei Paddlern jedoch genießt er große Beliebtheit. Weithin sichtbar thront am Rande des Sees das Schloss Seefeld, auf dem Gelände offerieren exklusive Boutiquen und verschiedene Künstler-Ateliers ihre Produkte – von der Dirndlmanufaktur über Schmuckdesigner bis zum Möbelrestaurator haben sich dort elf ausgefallene Werkstätten eingerichtet. Das Breitwandkino im alten Gewölbe wurde schon für seine Filmauswahl ausgezeichnet (www.schloss-seefeld.com).

KLOSTER ANDECHS

4 Seit fast 600 Jahren ist das Kloster Andechs am Ammersee Ziel von Wallfahrten. Jährlich strömen um Christi Himmelfahrt rund 30 000 Pilger zu dem seit 1455 bestehenden Benediktinerkloster. Die Anlage auf dem Heiligen Berg kann besichtigt werden, besonders beeindruckend ist der im Rokoko-Stil gehaltene Innenraum der Kirche. Wasser wird im Kloster zwar nicht zu Wein umgewandelt, doch dafür brauen die Brüder seit 550 Jahren ihr eigenes Bier. Der gemütliche Biergarten macht Andechs rund ums Jahr zu einem beliebten Ziel von Genusswanderern aus der Umgebung (www.andechs.de).

VOTIVKAPELLE BERG UND ROSENINSEL

5 Das Geheimnis, wie der bayerische König Ludwig II. anno 1886 tatsächlich ums Leben kam, wird der Starnberger See nie preisgeben. Nach der Errichtung einer Votivkapelle hat sich der Fundort des Leichnams bei Berg am östlichen Ufer des Starnberger Sees jedoch zu einer Wallfahrtsstätte entwickelt. Rund um den Todestag des »Kini« am 13. Juni findet dort eine Gedenkmesse statt, bei der sich die Königstreuen in vollem Ornat und mit Fahnenabordnungen einfinden.

Die einzige Insel des Sees befindet sich zwar in Sichtweite, doch müssen einige Kilometer zurückgelegt werden, bis man sie erreicht. Als dem bayeri-

Die Votivkapelle ehrt Ludwig II., der nahebei am 13. Juni 1886 mitsamt seinem Leibarzt im Starnberger See ertrank.

schen König Maximilian II. von Bayern 1850 nach einer Sommerresidenz war, wurden dort ein pompejanisch-bayerisches Casino sowie eine Parkanlage mit einem ovalen Rosengärtchen angelegt. Auf dieser Roseninsel ging dereinst schon Kaiserin Elisabeth von Österreich spazieren; mittlerweile können Besucher zwischen Mai und Oktober vom Glockensteg bei Feldafing am westlichen Seeufer mit einer Fähre übersetzen – Hunde und Fahrräder sind auf der Insel allerdings nicht gestattet.

BERNRIED

6 Die schönste Annäherung an Bernried erlebt man auf einem der regelmäßig verkehrenden Schiffe von Wasser aus. Am Ufer fällt gleich der moderne Gebäudetrakt des Buchheim-Museums der Phantasie ins Auge, dessen Steg zwölf Meter über dem See zu schweben scheint. Im Inneren gibt es eine große Sammlung an Expressionisten sowie eine volks- und völkerkundliche Ausstellung, die der Autor, Verleger und Künstler Lothar-Günther Buchheim auf seinen zahlreichen Reisen zusammengetragen hat (www.buchheimmuseum.de).

WOLFRATSHAUSEN

7 Über mehrere Hundert Jahre waren Flöße auf der Isar und der Loisach die schnellste Möglichkeit zum Transport von Waren. Ein wichtiger Umschlagplatz war Wolfratshausen, als die »Flößerstadt« bekannt. Die Verlagerung des Güterverkehrs auf Straße und Schiene schien das Aus für die Flößerei zu bedeuten, bis sie 1903 als Vergnügungsfahrt wiederentdeckt wurde. Bis zu 55 Personen legen die etwa 30 km bis München-Thalkirchen auf einem Floß zurück. Auf den achtstündigen Touren werden bei Stimmungsmusik und Bierausschank mehrere Floßrutschen überwunden. Reservierungen müssen im Voraus getätigt werden. Wer lieber zuschauen möchte, hat an vielen Stellen entlang der Isar die Möglichkeit dazu.

Der Campingplatz Pilsensee liegt direkt am Wasser.

CAMPING- & STELLPLÄTZE

CAMPINGPLÄTZE

Camping St. Alban ★★★½

1 Oft sind es gerade die ganz kleinen Plätze, die einen besonderen Charme aufweisen. Bedingt durch den Bau einer Bootshalle reduzierte sich auf dem Campinplatz St. Alban die Anzahl der Standplätze auf 22; die Größe von jeweils 50 m² weckt vor allem bei Besitzern kleinerer Wohnmobile Interesse. Buschwerk und Bäume machen den Platz zu einer grünen Oase vor den Toren von Dießen. Der platzeigene Badestrand grenzt direkt an den Ammersee. Die Schuko-Steckdosen weisen eine Absicherung von 16 Ampere auf. Im Sanitärhaus steht eine Sanitärkabine für Rollstuhlfahrer zur Verfügung. Ein Imbiss bietet Pommes und Pizza an; der Shop führt auch regionale Spezialitäten. WLAN wird nicht angeboten.

▸ Seeweg Süd 85, 86911 Dießen am Ammersee, Tel. 088 07/73 05, März–Sept., GPS: 47.96581667, 11.10448333

■ pincamp.de/pin_23928

Aktivitäten

Fußläufig erreicht man den Haltepunkt St. Alban, von wo aus eine Regionalbahn am Westufer des Ammersees entlang und weiter bis Augsburg verkehrt.
Für kleinere Ausflüge bietet sich das nahe gelegene Naturschutzgebiet Dießener Lagune an. Im Ort gibt es die Möglichkeit, segeln zu lernen (www.ammersee-segelschule.de). Ein ganz besonderes Erlebnis ist eine Dampferfahrt über den Ammersee – zwischen Mitte April und Mitte Oktober legen regelmäßig Schiffe nach Herrsching und Riederau ab (www.seenschifffahrt.de).

Campingplatz Pilsensee ★★★★

2 Am Ortsrand von Seefeld lockt der zehn Hektar große Campingplatz mit seiner Lage direkt am See. Die 150 Standplätze für Touristen sind parzelliert und weisen Größen zwischen 80 und 150 m² auf, in einigen Bereichen sorgt alter Baumbestand für Schatten. Die CEE-Steckdosen sind mit 16 Ampere abgesichert; eine Ver- und Entsorgungseinrichtung steht zur Verfügung. In den Sanitärhäusern gibt es ein Kinderbad nebst Wickelmöglichkeit sowie zehn Privatbäder, Waschmaschinen stehen zur Verfügung. Im Bereich der Uferlinie gibt es einen Kinderspielplatz. Ein Restaurant sorgt für das körperliche Wohl, ein Mini-Markt bietet alles Nötige. Auf Teilen des Geländes gibt es WLAN. Seefeld ist zu Fuß erreichbar.

▸ Am Pilsensee 2, 82229 Seefeld, Tel. 081 52/99 97 41, Mitte März–Nov., GPS: 48.03021667, 11.19923333

■ pincamp.de/sb6150

Aktivitäten

Langeweile kommt kaum auf, denn das Angebot an Aktivitäten ist groß: Am See werden Boote und SUP-Boards ausgeliehen (www.bavarianwaters.com); auch für Neulinge geeignet sind die Windsurfingkurse. Ein Erlebnis ist der Besuch des nahen Wildparks (www.wildpark-poing.de).

Camping Seeshaupt ★★★½

3 2016 wurde der kleine, aber feine Platz am Starnberger See mit 70 Stellplätzen zwischen 100 und 190 m² neu gestaltet. Die teils geschotterten, teils mit Rasen bewachsenen Parzellen sind durch Bäume und niedrige Büsche voneinander abgetrennt; an jedem Platz gibt es mit 16 Ampere abgesicherte CEE-Steckdosen. Kostenfreies WLAN sorgt für ein stabiles Internet. Frische Brötchen gibt es am Kiosk, bei schönem Wetter öffnet der Biergarten am See. Das Sanitärhaus ist mit Waschmaschinen und Trockner ausgestattet; die Spülmaschine in der Küche kann genutzt werden. Eine Ver- und Entsorgungsstation sowie ein Gasflaschenservice runden den Service ab. Hunde sind willkommen, müssen aber auf dem gesamten Platz an der Leine geführt werden.

▸ St. Heinricher Str. 127, 82402 Seeshaupt, Tel. 088 01/914 68 80, April–Sept., GPS: 47.82025, 11.32451667

■ pincamp.de/sb6300

Aktivitäten

Direkt am See gelegen, bietet sich der Platz für verschiedenste Wassersportarten an. Um die zwei Kilometer bis zum Ort zu überbrücken, können Leihfahrräder geordert werden. Auf dem Gelände steht Besuchern kostenlos ein Fitnessstudio zur Verfügung. Fünf Kilometer entfernt bietet ein Gestüt Reitstunden an (www.hexenbuckl.de); in der Nähe des Camps befinden sich mehrere Golfanlagen.

STELLPLÄTZE

Stellplatz am Ammersee, Dießen

1 Parkflächen in der Nähe des Sees dienen in Dießen als Stellplatz für zwölf Mobile. Der Platz ist überwiegend eben und teils beschattet. Stromanschlüsse und Frischwasser sind ebenso vorhanden wie die Entsorgung für Grauwasser und Chemie-WC. Hunde sind erlaubt. Gebührenpflichtig, max. 3 Nächte.

▸ Windermere-Str., 86911 Dießen am Ammersee, Tel. 081 51/90 60 10, www.diessen.de, ganzjährig, GPS: 47.952881, 11.105266

Stellplatz an der Ammer, Weilheim

2 Nahe der Ammer befindet sich der Stellplatz für 13 Mobile an einer Schule. Der Untergrund ist überwiegend eben und befestigt. Nachts ist der Stellplatz beleuchtet. Neben einer kompletten Ver- und Entsorgung gibt es auch Stromanschlüsse, Hunde sind erlaubt. Gebührenpflichtig, max. 5 Nächte.

▸ Lohgasse 17, 82362 Weilheim in Oberbayern, Tel. 08 81/682 53 03, www.weilheim.de, ganzjährig, GPS: 47.840118, 11.13546

ALLGÄU

Gewusst, wann …

Märchensommer Allgäu

Ein Event für die ganze Familie sind die sommerlichen Aufführungen auf der Burghalde in Kempten. Profi-Schauspieler und Kinder aus der Region entführen die Zuschauer in die Fantasiewelt beliebter Märchen.

▶ www.kempten-tourismus.de/maerchensommer

Urlaub in Bayern ist für viele Reisenden fast gleichbedeutend mit Ferien im Allgäu, bietet die Region doch viele Möglichkeiten, in den Bergen und gleichzeitig am Wasser zu sein. Die Seen im Süden liegen in traumhaften Landschaften und ermöglichen ein breites Spektrum an Wassersportaktivitäten. Alpenvorland und Gebirgsregionen laden ebenso zu Wanderungen wie zu Alpintouren ein. Entspannte Wohnmobiltouren lassen sich entlang der Iller, aber auch am Lech realisieren. In den oft ursprünglich wirkenden Weilern und Märkten gehen Tradition und Moderne Hand in Hand, gelebtes Brauchtum gehört zum Alltag. Und die berühmten Schlösser sind zu prächtig, um sie nicht gesehen zu haben.

Das Allgäu ist Camperland: Vor allem an den großen Seen im Süden, aber auch in den Wintersportregionen halten Campingplätze ihre Schranken weit geöffnet für Tagesgäste und Urlauber, die ihre gesamten Ferien dort verbringen möchten. Die Ausstattung der Camps befindet sich durchweg auf einem recht hohen Niveau. Viele Gastgeber geben bei der Anmeldung regional gültige Bonuskarten aus, die zum vergünstigten Eintritt in Museen oder zu Sondertarifen bei Transportunternehmen berechtigen. Wer die Übernachtung an einem der Flüsse vorzieht, findet zwischen Iller und Lech ein gutes Angebot an Wohnmobilstellplätzen. Die Mehrzahl ist mit Servicepunkten für Frischwasser und Strom sowie Ver- und Entsorgungsanlagen ausgestattet.

Saftigstes Gras wächst auf den Wiesen am Forggensee, was Kühe besonders zu schätzen wissen. Der Stausee wird vom hindurchfließenden Lech gespeist.

SEHENSWERTES

ISNY IM ALLGÄU

1 Als Arist Dethleffs 1931 in Isny das erste Wohnauto baute, um mit seiner Frau, der Malerin Fridel Dethleffs-Edelmann, auf Reisen gehen zu können, ahnte noch niemand, dass damit der erste Wohnwagen Deutschlands auf die Räder gestellt war. Die Firma Dethleffs fertigt auch heute noch Caravans und Reisemobile, leider waren bei Redaktionsschluss pandemiebedingt jedoch keine Werksführungen möglich (www.dethleffs.de).

Die Altstadt von Isny weist einen fast geschlossenen Stadtmauerring auf. Teile des Wehrgangs sind begehbar, etwa am Espantor, einem der vielen Tore des Ortes, durch die das historische Viertel zugänglich ist. Gebäude des 15. bis 18. Jh. prägen das Stadtbild; das Rathaus besteht aus drei einstigen Patrizierhäusern. Zwischen der Wassertorstraße und der unteren Stadtmauer ist der Steuerzahlerbrunnen als Symbol der Geldverschwendung der Bürokratie ein Grund zum Schmunzeln.

Nur wenige Minuten außerhalb der Stadt führen familienfreundliche Rundwanderungen durch das Naturschutzgebiet Eistobel bei Grünenbach. Mit ihren Wasserfällen, die insgesamt 70 m tief den Berg hinabstürzen, den Stromschnellen und kleinen Teichen ist die Schlucht – denn nichts anderes bedeutet »Tobel« – eine Augenweide. Im Sommer ist es in dem immer kühlen Tal angenehm frisch (www.eistobel.de)

KEMPTEN

2 Ob Kempten nun die älteste Stadt Deutschlands ist, sei dahingestellt – sicher ist allerdings, dass es dort bereits in vorchristlicher Zeit eine Siedlung an der Iller gab. Einem Streifzug durch die Jahrhunderte gleicht somit auch die Erkundung der Stadt. Nahe dem Illerdamm vermittelt der Archäologische Park Cambodunum einen Eindruck vom Leben zur Römerzeit (www.apc-kempten.de). Auf der anderen Seite des Flusses können die erst 2003 wiederentdeckten Katakomben der im 13. Jh. erbauten Kapelle St. Erasmus besichtigt werden. 23 Stufen unter der Erde erzählt hier eine Multimediashow die fast 800-jährige Geschichte der Stadt und der Kirche (www.erasmuskapelle-kempten.de).

Nicht weit entfernt ist die von Papst Paul VI. zur Basilica minor erhobene Stiftskirche St. Lorenz am

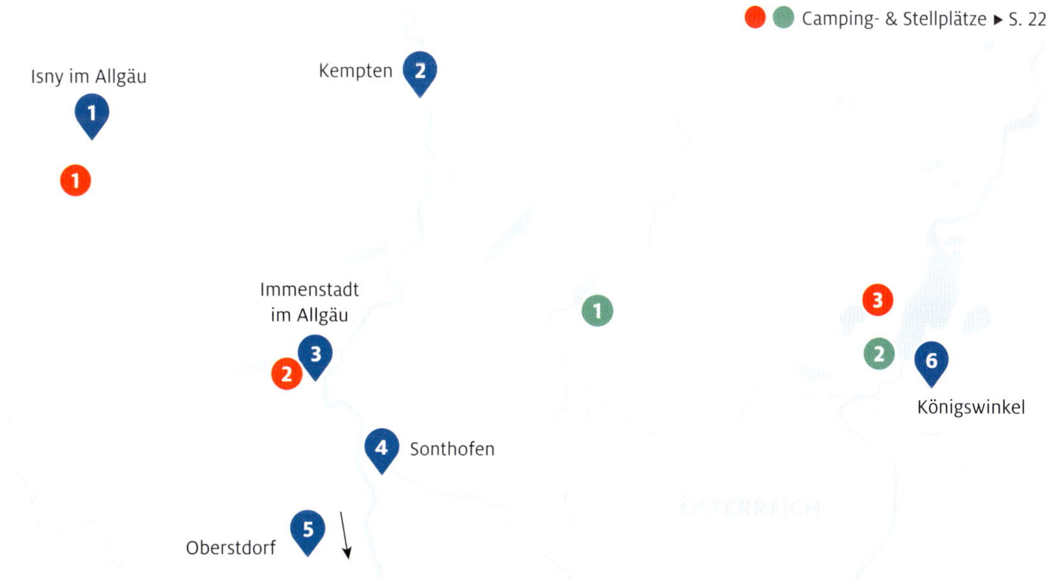

ESSEN & TRINKEN

's handwerk – craft food & beer Der Name sagt es schon: Hier gibt's keine Fertigprodukte, sondern Hausgemachtes, mit Zutaten aus der Region und von sorgfältig ausgewählten Lieferanten. Ganz »nebenbei« wird alles ansprechend präsentiert.
▸ Rathausplatz 1, 87527 Sonthofen, Tel. 083 21/800 19 66, www.shandwerk.de

Die Spezerei Frühstück am Nachmittag? Kein Problem in der Spezerei. Ein Stück von dem verlockenden Kuchen? Oder lieber gleich die Kaffeetasse? Ja, alles, was man hier sieht, darf man kaufen – von Allgäuer Bergkäse bis zu Tasse und Teller.
▸ Freiherr-von-Brutscher-Str. 1, 87561 Oberstdorf, Tel. 083 22/305 91 59, www.spezerei.de

Schlossanger Alp Eine kleine, feine Speisekarte hat das Restaurant im Wellness- und Berghotel oben auf der Alp, eines der 300 besten Restaurants Deutschlands. »Schnörkellos«, nennt Küchenchefin Schlachter-Ebert ihre Gerichte. Wer wissen will, wie man so kocht, lernt die Tricks und Kniffe in einem Kurs.
▸ Am Schlossanger 1, 87459 Pfronten, Tel. 083 63/91 45 50, www.schlossanger.de

EINKAUFEN

Bergkäserei Diepholz Jeden Tag wird hier nur eine Käsesorte hergestellt. Trotzdem ist das Angebot beachtlich – und unglaublich gut. Denn die Sennerei verarbeitet nur Heumilch. Man glaubt beinahe, die Alpenkräuter der Bergwiesen zu schmecken.
▸ Diepolz 1, 87509 Immenstadt, Tel. 083 20/480, www.bergkaeserei-diepolz.de

Hildegardplatz ein beliebtes Fotomotiv. Die Kirche stammt aus dem Jahr 1670; gleich daneben befindet sich die Fürstäbtliche Residenz. Eine als Fachwerkbau errichtete Eisenbahnbrücke mag heute abwegig erscheinen, reichte aber Mitte des 19. Jh. aus. Heute dient das Technikdenkmal als Fußgängerbrücke über die Iller. Von dort aus ist es nicht weit bis zum Landschaftspark Engelhalde. Wer für die nächste Bergtour üben möchte, kann sich kostenfrei am 18 m hohen Kletterturm versuchen.

IMMENSTADT

3 Als größter Natursee des Allgäus ist der Große Alpsee ein Naherholungsgebiet mit vielen Wassersportmöglichkeiten, der Kleine Alpsee vor den Toren von Immenstadt bietet sich als Badesee an.

Der Markt kann auf eine 650-jährige Geschichte zurückblicken; der historische Stadtkern gefällt mit seinem Stadtschloss und den künstlerisch gestalteten Brunnen. Oberhalb des Ortes befindet sich in einem Gehöft aus dem 18. Jh. das Allgäuer Bergbauernmuseum, in dem Leben und Arbeit der Bauern und einer Käserei gezeigt werden. Da staunen nicht nur Stadtkinder (www.bergbauernmuseum.de).

SONTHOFEN

4 Die Iller windet sich im großen Bogen um Sonthofen herum, um sich am Ortsende mit der Ostrach zu vereinigen. Einzigartig ist, dass in unmittelbarer Nähe der Iller gleich mehrere Baggerseen zum Baden zur Verfügung stehen.

Sonthofen hat sich durch seine intensive Brauchtumspflege einen Namen gemacht. Neben Musik- und Trachtenveranstaltungen werden auch die Fasnachtstraditionen hochgehalten. Die Museen stehen dem nicht nach: Im Minimobil-Museum wird anhand von 23 000 Modellen im Maßstab Ho die 100-jährige Geschichte des Verkehrs dargestellt (www.minimobil-museum.de). Eine Rarität ist das Handschuh-Museum der Firma Held, die Motorradbekleidung herstellt: Im Obergeschoss des Ladenlokals werden sowohl die Produktionsabläufe als auch seltene Exponate wie die Motorradhandschuhe von Formel-1-Weltmeister Michael Schuhmacher gezeigt (www.held-shop.de).

OBERSTDORF

5 Der berühmteste Ort in Oberstdorf mag die Skischanze sein, die von Profis für weltmeisterliche Leistungen im Skifliegen genutzt wird. Sie kann auch im Sommer besichtigt werden (www.skiflugschanze-oberstdorf.de). In der schneefreien Zeit lockt die Region mit reizvollen Zielen: Die Gondeln der Nebelhornbahn bringen Wanderer zur Bergstation, von wo aus 400 Gipfel gezählt werden können (www.ok-bergbahnen.com). Wer das Tal bevorzugt, wandert zum Zusammenfluss von Trettach, Stillach und Breitach, der den Ursprung der Iller markiert. Der Weg dorthin ist auch mit Kinderwagen leicht zu bewältigen. Oder man wendet sich weiter westlich der Breitachklamm zu, die als tiefste Felsenschlucht Mitteleuropas ins benachbarte Kleinwalsertal führt (www.breitachklamm.com).

Dass das sieben Kilometer entfernte Bergdorf Gerstruben erhalten blieb, ist einer Fehlplanung zu verdanken: Als 1892 oberhalb des Hölltobels ein Stauwerk angelegt werden sollte, kaufte die Elektrizitätsgesellschaft das ganze Dorf auf. Das Kraftwerk wurde dann doch nicht gebaut, die Häuser blieben ungenutzt erhalten. Vier von ihnen stehen bis heute, darunter ein kleines Museum (www.gerstruben.de).

KÖNIGSWINKEL

6 Die Region südlich des Forggensees wird wegen ihrer vielen Prachtbauten als Königswinkel bezeichnet. Ob Schloss Neuschwanstein, Schloss Hohenschwangau, das Hohe Schloss zu Füssen oder Burg Hohenfreyberg – die Architektur mag faszinieren, doch muss man sich stets auf Touristenströme einstellen. Etwas ruhiger geht es an der Burgruine Falkenstein zu. Hintergrundwissen liefert das Museum der bayerischen Könige in Hohenschwangau (www.hohenschwangau.de).

Schmugglerpfade kennen viele nur aus alten Geschichten, betreten lassen sie sich auf uralten Wegen am Lechfall: Der Schwärzerweg ist ein alter Schmugglersteig, der auf der Tiroler Seite in den Ländeweg mündet. Ab der Schwangauer Marienkapelle ist die Strecke ausgeschildert, man benötigt etwa drei Stunden.

Schloss Hohenschwangau, 1832 von Maximilian II. erworben, war Sommer- und Jagdresidenz der königlichen Familie.

Fünf-Sterne-Campingplatz Alpsee mit Blick auf die Allgäuer Alpen

CAMPING- & STELLPLÄTZE

CAMPINGPLÄTZE

Waldbad Camping Isny ★★★☆☆

1 Nur 1,5 km von der malerischen Altstadt Isnys entfernt bietet das Waldbad Camping 50 Stellplätze an dem im Wald liegenden Felderholzweiher. Die einfachen Standplätze sind zwischen 65 und 90 m² groß und verfügen über einen Stromanschluss (CEE, 16 A). Die 100 m² messenden Komfortplätze sind zudem mit Vorrichtungen für Wasser, Abwasser und Sat-Signal ausgestattet. Die modernen Sanitäreinrichtungen wirken gepflegt, eine Fußbodenheizung beugt an kühlen Tagen kalten Füßen vor. Für die große Wäsche stehen Waschmaschine und Trockner parat. Abends trifft man sich an einem der Grillplätze oder im angeschlossenen Bistro mit Sonnenterrasse. WLAN ist auf weiten Teilen des Platzes verfügbar. Der Brötchenservice sichert das Frühstück; im Aufenthaltsraum gibt es eine kleine Bibliothek. Ein Spielplatz und diverse Sporteinrichtungen runden das Angebot ab. Für Hunde wurde ein eigenes Areal inklusive Badestelle geschaffen.

▶ Lohbauerstr. 59–69, 88316 Isny im Allgäu, Tel. 075 62/23 89, April–Mitte Okt., GPS: 47.67876667, 10.03149999

■ pincamp.de/wb7850

Aktivitäten

Im Sommer bringt es der auf dem Platzgelände gelegene Weiher auf eine Wassertemperatur von bis zu 23 Grad. Ideal für kleine Wasserratten ist der flache Uferbereich – dem Badespaß steht nichts entgegen. Nur zehn Minuten mit dem Auto entfernt lädt das Naturschutzgebiet Eistobel zu ausgedehnten Wanderungen ein: Für einen Besuch der imposanten Wasserfälle sollte man Badesachen dabeihaben.

Alpsee Camping ★★★★

2 Der Campingplatz am Alpsee vor den Toren von Immenstadt hat 200 befestigte Plätze mit Strom (CEE, 10–16 A), die Komfortplätze sind auch mit Wasseranschlüssen versehen. Die sanitären Einrichtungen sind barrierefrei. Das an fünf Tagen pro Woche geöffnete Lokal bietet ein Frühstücksbuffet, wer nur Brötchen benötigt, bekommt diese am Kiosk. Im Wellnessbereich mit Saunen werden auch Massagen geboten. Hunde sind gern gesehen.

▸ Seestr. 25, 87509 Immenstadt/Bühl, Tel. 083 23/77 26 44, Ende März–Mitte Jan., GPS: 47.57249999, 10.19356666

■ pincamp.de/sb3800

Aktivitäten

Am Großen Alpsee herrschen ideale Bedingungen zum Angeln oder Tretbootfahren, zum Wind- oder Kitesurfen. Die entsprechende Ausrüstung hält die nahe Wassersportschule bereit (www.wassersport schule-oberallgaeu.de). Zwischen dem gut drei Kilometer entfernten Immenstadt und Blainach lockt zudem eine Wasserski- und Wakeboardanlage (www.inselsee-allgaeu.de). Am Flüsschen Iller gibt es Möglichkeiten zum Raften, Kajaken, Canyoning und Kanufahren.

Camping Hopfensee ★★★★★

3 Fünf Sterne kommen nicht von ungefähr – die Ausstattung des bereits seit Mitte der 1950er-Jahre bestehenden Campingplatzes ist außergewöhnlich: Die 377 parzellierten Standplätze sind zwischen 80 und 100 m² groß und verfügen sowohl über Strom (CEE, 16 A) als auch über Anschlüsse für Frisch- und Abwasser sowie Kabelfernsehen. Im Sommer lädt der Hopfensee zum Baden ein, im Winter geht es auf die Kunsteisbahn oder mit dem Skilift auf die Rodelbahn oder Langlaufloipe. Trockenräume für die Ausrüstung sind selbstverständlich. Schwerpunkt sind die Wellness- und Kureinrichtungen nebst Sauna und Hallenbad; der Tennisplatz ist kostenfrei nutzbar. Kinder haben Spaß in einem Spielhaus. Dinge des täglichen Bedarfs bietet der Mini-Markt, und zwei Lokale sorgen fürs leibliche Wohl. WLAN ist verfügbar.

▸ Fischerbichl 17, 87629 Füssen/Allgäu, Tel. 083 62/91 77 10, ganzjährig, GPS: 47.60196667, 10.68314999

■ pincamp.de/sb4550

Aktivitäten

Angler können sich auf dem Platz einen Erlaubnisschein ausstellen lassen; Mietboote gibt es an der nahen Marina (www.marina-hopfensee.de). Auch für Kinder geeignet ist die 6,5 km lange Wanderrunde um den See. An der Burg oberhalb des Dorfes Hopfen kann man auf Entdeckungsreise gehen. Auch für den Besuch der umliegenden Schlösser ist der Platz ein guter Ausgangspunkt.

STELLPLÄTZE

Stellplatz am Camping Grüntensee, Wertach

1 Der Platz für 22 Reisemobile befindet sich vor einem Campingplatz. Am Stellplatz können Strom und Wasser gebunkert werden, nebenan gibt es Entsorgungsmöglichkeiten für Grauwasser und Chemie-WC. WC und Dusche sind im Übernachtungspreis enthalten. Gebührenpflichtig, max. 3 Nächte.

▸ Grüntenseestr. 41, 87497 Wertach, Tel. 083 65/375, www.camping-gruentensee.de, ganzjährig, GPS: 47.609874, 10.446952

Stellplatz Füssen Mobil

2 Nur wenige Hundert Meter vom Forggensee finden 33 Mobile einen Platz für die Nacht. Das befestigte Gelände ist überwiegend eben. Neben der kompletten Ver- und Entsorgung sind auch WC und Dusche vorhanden. Fahrräder können geliehen werden, WLAN ist verfügbar. Gebührenpflichtig.

▸ Abt-Hafner-Str. 1, 87629 Füssen, Tel. 083 62/92 12 90, www.fuessen-mobil.de, ganzjährig, GPS: 47.582144, 10.7034

VOM BLAUEN LAND ZUR ZUGSPITZE

Gewusst, wann ...

Froschhauser Leonhardifahrt

Zum Gedenken an den heiligen Leonhard, den Schutzpatron der Pferde, findet in Murnau die Leonhardifahrt statt. Jedes Jahr am 6. November ziehen Hunderte von Pferden, Festwagen und Kutschen mit Trachten-, Musik- und Schützenvereinen in einem farbenfrohen Umzug durch die Straßen.

▸ www.dasblaueland.de

Im Süden Bayerns erschließt sich zwischen dem Staffelsee und der Loisach ein Seengebiet, das seit Jahrzehnten Reisende, aber auch Künstler in seinen Bann zieht. Beinamen wie »Blaues Land« und »Malerwinkel« zeugen von den einzigartigen Lichtverhältnissen, welche die Farben der Natur noch intensiver erscheinen lassen. Auf dem Weg nach Süden weisen die Turmspitzen der unzähligen Kirchen und Klöster den Weg, an Feldrainen errichtete Wegkreuze werden zu ständigen Begleitern. Und immer weiter geht es auf die Alpen zu, bis das Wettersteingebirge zum Greifen nah erscheint. Ein wunderbarer Landstrich, der problemlos mit dem Wohnmobil oder einem Caravan am Haken bereist werden kann.

Weil die Campingplätze nie weit auseinander liegen, gibt es üppige Kapazitäten. Bis hin zum Fuß der Gebirgsmassive bieten Camps ihre Dienste an – teilweise sogar im Sommer wie im Winter.

Reisemobilisten auf der Suche nach einem schön gelegenen Wohnmobilstellplatz werden ebenfalls an den Seen oder in deren Nähe fündig. In aller Regel sind die Plätze ortsnah angesiedelt. Bis auf sehr wenige Ausnahmen darf man dort auch mit Servicepunkten rechnen, die eine Ver- und Entsorgung sicherstellen.

Der Blick über den Riegsee bei Aidling reicht über das Murnauer Moos bis ins Wettersteingebirge. Wegen seiner geringen Tiefe ist der See besonders fischreich.

SEHENSWERTES

MURNAU

1 Ein Ort – drei Seen: Die Wahl fällt schwer, welchem man sich zuerst zuwenden soll. Selbst der Staffelsee als größtes Gewässer ist übersichtlich genug, um durchschwommen zu werden. Sieben unbewohnte Inseln bieten sich für Zwischenstopps an. Der Riegsee ist bei Surfern beliebt und der kleine Froschhauser See lockt die Badegäste.

Südlich von Murnau schließt sich das Murnauer Moos als größtes geschlossenes Moorgebiet Mitteleuropas an – eine schöne Gegend für Radtouren, auf denen auch Ortsunkundige immer wieder Motive sehen, die ihnen bekannt vorkommen mögen: Hier entstanden die bekannten Bilder der Künstler des »Blauen Reiters«, hier hielten Kandinsky, Münter und Jawlensky die Natur in sattbunten Pinselstrichen fest. Im Schloßmuseum Murnau werden Gemälde von Gabriele Münter ausgestellt, auch das Münter-Haus ist zu besichtigen (www.schloss museum-murnau.de, www.museen-in-bayern.de).

OBERAMMERGAU

2 Die Passionsspiele, für die Oberammergau weltberühmt ist, finden zwar nur alle zehn Jahre statt, doch auch in den Jahren dazwischen empfiehlt sich ein Besuch des Ortes. Ein Schmuckstück ist die im 18. Jh. erbaute Barockkirche St. Peter und Paul; die Architektur ist reine Baukunst, großflächige Decken- und Wandfresken gehen auf die Tradition der Passionsspiele ein. Weithin bekannt ist der Ort wegen der Lüftlmalerei: Die Fassaden vieler Häuser sind mit kunstvollen Gemälden verziert. Zahlreiche Kunsthandwerker haben sich niedergelassen; Herrgottschnitzer bieten Sakralkunst wie Madonnen und Krippen an. Schwerpunktmäßig der Schnitzkunst widmet sich auch das seit 1910 bestehende Oberammergau Museum (www.oberammergaumuseum.de).

GARMISCH-PARTENKIRCHEN

3 Die Berge um Garmisch-Partenkirchen haben Maler zu Bildern, Schriftsteller zu Büchern und Komponisten zu Symphonien inspiriert. Zudem wird dort seit mehr als 100 Jahren ins neue Jahr gesprungen. Das erste Neujahrsspringen der Skispringer fand 1921 statt, seit 1953 ist es Teil der Vierschanzentournee. Auch abseits der Pisten wird viel Sport getrieben: Die Wildwasserstrecke auf der Loisach kann im Kajak oder Canadier, aber auch beim Rafting erlebt werden. Flachlandtiroler finden in der Nähe die älteste Bergsteigerschule Deutschlands; hier werden auch geführte Wanderungen angeboten (www.bergsteigerschule-zugspitze.de). Unter den Kulturstätten des Ortes sticht das Richard-Strauss-Institut heraus, das dem Komponisten und seiner Musik auch eine Dauerausstellung widmet (www.richard-strauss-institut.de).

ZUGSPITZE

4 Einmal nach ganz oben, bitte! Denn Deutschlands höchster Berg bietet auf dem Gipfel in 2962 m Höhe einen unvergleichlichen Blick über vier Länder. Die Steigeisen können getrost in der

Die Berge wirken zum Greifen nah in Mittenwald, das für seine Geigenbautradition bekannt ist.

Tasche bleiben, es gibt komfortablere Wege, auf den Berg zu kommen. Die wohl variantenreichste Möglichkeit ist, am Zugspitzbahnhof Garmisch-Partenkirchen zunächst die Zahnradbahn zu besteigen. Über mehrere Stationen und einen 4,5 km langen Tunnel fährt die Bahn seit 1930 bis zum 2600 m hoch gelegenen Zugspitzplatt. Dort steigt man in die Gletscherbahn um und lässt sich bis zum Gipfel bringen. Den teilt sich Deutschland mit Österreich – auf der anderen Seite der Grenze zeigt das Museum »Faszination Zugspitze« die Entwicklung seit der Erstbesteigung der Zugspitze im Jahr 1820 (www.zugspitze.at). Von der deutschen Bergstation aus geht es in bodentief verglasten Kabinen mit einer Seilbahn binnen zehn Minuten hinunter zum Eibsee und mit der Zahnradbahn zurück zum Ausgangspunkt (www.zugspitze.de).

MITTENWALD

5 Bunt bemalte Häuserfronten waren im Süden Bayerns bis weit ins 18. Jh. eine beliebte Fassadendekoration. In großen Teilen der Region wurden sie von Stuck abgelöst, doch im Garmischer Land haben sich die bebilderten Häuser erhalten; in Mittenwald widerstehen die bunten Hausfronten seit über 200 Jahren Wind und Wetter. Die Lüftlmalereien erzählen vom Leben und Glauben und sind dabei mehr als ein Blickfang – bei eingehender Betrachtung der virtuosen Kunstwerke lässt sich manches interessante Detail entdecken.

Eine noch längere Tradition als die Malerei hat der seit 1689 am Ort betriebene Geigenbau, in Mittenwald ist eine der beiden Geigenbauschulen Deutschlands beheimatet. Ein Museum zum Thema fehlt natürlich nicht. Es befindet sich in einem mit Lüftlmalerei verzierten Haus (www.geigenbau museum-mittenwald.de).

Ein schöner Ausflug ins deutsch-österreichische Grenzgebiet ist eine Wanderung durch die Leutaschklamm. Die längste erschlossene Klamm der östlichen Kalkalpen ist 1650 m lang, jedoch nur im Sommer zugänglich (www.leutaschklamm.com).

WALCHENSEE

6 Jeder hat so seine Gewohnheiten – Johann Wolfgang von Goethe erging es nicht anders: Jedesmal, wenn sich der Dichterfürst anschickte, nach Italien zu reisen, machte er Station am Walchensee. Beim Anblick des türkisfarbenen Wassers versteht man, warum. Der knapp sieben Kilometer lange Walchensee gilt als eines der schönsten deutschen Gewässer, der Maler Lovis Corinth verewigte ihn auf rund 60 seiner Bilder. Für Wassersportler herrschen optimale Bedingungen, Taucher haben unter Wasser bis zu 40 m Sichtweite und wenig Mühe, auf Schatzsuche zu gehen. Die Standorte von Bootswracks und versunkenen Autos sind bekannt; der Legende nach soll es aber auch einen noch nicht entdeckten Goldschatz des Klosters Benediktbeuern geben. 2008 diente der See als Kulisse für den Kinderfilm »Wickie und die starken Männer«. Das dafür errichtete Wikingerdorf Flake kann nahe dem Ort Walchensee besucht werden; Infotafeln geben Auskunft zum Zeitalter der Wikinger.

Zwischen Walchen- und Kochelsee liegt das Erlebniskraftwerk Walchensee, ein geschütztes Industriedenkmal; in dem 1924 in Betrieb genommenen Kraftwerk wird seit fast 100 Jahren Strom erzeugt. Von April bis November kann das Infozentrum besucht werden, im Juli finden im Rahmen eines Musikfestivals sogar Konzerte statt (www.uniper.energy/de/walchenseekraftwerk).

KOCHELSEE

7 Licht und Landschaften schufen zu Beginn des 20. Jh. die besten Voraussetzungen für Maler, den Kochelsee ins Herz zu schließen. In Kochel am See wurde ein Museum für Franz Marc errichtet, der viele Jahre im Ort gelebt hat (www.franz-marc-museum.de).

Die Berge um Kochel stellen ein beliebtes Gebiet für Kletterer dar. Die Routen sind jedoch anspruchsvoll und nur in geringem Umfang für Anfänger oder Kinder geeignet. Mit Letzteren geht es besser nach Glentleiten ins größte Freilichtmuseum Südbayerns. 60 Häuser aus der Region wurden hier versammelt; in den Innenräumen werden Lebensverhältnisse und Handwerke dargestellt (www.glentleiten.de).

ESSEN & TRINKEN

Der Laden Irgendwann braucht man eine Pause von deftigen bayerischen Speisen. Für diese Momente bietet im Herzen von Garmisch »Der Laden« in seinem Café kleine, gesunde Gerichte an, auch viel Veganes ist dabei.

▸ Chamonixstr. 12, 82467 Garmisch-Partenkirchen, Tel. 088 21/945 30 40, www.derladengap.de

Seerestaurant Alpenblick Es gibt keinen Zweifel: Das ist der schönste Biergarten Oberbayerns, direkt am Staffelsee, mit Bergblick unter gewaltigen Kastanien am Rasenufer. Hier eine Maß Bier und eine Brotzeit – was will man mehr.

▸ Kirchtalstr. 30, 82449 Uffing/Staffelsee, Tel. 088 46/93 00, www.seerestaurant-alpenblick.de

Krag Bräustüberl Ein kleines, gewachsenes Wirtshaus mit einer Terrasse zum Markt hin. Die Karte ist bayerisch-fleischlastig, die Schweinshaxen sind jedoch eine Wucht, das Karg-Weißbier sucht seinesgleichen, und die Atmosphäre ist herzlich.

▸ Untermarkt 27, 82418 Murnau, Tel. 088 41/82 72, www.karg-murnau.de

EINKAUFEN

Kaffeerösterei Murnau Dass Kaffee nicht gleich Kaffee ist, dürfte sich herumgesprochen haben. In Murnau werden Bohnen aus Afrika, Amerika und Asien frisch geröstet. Deren Duft mitsamt der Urlaubserinnerung nimmt man in einem Päckchen Kaffee mit.

▸ Am Mösl 4, 82418 Murnau, Tel. 088 47/695 90 01, www.murnauer-kaffeeroesterei.de

Inmitten herrlicher Landschaft liegt der Alpen-Campingpark Tennsee.

CAMPING- & STELLPLÄTZE

CAMPINGPLÄTZE

Campingplatz Aichalehof am Staffelsee ★★★½☆

1 Auf einer Landzunge am Staffelsee bietet der Campingplatz Aichalehof 120 meist parzellierte Stellplätze für Wohnmobile oder Caravans. Das durch Bäume und Büsche aufgelockerte Wiesenareal ist teilweise leicht abschüssig; die Plätze an der Wasserlinie sind Dauercampern vorbehalten. Für Reisemobilisten gibt es eine Ver- und Entsorgungsstation, die zentral gelegenen Stromkästen (CEE-Steckdosen) sind mit 10 Ampere abgesichert. Das Mitbringen von Hunden ist gestattet – der See und die Liegewiesen sind für Vierbeiner allerdings tabu. WLAN gibt es nur im Bereich der Rezeption. Zwischen Mai und Oktober bietet ein Restaurant warme Speisen an, am Kiosk kann man unter anderem Brötchen und Eis kaufen. Mehr Einkaufsmöglichkeiten gibt es im nur zwei Kilometer entfernten Ort Uffing.

▸ Aichalehof 4, 82449 Uffing am Staffelsee, Tel. 088 46/211, Mai–Anfang Okt., GPS: 47.69871667, 11.15843332

■ pincamp.de/sb5210

Aktivitäten

Baden, Angeln, Tretboot fahren – der Staffelsee bietet viele Möglichkeiten. Rund um den See führen ein 22 km langer Wanderweg sowie ein Radweg (30 km), wer abkürzen will, nimmt das Schiff über den See (www.staffelsee.org). Es fährt übrigens rein elektrisch. Vom Campingplatz aus ist es nicht weit nach Murnau, dort lädt das Naturschutzgebiet Murnauer Moos zum Wandern ein. Freunde historischer Architektur werden in Seehausen fündig, wo zahlreiche Gebäude aus den letzten Jahrhunderten stehen.

Camping Walchensee ★★½

2 Direkt an der Wasserlinie liegen mehr als die Hälfte der 75 Stellplätze von Camping Walchensee. Die zwischen 60 und 100 m² großen Parzellen sind gekiest und verfügen über einen Stromanschluss (CEE, 10 A). Neben der Rezeption befinden sich ein Mini-Markt sowie ein kleines Café. In den Sanitärräumen sind auch Waschmaschine und Trockner untergebracht; Kindern steht ein Spielplatz zur Verfügung. Der Ort ist fußläufig erreichbar.

▶ Lobisau 8, 82432 Walchensee, Tel. 088 58/92 91 68, Mai–Anfang Okt., GPS: 47.582031, 11.309165

■ pincamp.de/sb5400

Aktivitäten

Am Platz können Boote für die Angeltour ausgeliehen werden; SUP-Boards sind ebenfalls verfügbar. Gleich am Camp startet ein Wanderweg um die Halbinsel Zwergern; Badesachen nicht vergessen! Rund um den See führt ein gut 25 km langer Radweg, der zumeist der Uferlinie folgt. Hoch hinaus geht es nur etwas weiter mit der Herzogstandbahn: In nur vier Minuten erreicht man in 1627 m Höhe den Lieblingsberg des einstigen bayerischen Königs Ludwig II. (www.herzogstandbahn.de).

Alpen-Campingpark Tennsee ★★★★½

3 Der Tennsee ist kein See mit konstantem Wasserspiegel, sondern gilt als Biotop, das im Laufe des Jahres verschiedene Erscheinungsformen aufweist. Der Freude am Gewässer tut dies keinen Abbruch – auch wenn der Weiher jahreszeitlich bedingt trockenfallen kann. Sechs verschiedene Stellplatzkategorien (60–120 m²) werden angeboten – vom gut ausgestatteten Reisemobilhafen bis zum »Himmelreich«. Frostsichere Brunnen, die wintertaugliche Ver- und Entsorgungsstation und Gasservice weisen auf den Ganzjahreseinsatz hin. Es gibt zwei Kinderspielplätze; die sanitären Anlagen sind zum Teil behindertengerecht ausgebaut. Ein SB-Markt und ein Restaurant runden das Bild ab.

▶ Am Tennsee 1, 82494 Krün, Tel. 088 25/170, ganzjährig, GPS: 47.49036667, 11.25503333

■ pincamp.de/sb5500

Aktivitäten

Nur 400 m entfernt liegt der Grubsee. Das dortige Familienbad bietet neben zwei Kinderbecken auch eine Wasserrutsche. 200 m weiter lädt der Barmsee zum Badevergnügen ein. Das Wasser ist sauber; vom nordwestlichen Ufer hat man einen prima Blick auf die Karwendelspitze. Wegen seiner angenehmen Wassertemperaturen ist der Geroldsee für viele der Favorit unter den Badeseen der Region. Treffpunkt ist die kostenpflichtige Liegewiese am Südufer.

STELLPLÄTZE

Stellplatz am Camping Brugger, Spatzenhausen

1 Direkt vor einem Campingplatz befindet sich dieser Stellplatz für 15 Mobile. Der Wiesenuntergrund ist teils uneben. Die Versorgung umfasst Strom und Frischwasser; Grauwasser und Chemie-WC können entleert werden. Toilette und Dusche stehen zur Verfügung, Hunde sind gestattet. Restaurant, Kiosk und WLAN des Campingplatzes können genutzt werden. Gebührenpflichtig.

▶ Seestr. 2, 82418 Spatzenhausen, Tel. 088 47/728, www.camping-brugger.de, Mitte April–Mitte Okt., GPS: 47.706716, 11.21638

Nachtparkplatz Einsiedl, Walchensee

2 Der Stellplatz für 80 Mobile liegt außerhalb von Einsiedl am Waldrand auf einem überwiegend ebenen Schotterplatz. Der Service beschränkt sich auf Strom und Frischwasser. Hunde sind erlaubt. Gebührenpflichtig, max. 3 Nächte.

▶ B 11, 82432 Walchensee, Tel. 088 58/92 91 68, www.nachtparkplatz-einsiedl.de, ganzjährig, GPS: 47.568918, 11.3026

TEGERNSEE

Gewusst, wann …

Kirchweih

Am dritten Sonntag im Oktober feiert man in Kreuth die Kirchweih. Der Trachtenverein zieht in Festtracht und mit Blasmusik vom Leonhardstoanahof zur Kirche. Nach dem Gottesdienst gibt's Speis und Trank, Musik und Tanz – und eine Kirta-Hutschn, eine typisch bayerische Schaukel.

▸ www.tegernsee.com

In der Ferne ragen die Alpen empor, schmucke Häuser stehen neben grünen Weiden, und ab und zu glitzert ein See in der Sonne. Die Vorstellung von Bayern wird maßgeblich von Fernsehbildern bestimmt – und die Region zwischen Tegernsee und dem nordöstlichen Karwendelgebirge ist seit Jahrzehnten ein beliebtes Areal für Filmproduktionen. Die große Beliebtheit der Gegend belegt, dass die Wirklichkeit tatsächlich nicht weit vom schönen Schein der Flimmerkiste entfernt ist. Der Landstrich lässt sich hervorragend bereisen, die Natur bietet schöne Ziele, die mit Wanderschuhen oder Fahrrad erreichbar sind. Dazu erweist sich die Region mit vielen auf den Nachwuchs ausgerichteten Angeboten als sehr familienfreundlich.

Das Gebiet ist von überschaubarer Größe, sodass auch die Anzahl der zur Verfügung stehenden Campingplätze nicht allzu üppig ausfällt. An den größeren Seen gibt es nur vereinzelt Campingmöglichkeiten, doch entlang der Isar haben Reisende die Wahl zwischen verschiedenen Plätzen. Das Angebot an Reisemobilstellplätzen ist dagegen erfreulich groß. Sollte ein Platz bereits belegt sein, ist die Distanz zur nächsten Übernachtungsgelegenheit nicht weit. Rund die Hälfte der Plätze sind jedoch als reine Parkflächen ohne Serviceeinrichtungen für Wohnmobile ausgelegt. Mit einem autarken Fahrzeug stellt das kein Problem dar – bei anstehendem Wasserwechsel empfiehlt es sich, rechtzeitig mit der Suche nach einem passenden Plätzchen zu beginnen.

Rottach-Egern, im Mittelalter erstmals von Mönchen besiedelt, liegt am Südufer des Tegernsees vor der imposanten Kulisse des 1 722 m hohen Wallbergs.

SEHENSWERTES

BAD TÖLZ

1 Dass die Altstadt von Bad Tölz erhalten blieb, ist einer Laune der Natur zu verdanken: Um gegen Kriegsende 1945 den Widerstand zu brechen, wurden amerikanische Bomber auf den Weg gebracht, gerieten aber in Schneetreiben und drehten ab. Dass die Stadt verschont wurde, gilt noch heute als das Wunder von Tölz. Der historische Teil des Heilbades lädt zum Flanieren ein, die im 18. und 19. Jh. kunstvoll bemalten Hausfassaden berichten von Wohlstand durch den florierenden Salzhandel und die Flößerei. Im alten Handwerkerviertel Gries zeugen die außen an den Gebäuden angebrachten Holztreppen davon, dass man sich kein ganzes Haus, sondern nur eine Etage leisten konnte. Das Stadtmuseum geht auf die Historie des Ortes ein und widmet einen großen Teil der Ausstellung der Geschichte der Flößer, Kistler und Brauer (www.bad-toelz.de).

Krimihelden werden nur selten geehrt. In Bad Tölz aber wird »Der Bulle von Tölz« so sehr geschätzt, dass es sowohl einen »Bullen-Brunnen« als auch ein Museum gibt (www.dasbullevontoelzmuseum.de). Kinder und Erwachsene kommen bei den Vorstellungen des 110 Jahre alten Marionettentheaters auf ihre Kosten (www.marionetten-toelz.de).

SYLVENSTEINSPEICHER

2 Folgt man hinter Bad Tölz der Isar flussaufwärts, kommt hinter Lenggries der Sylvensteinstausee in Sicht. Gleich im Norden trifft man auf den 180 m breiten Damm, in der Mitte des Sees führt die Faller-Klamm-Brücke zum gegenüberliegenden Ufer. Im Sommer ist der Speicher eine beliebte Badegelegenheit, zudem stellt er einen zentralen Startpunkt für Wanderungen dar. Ein Tipp ist der Faller Rundweg rund um den Roßkopf, und dann weiter über Wiesalm und Grammersbergalm zum Grasköpfl in 1 726 m Höhe.

Wer nach einer spektakulären Straßenführung sucht, hat die Wahl zwischen der Deutschen Alpenstraße, die im Nordosten am Stausee entlangführt, und der Mautstraße nach Wallgau, die südwestlich des Speichers, bei Vorderriß, beginnt. Die für Fahrzeuge bis vier Tonnen freigegebene Straße verläuft über zwölf Kilometer an der Isar entlang. Am Ende der Mautstrecke steht zur Wahl, ob es in Richtung Garmisch oder zum Walchensee weitergeht.

GMUND

3 Die Mangfall ist einer der wenigen Flüsse, die aus einem See gespeist werden: Als Abfluss des Tegernsees durchfließt sie Gmund; in unmittelbarer Nähe zum Fluss befindet sich das Haus des einstigen königlichen Revierjägers, der vor Ort besser unter dem Namen »Wilder Jager von Gmund« bekannt war. Seine Dauerfehde mit Wilddieben kostete ihn 1834 das Leben. In dem 1793 errichteten Gebäude hat das Heimatmuseum einen würdigen Standort gefunden. Thematisiert wird die Tegernseer Jagdkultur, aber auch die Mangfall als Lebensader des Ortes; zudem wird eine Sammlung von historischen Trachten aus der Region gezeigt (www.jagerhaus-gmund.byseum.de).

ESSEN & TRINKEN

Café Winklstüberl Das Winklstüberl ist nicht nur über 700 Jahre alt, es war auch schon im Fernsehen! Doch das wäre den Gästen herzlich egal, wären da nicht die unglaublich hohen Sahnetorten und großzügig belegten Obstkuchen aus der hauseigenen Konditorei, die man auf der sonnigen Terrasse genießen kann.
▸ Leitzachtalstr. 68, 83730 Fischbachau, Tel. 080 28/742, www.winklstueberl.de

Almgasthaus Stögeralm Enten nach altem Familienrezept sind die Spezialität auf der Stögeralm. Doch natürlich serviert Hubert Stöger auch andere Gerichte, zum Beispiel einen handgemachten Kaiserschmarrn. Auf den wartet man dann gern ein wenig länger.
▸ Stögeralm, 83727 Schliersee, Tel. 080 26/21 73, www.stoegeralm.de

Hasenöhrl Hof Zwischen Bayrischzell und dem Schliersee liegt die Tagungsstätte, die ihre Türen nur sonntags für hungrige und durstige Gäste öffnet. Die »Sonntagswirtschaft« bietet Frühstück, Mittagessen und Brotzeiten in der idyllischen Umgebung eines Hofs aus dem 16. Jh.
▸ Geitau 5, 83735 Bayrischzell, Tel. 080 23/819 33 44, www.hasenoehrl.de

EINKAUFEN

Gmund Papier Shop Wirklich ausgefallene Notizbücher und Journals findet man hier: das Dirndlbuch, den Gipfelblock mit Bergsilhouette, das Notizheft mit Gummi in Neonfarben … und viele Postkarten zu unzähligen Anlässen.
▸ Mangfallstr. 5, 83703 Gmund/Tegernsee, Tel. 080 22/750 00, www.gmund.com

Etwas weiter flussaufwärts gibt es die Möglichkeit, die älteste Papiermaschine Europas in Aktion zu sehen. In der Büttenpapierfabrik Gmund ist der 1883 gebaute Oldie noch immer in Betrieb – bei den Werksbesichtigungen kann man miterleben, wie feines Büttenpapier von Hand geschöpft wird (www.gmund.com).

TEGERNSEE

4 Soll es mit dem Ausflugsdampfer über den See gehen? Oder doch lieber vom Wanderparkplatz bei Bad Wiessee aus auf die Aueralm? Die Region rund um den Tegernsee bietet vielfältige Möglichkeiten. Im Ort Tegernsee widmet sich das Olaf-Gulbransson-Museum dem Werk des Zeichners der legendären Satirezeitschrift »Simplicissimus«. Er lebte fast 30 Jahre hier am See (www.olaf-gulbransson-museum.de).

In die Zeiten vor der Motorisierung, als Pferde als Zugtiere dienten, geht es auf den Gsotthaberhof bei Rottach-Egern, wo Besucher eine Ausstellung historischer Kutschen, Wagen und Schlitten erwartet. Die Exponate des bäuerlichen Brauchtums umfassen auch die dazugehörigen Fuhrmannsgerätschaften (www.tegernsee.com/a-museum-im-gsotthaber-hof).

Etwas weiter kann man mit dem Wohnmobil sogar eine Rennstrecke befahren: Auf der mautpflichtigen Wallberg-Panoramastraße wurden einst Bergrennen ausgetragen, heute geht es gemütlich zur Berggaststätte und von dort zu Fuß weiter zum Sibli-Wasserfall und zur Mariengrotte.

SCHLIERSEE

5 Als Naherholungsgebiet mit Flair hat sich der Schliersee längst einen Namen gemacht. Ob Bootfahren oder Paddeln – Möglichkeiten, den See aktiv zu nutzen, gibt es viele. Mit dem Fahrrad benötigt man gemütliche zwei Stunden für eine Umrundung. Im gleichnamigen ehemaligen Fischerdorf am Nordufer steht mit der Pfarrkirche St. Sixtus eine der schönsten Barockkirchen der Region. Die Fresken und der prächtige Marienaltar sind sehenswert, ebenso das Flügelaltarbild in der Friedhofskapelle. Die St.-Georg-Kapelle auf dem Weinberg dürfte einer der wenigen Orte sein, der von allen

Eine sieben Kilometer lange Wanderung führt um den von Bergen eingerahmten Schliersee herum.

bayerischen Königen besucht wurde. Nicht verwunderlich, denn die Aussicht ist großartig. Noch höher hinaus geht es mit der Seilbahn, die zur Schliersbergalm hinauffährt (www.schliersbergalm.de). Im Süden des Sees hat der Ex-Skirennläufer Markus Wasmeier ein Freilichtmuseum mit bis zu 500 Jahre alten Höfen aufgebaut. Für Kinder wird besonders viel geboten (www.wasmeier.de).

BAYRISCHZELL

6 Es verwundert nicht, wenn Bayrischzell so manchem Fernsehzuschauer vertraut vorkommt: In dem Luftkurort wird seit zehn Jahren die Herzkino-Serie »Frühling« produziert. Die Touristeninformation hält eine Karte mit den Drehorten bereit. Sieben Kilometer von der Tiroler Grenze entfernt findet die Hauptsaison im Winter am Sudelfeld statt, der größten zusammenhängenden Skiregion Deutschlands. Im Sommer empfiehlt sich die Gegend als Wandergebiet. Besonders kinderfreundlich ist der vier Kilometer lange Wendelstein Männlein Weg, der in der Ortsmitte beginnt (www.bayrischzell.de/kids-familie).

Auf ein ganz besonderes Spa stößt man im Dorfbad Tannermühl: In der fast 1000 Jahre alten Mühle befindet sich ein altes Bauernbad mit Altholz-Stadl-Sauna und einem acht Meter hohen Naturwasserfall (www.almbad.de, Anmeldung empfohlen).

Ein kurvenreiches Erlebnis ist die Fahrt über den Sudelfeldpass und die davon abzweigende, mautpflichtige Tatzelwurmstraße. An Wochenenden ist diese Strecke äußerst beliebt bei Motorradfahrern.

Sonnenterrasse vom Campingplatz Seehamer See

CAMPING- & STELLPLÄTZE

CAMPINGPLÄTZE

Campingplatz Seehamer See ★★★☆☆

1 Von der Autobahn A 8 bis zum Campingplatz am Seehamer See ist es nur ein Katzensprung. Dank einer Lärmschutzwand wirkt der Verkehrslärm auf den 100 Touristenplätzen nicht allzu störend. Das Wiesengelände ist leicht abschüssig, alter Baumbestand sorgt teilweise für Schatten. Strom wird an Schuko- und CEE-Steckdosen mit 16-Ampere-Absicherung gezapft. Die beiden Sanitärhäuser verfügen über ein barrierefreies Bad und Fußbodenheizung; Waschmaschinen und Trockner sind verfügbar. Eine Wohnmobilversorgung befindet sich auf dem Gelände. WLAN-Empfang gibt es auf dem gesamten Areal. Auf dem Platz bietet ein Kiosk Snacks und Brötchen an; das Restaurant mit Biergarten soll demnächst wiedereröffnet werden.

▸ Hauptstr. 32, 83629 Weyarn/Großseeham, Tel. 080 20/14 00, ganzjährig, GPS: 47.85201, 11.86070

■ pincamp.de/sb6700

Aktivitäten

Der Seehamer See steht unter Landschaftsschutz; Teile des Ostufers sind jedoch für den Badebetrieb freigegeben. Einen Bootsverleih gibt es im nahen Dorf Großseeham. Wegen seiner Artenvielfalt ist der Seehamer See ein beliebtes Ziel für Vogelbeobachter: Rund um den See und das Wattersdorfer Moor kann man bis zu 163 Vogelarten sehen.

Camping Schliersee ★★★☆☆

2 Das Bergpanorama ist atemberaubend, der 3,5 ha große Campingplatz liegt direkt am See. Die 77 Parzellen sind zwischen 45 und 90 m² groß

und bieten sich auf dem leicht geneigten Gelände eher für Camper-Vans als für überlange Liner an. Die Sanitäranlagen sind beheizt. Für die Stromversorgung kommen Schuko- und CEE-Steckdosen (16 A) zum Einsatz. Imbiss und die Beach-Bulli-Bar zielen auf den Geschmack der Van-Lifer. Gaststätte, Brötchenservice, Liegewiese und ein Spielplatz runden das Angebot ab. Die angrenzende Bahnstrecke wird nur tagsüber befahren, sodass man nachts ungestört schlafen kann.
▸ Westerbergstr. 27, 83727 Schliersee, Tel. 080 26/ 929 89 98, Mitte April–Anfang Nov., GPS: 47.72789999, 11.85158333
■ pincamp.de/sb6800

Aktivitäten

Entspannen oder auspowern? Der Schliersee lässt sich sowohl mit einem Dampfschiff befahren als auch mit einem ausgeliehenen Elektro-, Ruder- oder Tretboot (beides www.schlierseeschifffahrt.de). Fahrradfahrer erkunden auf dem am Platz vorbeiführenden Bodensee-Königssee-Radweg die nähere und weitere Umgebung. Einfache Wanderwege führen zum Beispiel zur zwei Kilometer entfernten Huberspitzalm, von wo aus sich eine großartige Aussicht auf den See bietet. Eine weitere schöne Wanderung führt zu den Josefsthaler Wasserfällen.

Campingplatz Wallberg ★★½

3 Der einzige Campingplatz am Tegernsee bietet am Ortsrand von Weißach 180 Stellplätze auf ebenem Wiesengrund. Ein kleines Restaurant am Platz serviert lokale Spezialitäten; gleich nebenan hat sich ein Supermarkt angesiedelt. Die Einrichtungen der Ver- und Entsorgung sind auf dem aktuellen Stand. Je nach Areal kommen für die Stromversorgung Schuko- oder CEE-Steckdosen (10–16 A) zum Einsatz. Die am Platz vorbeiführende Bundesstraße sorgt für eine schnelle Anbindung nach Bad Wiessee und Gmund; mit Verkehrslärm muss gerechnet werden. Das Ufer des Tegernsees liegt etwa einen Kilometer vom Platz entfernt.
▸ Rainerweg 10, 83700 Weißach, Tel. 080 22/53 71, ganzjährig, GPS: 47.68848332, 11.74858333
■ pincamp.de/sb6550

Aktivitäten

Der Tegernsee lädt zum Rudern, Segeln, Schwimmen und Surfen ein. Wen es in die Berge zieht, der kann mit einer Seilschwebebahn auf den Wallberg fahren (www.wallbergbahn.de). Auf dem Weg dorthin empfiehlt sich ein Abstecher zur Naturkäserei (www.naturkaeserei.de), wo man auch sehen kann, wie Heukäse hergestellt wird. Einen Hauch mondänen Lebens kann man in der Spielbank Bad Wiessee erleben, wenn man mindestens 21 Jahre alt ist.

STELLPLÄTZE

Stellplatz an der Isar, Bad Tölz

1 Nur ein Fußweg und Hecken liegen zwischen dem geschotterten, überwiegend ebenen Platz für 30 Mobile und der Isar. Geboten werden Frischwasser und Entsorgung sowie eine Toilette, Hunde sind erlaubt. Das Zentrum von Bad Tölz ist zu Fuß erreichbar. Gebührenpflichtig, max. 2 Nächte.
▸ Königsdorfer Str. 67, 83646 Bad Tölz, www.bad-toelz.de, Tel. 080 41/786 70, ganzjährig, GPS: 47.76261, 11.55063

Stellplatz am Sylvenstein-Stausee, Lenggries

2 Auf einem Parkplatz am Waldrand wurde Platz für 20 Mobile geschaffen; das Dorf Neu-Fall ist fußläufig erreichbar. Der geschotterte Untergrund des Platzes ist teilweise uneben, die Randbereiche werden beschattet. Frischwasser kann gezapft werden, und es gibt eine Entsorgung für Grauwasser und das Chemie-WC. Eine öffentliche Toilette ist vorhanden. Gebührenpflichtig, max. 1 Nacht.
▸ Dürrachstr. 1, 83661 Lenggries, www.lenggries.de, Tel. 080 42/501 80, ganzjährig, GPS: 47.570935, 11.53324

CHIEMSEE & BERCHTESGADENER LAND

Gewusst, wann …

Almabtrieb

Anfang bis Mitte Oktober werden die Kühe von den Almen ins Tal getrieben. Die Saletalm am Königssee ist auf dem Landweg nur schwer zu erreichen, und so werden die Kühe in Booten über den See zur Seelände gebracht. Erst wenn alle sicher an Land sind, legt man ihnen den farbenfrohen Kopfschmuck an und treibt sie zurück zum Hof.
▸ www.berchtesgaden.de

Als größter See Bayerns wird der Chiemsee nicht von ungefähr als das »Bayerische Meer« bezeichnet. An Beschäftigungsmöglichkeiten am See mangelt es nicht, und die Kulturschätze locken Urlauber aus dem In- und Ausland an. Zwischen dem südlichen Chiemgau und dem Berchtesgadener Land finden Urlauber sowohl beliebte Fremdenverkehrsregionen als auch Gebiete, in denen das ländliche Idyll spürbar ist. Hier wie dort trifft Kultur auf Geschichte und Kunst auf ein Erbe aus Zeiten, als dem Boden der Ertrag abgerungen werden musste. Der Jahrhunderte währende Salzabbau hat das Land ebenso geprägt wie die Nähe zu den Bergen. Zu den erfreulichen Hinterlassenschaften der jüngeren Geschichte gehört die Deutsche Alpenstraße, die quer durch die Region verläuft. Immer wieder neue Eindrücke sind garantiert.

Allein um den Chiemsee herum liegen sieben Campingplätze unmittelbar am Wasser. Am kleineren Waginger See bieten sechs Plätze Parzellen an. Auch im Berchtesgadener Land besteht kein Mangel an Möglichkeiten, auf einem angenehmen Platz seine Vorzelte aufzuschlagen. Enorm ist die Dichte an Stellplätzen für Reisemobile. Nur bei wenigen von ihnen handelt es sich um reine Übernachtungsplätze – die meisten Stellplätze bieten eine hervorragende Ausstattung.

Der Chiemsee, größtes Gewässer Bayerns und daher auch »Bayerisches Meer« genannt, hat zu jeder Jahreszeit seinen ganz eigenen Reiz – hier im Winter.

SEHENSWERTES

CHIEMSEE

1 König Ludwig II. und seine Schlösser – die vom bayerischen König geplanten Prachtbauten zeugen gleichzeitig von Genialität und Wahn. Das Schloss Herrenchiemsee sollte sich als das teuerste Bauwerk seiner Zeit erweisen, wurden doch Pomp und Pracht des französischen Schlosses Versailles als Vorbild genommen. Auf der größten Insel des Chiemsees gelegen, zieht es heute unzählige Besucher an (www.herrenchiemsee.de).

Von mehreren Anlegern aus starten Ausflugsschiffe zu den schönsten Stellen des Bayerischen Meeres, darunter auch zur kleineren Fraueninsel. Sehenswert ist dort nicht allein eines der ältesten Klöster Deutschlands – auf der Insel haben sich auch Künstler und Kunsthandwerker etabliert.

DREI-SEEN-GEBIET

2 Das Drei-Seen-Gebiet in den Chiemseer Alpen sollte man sich keinesfalls entgehen lassen. Vom Chiemsee kommend geht es auf der Bundesstraße 305 zunächst nach Reit im Winkl. In der Schlucht des dortigen Wasserfalls am Hausbach gibt es bereits seit rund 100 Jahren einen Wanderweg – auch der erste Klettersteig im Chiemgau wurde hier angelegt. Folgt man dann der Deutschen Alpenstraße, liegen zuerst der Weitsee und der in den Lödensee übergehende Mittersee auf der Strecke, nach ein paar Kilometern befindet sich dann rechter Hand der Förchensee. Obwohl sie keine touristische Infrastruktur haben, werden alle im Sommer gern als Badeseen genutzt.

Etwas weiter kann man an Führungen durch die Wintersportarena Ruhpolding teilnehmen. An dem Olympiastandort fanden schon über 40 Biathlon-Weltmeisterschaften statt. Besucher können im Rahmen von Führungen hinter die Kulissen schauen, neben der Arena werden auch die Schießstände gezeigt – wer möchte, kann seine eigene Treffsicherheit unter Beweis stellen (www.chiemgau-arena.de).

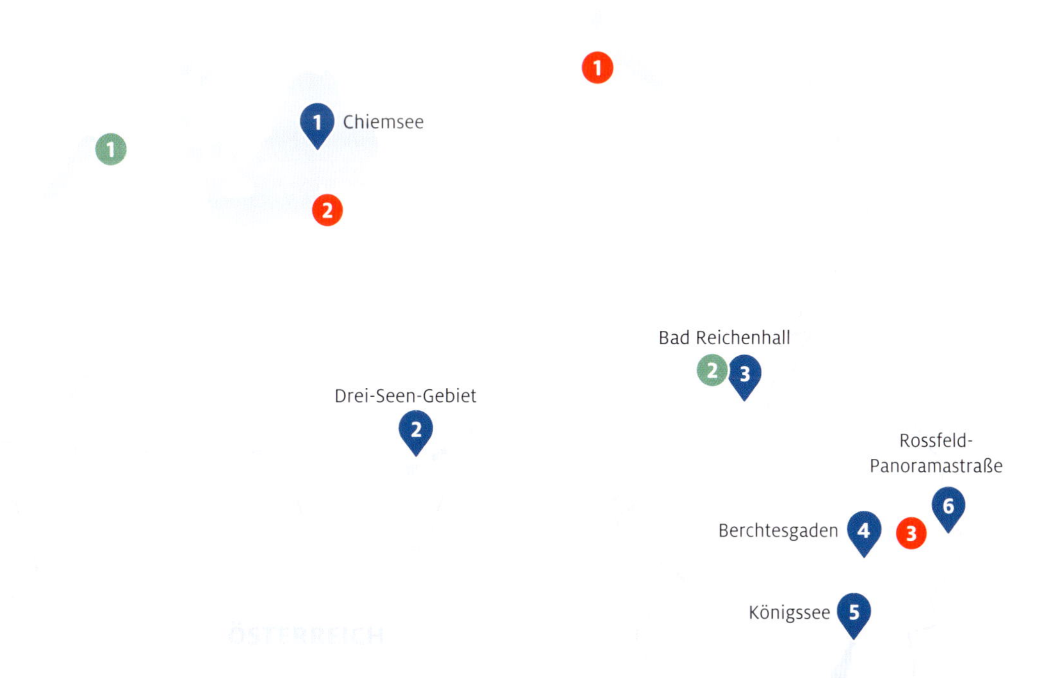

Camping- & Stellplätze ▸ S. 40

Zwei Kilometer darauf gibt es in Laubau das Holzknechtmuseum, draußen verläuft ein Lehrpfad zu Hütten der damaligen Waldarbeiter (www.holzknechtmuseum.com). Entlang der Weißen Traun führt der Weg dann weiter nach Ruhpolding. Als Schlenker bietet sich das Naturkundemuseum in Siegsdorf an. Dort ist das größte Mammutskelett Europas zu sehen (www.museum-siegsdorf.de).

BAD REICHENHALL

3 Als 1513 das Bayerische Reinheitsgebot beschlossen wurde, konnten die Reichenhaller Bierbrauer darüber nur müde lächeln, hatten sie doch bereits 1493 ihr eigenes Reinheitsgebot eingeführt. Nur ein Jahr darauf wurde das erste Bier der Familienbrauerei Bürgerbräu gezapft – der Gerstensaft wird heute noch ausgeschenkt.

Wohl bis in die Bronzezeit reicht der Salzabbau in der Stadt zurück. Die Alte Saline kann als die älteste bestehende Binnensaline Europas zusammen mit dem Salzmuseum besichtigt werden (www.alte-saline.de). Schon früh stellte sich heraus, dass das Salz auch therapeutisch wirksam war. So entstand 1868 der Königliche Kurgarten rund um die medizinischen Einrichtungen. Er gilt als einer schönsten seiner Art. Eingebunden ist das 160 m lange Freiluftinhalatorium Gradierhaus, wo aus 13 m Höhe täglich 400 000 l Sole auf 2 000 m^2 Berieselungsfläche an rund 100 000 Schwarzdornbündeln herabtröpfeln. Die Wirkung der Aerosole auf die Atemwege ist nachgewiesen. Der Springbrunnen vor dem Gradierhaus ist nur einer der 55 Brunnen der Stadt, der vermutlich bekannteste steht in der Wandelhalle und spendet … natürlich Solewasser.

ESSEN & TRINKEN

Seecafé Toni »Das beste Café am Chiemsee«, sagen die einen. »Der schönste Blick«, meinen die anderen. Muss man sich entscheiden? Nein, nur zwischen den hausgemachten Kuchen und Torten. Vielleicht ist das Seecafé ja das beste Café mit dem schönsten Blick aufs Bayerische Meer?

▸ Hochstätt 7, 83253 Rimsting, 080 54/577, www.seecafe-toni.de

Alter Wirt Bilderbuch-Bayern findet man beim Alten Wirt in Bernau. In der Zirbelstube oder im Biergarten – stilecht unter Kastanien – gibt's Wurst und Fleisch aus der hauseigenen Metzgerei.

▸ Kirchpl. 9, 83233 Bernau am Chiemsee, Tel. 080 51/965 69 90, www.alter-wirt-bernau.de

Bräustüberl Berchtesgaden Zünftig geht's zu im Bräustüberl, vor allem am Freitag, wenn die Surhaxe mit Brezn und Bier zur Livemusik serviert wird. Ein stilechtes bayerisches Frühstück gibt es am Wochenende, mit Weißwurst, Brezn und einer halben Bier. Aber Achtung: Weißwürste gibt's nur bis zum 12-Uhr-Läuten!

▸ Bräuhausstr. 13, 83471 Berchtesgaden, Tel. 086 52/97 67 24, www.braeustueberl-berchtesgaden.de

EINKAUFEN

Lederhosen Stanggassinger Wer verstehen möchte, warum auch Nicht-Bayern sich eine Lederhose wünschen, sollte bei Stanggassinger vorbeischauen: Eine Maßhose aus weichem Rothirschleder sitzt einfach so gut und bequem wie eine zweite Haut. Wer etwas weniger investieren möchte, wählt eine Bockslederne von der Stange.

▸ Marktplatz 10, 83471 Berchtesgaden, Tel. 086 52/26 85, www.lederhosenmacher.com

BERCHTESGADEN

4 Der Watzmann muss gar nicht rufen – von den meisten Stellen in Berchtesgaden hat man ihn sowieso im Blick, das 2 713 m hohe Gebirgsmassiv ist der Hausberg der Stadt. Ein Besuch des Schlosses, das mittlerweile als Museum fungiert, sollte eingeplant werden (www.schloss-berchtesgaden.de). In die Welt des Salzabbaus führt das Bergwerk, das auch besichtigt werden kann. Auf Holzrutschen geht es tief in den Berg hinein, Höhepunkt ist der 100 m lange Spiegelsee, der 130 m unter der Erde liegt. Während der Führungen wird der See auf einem Floß überquert. Zu den technischen Meisterwerken gehört die 1817 in Betrieb genommene Soleleitung, über welche die Sole bis in die 29 km entfernte Saline von Bad Reichenhall transportiert wurde. Über Tage kann man dem Verlauf der Pipeline auf dem Wanderweg von Berchtesgaden nach Ramsau folgen (www.salzbergwerk.de). Zu den dunklen Stunden der Geschichte gehört, dass sich während des Dritten Reichs auf dem Obersalzberg der zweite Regierungssitz der Hitler-Diktatur befand. Ein neues Dokumentationszentrum ist im Bau, in unmittelbarer Nähe befindet sich mit dem nun als Lokal genutzten Kehlsteinhaus das letzte verbliebene Relikt jener Zeit (www.kehlsteinhaus.de).

Die barocke Wallfahrtskirche St. Bartholomä liegt direkt am Königssee.

KÖNIGSSEE

5 Er gilt als einer der schönsten Seen Deutschlands und ist eines der wenigen Gewässer, die nicht blau, sondern im Sonnenlicht grün schimmern: Der Königsee ist eine wahre Perle zwischen Watzmann und Hagengebirge; am Obersee befindet sich der Röthbach-Wasserfall mit 470 m Fallhöhe. Große Teile des Sees liegen im Nationalpark Berchtesgaden; alle halbe Stunde legt ein Schiff ab, um auf einer einstündigen Fahrt den fjordartigen See zu überqueren (www.seenschifffahrt.de). Auf der Halbinsel St. Bartholomä kann die barocke Wallfahrtskirche mit ihren beiden Zwiebeltürmen besucht werden, das einstige königliche Jagdschloss beherbergt eine bayerische Gaststätte. Von den steinernen Wänden rund um den See wird ein mehrfaches Echo zurückgeworfen – ein ganz besonderes Phänomen. Wer den gesamten Landstrich überblicken möchte, fährt ab dem Ort Königssee mit der Gondelbahn hinauf auf die 1800 m hoch gelegene Bergstation des Jenner (www.jennerbahn.de).

ROSSFELD-PANORAMASTRASSE

6 Ursprünglich sollte die Strecke als Teil der Deutschen Alpenstraße bis zum Königssee führen, heute ist die Roßfeldhöhenringstraße die höchste Panoramastraße Deutschlands. Auf dem Kamm mal über deutsches, mal über österreichisches Staatsgebiet führend, bietet die knapp 16 km lange Trasse großartige Panoramen beidseits der Grenze – das Dachsteingebirge ist ebenso sichtbar wie der Watzmann. Die ganzjährig befahrbare Strecke war immer wieder Austragungsort von Berg- und Oldtimerrennen und tauchte sogar in einem der Indiana-Jones-Filme auf. Von den Parkplätzen aus laden mehrere Wanderwege zu leichteren und anspruchsvolleren Bergtouren ein (www.rossfeld panoramastrasse.de).

Pool mit Bergblick im Camping-Resort Allweglehen

3

CAMPING- & STELLPLÄTZE

CAMPINGPLÄTZE

Strandcamping Waging ★★★★★

1 Am Ufer des Waginger Sees bietet das Strandcamping fast 1100 Stellplätze, 638 davon sind für Urlauber reserviert. Die Ausstattung der Parzellen reicht von einfachen 80 m² mit Strom (CEE, 10–16 A) bis zu üppigen 200 m² mit zusätzlichem Wasser- und Kanalanschluss sowie TV-Anschluss. Alle Stellplätze verfügen über einen kostenfreien WLAN-Zugang. Das weite Wiesengelände wird durch Bäume und Büsche aufgelockert; die drei Sanitärgebäude erfüllen höchste Standards. Gäste mit Hunden sind gern gesehen; bei der Liegewiese am Strand gibt es einen Bereich für die Vierbeiner. Ein Restaurant, ein Supermarkt und ein Laden für Campingartikel runden das positive Bild ab. Eine Ver- und Entsorgungsstation ist vorhanden; Gasflaschen können getauscht werden.

▸ Am See 1, 83329 Waging am See, Tel. 086 81/552, ganzjährig, GPS: 47.94333333, 12.74741667
■ pincamp.de/sb8150

Aktivitäten

Vom Nichtschwimmerbereich im parkähnlich gestalteten Strandbad bis zum SUP-Board-Verleih – am Waginger See gibt's für Wasserratten jeden Niveaus genügend Abwechslung. Für Jugendliche werden Freizeitprogramme angeboten; unter anderem laden zwei ehemalige Fußballprofis zum Training ein. Außergewöhnlich sind die Fußball-Golf-Anlage und ein barrierefreier Fitnessparcours. Professionelle Nachhilfe für Vierbeiner gibt es auf dem Hundetrainingsplatz. Angeboten werden zudem geführte Bergwanderungen; zum Ponyreiten wurde ein Bustransfer eingerichtet. Auch Kultur kommt nicht zu kurz: Auf dem Platz befindet sich ein Barockmuseum.

Chiemsee-Camping Rödlgries ★★★★

2 Die 308 Stellplätze sind durch Bäume und Buschreihen in Areale aufgeteilt, die CEE-Steckdosen sind auf 16 Ampere ausgelegt. Caravaner finden auf den 85 bis 100 m² großen Parzellen Anschlüsse für Frisch- und Abwasser, Reisemobilen steht eine Ver- und Entsorgungsanlage zur Verfügung. Die sanitären Anlagen beherbergen auch Waschmaschinen und Trockner; WLAN-Empfang ist eher im Bereich der Rezeption gesichert. Das Restaurant besticht mit seinem Biergarten, daneben deckt ein Shop den Bedarf an Lebensmitteln und Campingartikeln. Es herrscht ein generelles Hundeverbot.

▸ Rödlgries 1, 83236 Übersee, Tel. 086 42/470, April–Okt., GPS: 47.84121667, 12.47166666

■ pincamp.de/sb7700

Aktivitäten

Die Möglichkeiten zur sportlichen Betätigung auf dem Platz reichen vom Trampolinpark bis zum Beachvolleyballplatz. Die 200 m lange Badebucht mit Liegewiese ist familiengerecht; neben Animation und Kinderspielplatz gibt es einen Wasserspielplatz. Hoch hinaus geht es im nahen Hochseilgarten, wo verschiedene Parcours bis auf 13 m Höhe führen (www.parkeroutdoor.com). Einen Blick in die Geschichte bietet das sechs Kilometer entfernte Moor- und Torfmuseum in Rottau (www.museum-torfbahnhof.de) – eine Runde mit der Feldbahn inklusive.

Camping-Resort Allweglehen ★★★★

3 Hinter einem Wäldchen rauscht der Larosbach, der nur wenige Hundert Meter weiter in die Berchtesgadener Ache mündet. Auf verschiedenen Arealen verteilen sich 143 Stellplätze mit Parzellengrößen bis zu 200 m². Strom (CEE, 16 A), Ver- und Entsorgung sowie kostenloses WLAN sind selbstverständlich. Mit Außenpool, mehreren Saunen und Panoramaterrasse wird Wellness großgeschrieben; in den modernen Sanitäranlagen können Familienbäder gemietet werden. Ein Restaurant mit Biergarten sorgt für das leibliche Wohl; Brötchen gibt es am Kiosk. Der Platz ist ausgesprochen hundefreundlich. Vor dem Eingang gibt es einen Reisemobilstellplatz.

▸ Allweggasse 4, 83471 Berchtesgaden, Tel. 086 52/23 96, ganzjährig geöffnet, GPS: 47.64733333, 13.0396

■ pincamp.de/sb9800

Aktivitäten

Am Platz können sommers wie winters verschiedene Ausflüge und Touren gebucht werden. Zum Angebot gehören neben anfängertauglichen Wanderungen auch Klettertouren in die Berge, Wildwasser-Rafting oder Canyoning.

STELLPLÄTZE

Stellplatz am Camping Stein, Bad Endorf

1 Am nordöstlichen Ufer des Simssees liegt der Stellplatz für fünf Mobile vor einem Campingplatz. Der geschotterte Untergrund ist überwiegend eben; Ver- und Entsorgungsanlagen sind ebenso vorhanden wie Stromanschlüsse. WC und Dusche des Campingplatzes können genutzt werden. Gebührenpflichtig, max. 3 Nächte.

▸ See 10, 83093 Bad Endorf, Tel. 080 53/93 49, www.camping-stein.de, April–Mitte Okt., GPS: 47.88416, 12.26918

Wohnmobilpark an der RupertusTherme, Bad Reichenhall

2 Bad Reichenhall ist kaum an ein, zwei Tagen zu erkunden. Deshalb bietet der Wohnmobilpark am Ufer der Saalach für seine 25 Stellplätze sogar Sonderkonditionen für Dauergäste an. Geboten werden Strom, Ver- und Entsorgung sowie WLAN. Die Sehenswürdigkeiten sind zu Fuß erreichbar. Gebührenpflichtig.

▸ Hammerschmiedweg, 83435 Bad Reichenhall, www.rupertustherme.de, Tel. 086 51/762 20, ganzjährig, GPS: 47.734214, 12.87542

Österreich

Panoramablick vom Schafberg auf den Mondsee im oberösterreichischen Salzkammergut

Mit den Zielen …

Salzburger Land ▸ S. 44, Oberösterreich ▸ S. 50, Nordtirol ▸ S. 56, Osttirol ▸ S. 62, Oberkärnten ▸ S. 68, Unterkärnten ▸ S. 74

SALZBURGER LAND

Gewusst, wann …

Electric Love

Wer »Salzburg« hört, denkt »Festspiele«. Aber Salzburg kann auch anders als klassisch: Anfang Juli treffen sich beim Electric Love Festival die Fans elektronischer Musik mit mehr als 150 internationalen Künstlern zum Tanzen, Leben, Feiern an mehreren Bühnen – von Bass bis Techno ist alles dabei.
▸ www.electriclove.at

So nah und doch so anders: Das Salzburger Land ist für viele deutsche Urlauber der erste Eindruck, den sie von Österreich bekommen. Zwischen Tauern und Großglockner trifft Kultur auf Geschichte, wird vom quirligen Leben in Salzburg bis zur Einsamkeit der Berge alles geboten. Einen gelungenen Urlaub kann man im Salzburger Seenland verbringen. Zwischen Obertrumer See und Wolfgangsee gibt es schöne Wanderregionen und Fahrradwege. Alle, die hoch hinauswollen, ohne sich selbst allzu sehr anzustrengen, kommen dank der Seilbahnen auf die schönsten Berge. Auf den Nebenstrecken entlang der Salzach wirkt die historische Architektur mitunter wie ein Blick in lang vergangene Zeiten. Vorsicht ist bei engen Dorfdurchfahrten geboten: Um überhängende Hauserker sollte man mit hohen Reisemobilen oder Mobilen mit Alkoven einen großen Bogen machen.

An Campingplätzen mangelt es in dieser Region nicht. Der Wunsch nach einem schönen Plätzchen am Wasser wird Reisenden vor allem an den Seen erfüllt. Die Ausstattung der Camps liegt zumeist auf einem hohen Niveau. Wer sich nach der ersten Entspannung spontan zu Aktivitäten entschließt, kann auf den Plätzen oft die nötige Ausrüstung leihen. Stellplätze in Wassernähe dagegen findet man eher an den Flussläufen. Viele befinden sich an Lokalen oder auf Bauernhöfen – die Versorgung mit Strom und Frischwasser ist meist gegeben, Entsorgungsmöglichkeiten gibt es jedoch seltener.

Salzburgs Altstadt gehört seit 25 Jahren zum UNESCO-Welterbe, nicht zuletzt wegen ihres einzigartigen barocken Architekturensembles.

SEHENSWERTES

SALZBURG

1 Das Salz brachte der Stadt den Reichtum ein; der gebürtige Salzburger Wolfgang Amadeus Mozart brachte ihr die Musik. Noch heute spürt der Besucher den Geist des Musikrebellen inmitten der mehr als 100 Kirchen, Schlösser und Paläste – zwischen Mozartkugeln und Museen kann man Tage verbringen und doch immer Neues entdecken. Am an der Salzach gelegenen Residenzplatz lauscht man dem dreimal täglich erklingenden Glockenspiel und bestaunt den Dom. Ein kurzer Fußweg führt zur Getreidegasse mit ihren schönen Fassaden und den fast geheimnisvollen Arkadenhöfen. Oder man schlägt den Weg zur Festungsgasse ein, von wo eine Standseilbahn hinauf zur Festung Hohensalzburg führt. Von dort bietet sich eines der besten Panoramen, die man auf die Stadt haben kann.

SALZBURGER SEENLAND

2 Nicht weit von Salzburg entfernt hat man an der Seenplatte die Qual der Wahl: Der Mattsee ist berühmt für seine Wassersportmöglichkeiten; wer an Land bleiben möchte, kann ihn auf einer dreistündigen Wanderung umrunden. Die Strandbäder des Obertrumer Sees locken mit zahlreichen Bademöglichkeiten. Der kleine Grabensee ist Naturschutzgebiet, daher ist zwar Baden erlaubt, doch Wassersportgeräte sind untersagt. Nicht weit entfernt liegt der Wallersee, wo Carl Zuckmayer den »Hauptmann von Köpenick« verfasste. Ein 21 km langer Wanderweg ab Henndorf erinnert an den Autor, für den der Wallersee ein Paradies war.

Keine eingestaubten Oldtimer, sondern Technik zum Anfassen bieten die »fahr(T)raum Ferdinand Porsche Erlebniswelten« in Mattsee. An den vielen Probierstationen wird Fahrzeugtechnik nicht nur für Kinder leicht nachvollziehbar; die Ausstellung ist ganzjährig geöffnet (www.fahrtraum.at).

WOLFGANGSEE

3 Seit 1873 kann man auf Ausflugsdampfern den Wolfgangsee vom Wasser aus erleben. Mittlerweile werden sieben Anlegestellen zwischen den Orten St. Gilgen, Strobl und St. Wolfgang angefahren. Der dortige Anleger ist nicht weit vom Weissen Rössl entfernt. Auch wenn der Oberkellner nicht mehr singt und tanzt wie einst in der mehrfach verfilmten Komödie, kann man dort fein essen gehen (www.weissesroessl.at). Ein Blick in die malerische Kirche nebenan lohnt sich. In der örtlichen Natursalz-Manufaktur werden auch Salzverkostungen angeboten (www.salzkontor.at). Nicht auslassen sollte man eine Fahrt mit der steilsten Zahnradbahn Österreichs, die seit 1892 in St. Wolfgang losfährt. Die Schafbergbahn legt die Strecke bis zum 1783 m hohen Gipfel in 35 Minuten zurück; besonders beeindruckend sind die Fahrten bei Sonnenuntergang (www.salzburg-bahnen.at). Natur ist das Markenzeichen von St. Gilgen am nordwestlichen Ufer des Sees. Mit der Seilbahn werden die 908 Höhenmeter zum Zwölferhorn überwunden, wo ein reizvolles Wandergebiet liegt.

Camping- & Stellplätze ▸ S. 48

ESSEN & TRINKEN

Café Tomaselli Die Geschichte des ältesten Cafés in Österreich reicht bis ins Jahr 1770 zurück. Drinnen spiegelt sich das Licht der Lüster in den glänzend polierten Holzvertäfelungen, man bestellt – wie dazumal – einen Kleinen Braunen oder eine Melange und genießt Strudel, Sachertorte oder Kipferl.

▸ Alter Markt 9, 5020 Salzburg, Tel. +43 (0)6 62/844 48 80, www.tomaselli.at

Brunnwirt Ein schöner Ort zur Einkehr ist das Restaurant direkt am Ufer des Sees. Im Gastgarten speist es sich besonders schön. Die Küche bietet klassisch Österreichisches mit Produkten aus der Region, hat aber auch internationale Gerichte.

▸ Wolfgangseestr. 11, 5330 Fuschl am See, Tel. +43 (0)62 26/82 36, www.brunnwirt.at

Mußbachalm Morgens früh aufstehen und gemütlich zu einer schönen Almhütte wandern, wo ein herzhaftes Frühstück wartet? Da bietet sich die Mußbachalm an, wo Sennerin Anita Griessner hausgemachte Spezialitäten serviert, zum Beispiel Honig, Käse, Speck und Wurst.

▸ Mußbach Str. 60, 5761 Maria Alm am Steinernen Meer, Tel. +43 (0)65 84/81 16

EINKAUFEN

Konditorei Fürst Salzburg ohne Mozart? Undenkbar. Zumindest Mozartkugeln müssen sein. Sie wurden 1890 vom Konditor Fürst kreiert, und noch heute verkaufen seine Nachfahren die Kugeln aus Marzipan mit Pistazien und Nougat.

▸ Brodgasse 13, 5020 Salzburg, Tel. +43 (0)6 62/84 37 59, www.original-mozartkugel.com

HALLEIN

4 Die Spur des Salzes lässt sich auf dem Weg entlang der Salzach verfolgen. Archäologische Grabungen haben ergeben, dass die Kelten das weiße Gold bereits vor 2600 Jahren bei Hallein zutage förderten. Gegenüber der Pernerinsel, die mitten in der Stadt vom Fluss umspült wird, liegt eines der größten Museen für keltische Geschichte und Kunst in Europa, das Keltenmuseum Hallein. Ein paar Kilometer weiter bietet das Freilichtmuseum Salina auf dem Dürrnberg mit einem rekonstruierten Dorf Einblicke in die Lebensverhältnisse der Kelten (www.keltenmuseum.at). Von dort aus ist es nicht weit bis zu den Salzwelten: Die Grubenbahn rollt weit in den Berg hinein, auf Bergmannsrutschen geht es noch ein Stück tiefer. Zwischendurch passiert man unter Tage die Grenze zu Deutschland und entdeckt einen unterirdischen See (www.salzwelten.at).

GOLLINGER WASSERFALL UND SALZACHKLAMM

5 Wasserfälle und tiefe Schluchten sorgen im Wandergebiet rund um Golling für spektakuläre Eindrücke. Als eine der faszinierendsten Naturstätten Österreichs gilt der Gollinger Wasserfall, an dem der Schwarzbach über 76 m in die Tiefe stürzt. Vom Besucherparkplatz benötigt man etwa 20 Minuten, bis das Rauschen des Wassers zu hören ist (www.gollinger-wasserfall.com). Im Ort können Canyoning- und Raftingtouren gebucht werden (www.torrent-outdoors.at).

Nur wenige Kilometer weiter bietet sich zwischen Mai und Oktober noch ein sehenswertes Ziel: Die zwischen Tennen- und Hagengebirge befindliche Salzachklamm ist 1,5 km lang und 80 m tief. Schmale, gesicherte Wege führen oberhalb des Flusses durch die Schlucht (www.salzachklamm.at).

EISRIESENWELT WERFEN

6 Körperlich fit sollte man sein, wenn man in die Welt des ewigen Eises eintaucht. Der Fußweg zu den oben am Berg gelegenen Höhlen führt über Treppen und Naturstein. Für den Aufstieg vom Parkplatz bis zum Eingang braucht man etwa drei Stunden – wird ein Teil des Weges mit der Seilbahn ab-

Der Zeller See zählt wegen seiner Lage und des glasklaren Wassers zu den schönsten Seen Österreichs.

gekürzt, bleiben immer noch 45 Minuten Fußweg in unebenem Gelände. Die Eisriesenwelt besteht aus mehreren zusammenhängenden Höhlen, in denen unter anderem grandios geformte Eisskulpturen zu sehen sind. Für den Aufenthalt im Berg sollten etwa 70 Minuten kalkuliert werden. Bei konstanten null Grad sind warme Kleidung und festes Schuhwerk Voraussetzung. Die Parkplatzsituation vor dem Eingang lässt nicht viel Raum für große Fahrzeuge. Alternativ sollte man den Besucherparkplatz in Werfen ansteuern, von wo aus ein Zubringerbus pendelt – Wohnmobile sollten besser dort abgestellt werden (www.eisriesenwelt.at).

VOM ZELLER SEE ZUM GROSSGLOCKNER

7 Der Zeller See ist mit seinen Freizeitangeboten ein Magnet für Aktivurlauber – Zell am See ist aber auch Startpunkt für die spektakuläre Fahrt auf der Großglockner Hochalpenstraße. Vor dem Bau der Tauern Autobahn galt die 48 km lange Strecke als Ritterschlag für Urlauber gen Süden. Seitdem hat die mautpflichtige Panoramastraße nichts von ihrem Reiz eingebüßt: Die in beide Richtungen befahrbare Strecke führt über unzählige Kurven von Bruck bis zur 2571 m hohen Edelweißspitze und wieder hinunter nach Heiligenblut. Geöffnet ist der Pass in den schneefreien Monaten von Mai bis Oktober. Die meisten Besucher kommen zwar wegen des einzigartigen Fahrerlebnisses – es lohnt sich jedoch, die Region auch bei einer Wanderung oder mit dem Mountainbike kennenzulernen. So empfiehlt sich ein Abstecher zur Kaiser-Franz-Josefs-Höhe, von der man einen guten Blick auf Österreichs größten Gletscher hat, die Pasterze. Wer mag, kann ihn zu Fuß oder mit der Gletscherbahn erreichen. Für Ablenkung sorgen Erdmännchen am Rande der Strecke. Ein großer Teil der Hochalpenstraße befindet sich oberhalb der Baumgrenze – zumindest der Fahrer sollte schwindelfrei sein (www.grossglockner.at).

Komfortcamping Berau

CAMPING- & STELLPLÄTZE

CAMPINGPLÄTZE

Strandcamping Oitner ★★★☆☆

1 Keine 20 km nördlich von Salzburg erstreckt sich der Obertrumer See. An seiner südlichsten Spitze befindet sich das Strandcamping Oitner mit Platz für 25 Wohnmobile oder Caravangespanne. Die Stellplätze sind auf Wiesengrund angelegt, die Stromversorgung ist gesichert (Schuko, 12 A). Auf einem Teil des Platzes gibt es WLAN. An den Platz schließen sich eine Gaststätte sowie ein Strandbad mit Liegewiese an. Eine Frischwasserstation oder eine Entsorgung für Grauwassser sind nicht vorhanden.

▸ Seestr. 18, 5162 Obertrum am See,
Tel. +43 (0)62 19/64 42, Mai–Sept.,
GPS: 47.94216667, 13.06918333

■ pincamp.de/sa4500

Aktivitäten

In Sichtweite des Platzes legen die Schiffe zum Mattsee ab; im Angebot sind auch Segelkurse und Segel-, Ruder- und Tretbootverleih (www.segelschule-mattsee.at). Öffentlich zugänglich sind der nahe Naturerlebnispfad und ein Skatepark. Um Hopfen und Malz geht es bei den Besichtigungen und Verkostungen der Trumer Privatbrauerei (www.trumer.at), die nur einen Kilometer entfernt liegt. Ein schöner Ausflug ist die Wanderung durch den Teufelsgraben, auf der man am Wildkarwasserfall und zwei bewirtschafteten Mühlen vorbeikommt (www.teufelsgraben.at). In Seeham kann man mit Kindern im Hochseilpark in die Baumgipfel hinaufklettern oder den Bienenerlebnisweg entdecken. Bleibt noch die Erkundung der Mozartstadt Salzburg, die mit dem Auto in 20 Minuten erreicht werden kann.

Strandbad & Camping Seekirchen ★★★½

2 Der Name ist Programm: Dem Campingplatz Seekirchen am Wallersee ist tatsächlich ein Strandbad angeschlossen, die entsprechenden Einrichtungen können von den Gästen genutzt werden. 40 Stellplätze sind für Touristencamper reserviert, die Parzellen auf teilweise gekiestem Wiesengrund messen 80 m² und sind mit Schuko- oder CEE-Steckdosen (16 A) ausgestattet. Statt einer Entsorgungsstation gibt es Abwasser- und Frischwasseranschlüsse; an der Rezeption und auf einigen Teilen des Platzes ist WLAN verfügbar. Das Restaurant mit Außenanlagen und der nahe Imbiss stillen den Hunger, der Gang zum Shop ersetzt den großen Einkauf. Auch ein Brötchenservice wird angeboten.

▸ Seestr. 2, 5201 Seekirchen, Tel. +43 (0)62 12/ 40 88, April–Okt., GPS: 47.90276, 13.14191

■ pincamp.de/sa_56456

Aktivitäten

Neben dem Strandbad befinden sich am Gelände ein Bootsverleih sowie eine Segelschule. Im Haupthaus wird Yoga angeboten (www.yogaamwallersee.at). Der Hauptort Seekirchen ist nur einen Kilometer vom Campingplatz entfernt. Viele der Kirchen, Kapellen und Bildstöcke (»Schachern«), wurden zum Seekirchner Kapellenweg zusammengefasst. Auf der anderen Seite des Wallersees lässt sich im Wenger Moor ursprüngliche Landschaft erleben. Der Wanderweg führt unter anderem zu einem Aussichtsturm.

Komfortcamping Berau ★★★★½

3 Das Panorama des Wolfgangsees kann man von fast jedem der 160 Stellplätze des Platzes genießen, und die Ausstattung wird dem Anspruch der Betreiber gerecht: Die Parzellen sind etwa 100 m² groß und mit Strom (CEE, 6–13 A) und Wasseranschluss ausgestattet. Einige Plätze verfügen zudem über eine Kanalisation und Kabel-TV. WLAN ist auf dem Platz verfügbar. Neben den modernen Sanitäreinrichtungen gibt es ein Fitnessstudio, eine Sauna und einen Massageraum. Außergewöhnlich ist die Ladestation für E-Autos. Kinder können sich auf dem Erlebnisspielplatz austoben. Wer Hunger hat, wählt zwischen dem Restaurant und einer Pizzeria.

▸ Schwarzenbach 16, 5360 St. Wolfgang, Tel. +43 (0)61 38/25 43, ganzjährig, GPS: 47.73046667, 13.47816667

■ pincamp.de/oö550

Aktivitäten

Der Campingplatz grenzt direkt an das Ufer des Wolfgangsees – ideal, um eine Runde schwimmen zu gehen. Bootssportler können auf dem Platz Kajaks ausleihen; angeboten werden auch SUP-Boards. Kein eigenes Rad dabei? Kein Problem, E-Bikes werden ausgeliehen. Berau liegt zudem am Bürglstein-Rundwanderweg (www.oesterreich-rekorde.at), der bis nach St. Wolfgang führt.

STELLPLÄTZE

Reisemobilstellplatz Salzburg

1 Salzburg ist ein Magnet – da wundert es nicht, dass der dortige Stellplatz über 106 Mobile aufnehmen kann. Der Platz bietet Vollausstattung von Ver- und Entsorgung über Strom und WLAN bis zu WC und Duschen. Gebührenpflichtig.

▸ Carl-Zuckmayer-Str. 26, 5101 Salzburg, Tel. +43 (0)6 76/911 42 44, www.reisemobilstellplatz-salzburg.at, ganzjährig, GPS: 47.835701, 13.060447

Wohnmobilpark Aqua Salza, Golling

2 Der Stellplatz für 15 Mobile nahe dem Egelsee ist asphaltiert und beleuchtet. Strom sowie Ver- und Entsorgung werden gestellt. Das Freizeitbad Aqua Salza bietet Wellnesseinrichtungen und Gastronomie. Gebührenpflichtig, max. 4 Nächte.

▸ Möslstr. 199, 5440 Golling, Tel. +43 (0)62/ 44 20 04 00, www.aqua-salza.at, ganzjährig, GPS: 47.596089, 13.1729

OBERÖSTERREICH

Gewusst, wann …

Bart-Olympiade

Tradition wird großgeschrieben in Bad Goisern: Zum Brauchtum gehören die alljährlich im August stattfindenden Gamsjagatage mit Volksmusik, Tag der offenen Museen und Handwerksausstellungen aus dem Alpenraum. Alle vier Jahre wird der schönste Gamsbart gekürt.

▸ www.gamsjagatage.goisara.at

An Seen herrscht in Oberösterreich kein Mangel – und jeder von ihnen ist auf seine Art besonders: So kann der Attersee für sich in Anspruch nehmen, der größte ganz in Österreich liegende See zu sein. Mit einer Tiefe von 191 m schmückt sich der Traunsee mit dem Prädikat »tiefster See Österreichs«. Als wärmster See im Salzkammergut zieht der bis zu 27 °C warme Irrsee die Badegäste an. Zum Vergleich: Der Hallstätter See bringt es im Sommer nur auf 20 °C. Der Mondsee dagegen lockt mit seinem Fischreichtum. In der ganzen Region darf mit einer sehr gut ausgebauten touristischen Infrastruktur gerechnet werden. Davon profitieren auch Urlauber, die mit dem Reisemobil oder dem Caravangespann in die Ferien fahren.

Rund um die meisten Seen gibt es genügend Campingplätze, die sowohl über eine gute Ausstattung als auch über ansprechende Freizeitangebote verfügen. Die größeren Seen erweisen sich gerade in der Ferienzeit als beliebte Ziele; eine rechtzeitige Reservierung sichert den Standplatz. Wer eher einen ruhigen Urlaub plant, findet entlang der kleineren Gewässer ein passendes Feriendomizil. Reisemobilstellplätze gibt es seltener in Ufernähe. Häufig handelt es sich um privat betriebene Übernachtungsgelegenheiten, die vor Restaurants oder auch an Bauernhöfen liegen. Im Gegensatz zu den meisten Stellplätzen in Deutschland sind hier auch Caravaner gern gesehene Gäste. Ver- und Entsorgung werden oft, aber nicht immer angeboten.

Das Gmundner Schloss Ort ist ein Komplex aus zwei Bauten: einem Landschloss und einem über eine Brücke erreichbaren Seeschloss auf einer Traunseeinsel.

SEHENSWERTES

LINZ AN DER DONAU

1 Eine Mischung aus Kunst und Moderne erwartet den Besucher in Linz. Die beidseits der Donau gelegene Hauptstadt Oberösterreichs verweist zu Recht auf ihre Geschichte: Der Astronom Johannes Kepler unterrichtete hier; sowohl Mozart als auch Beethoven nutzten ihre Aufenthalte, um zu komponieren. Als großer Sohn der Stadt wird der Komponist Anton Bruckner in Ehren gehalten.

Auf der einen Seite der Donau beeindruckt der historische Stadtkern; hier steht auch der Mariä-Empfängnis-Dom, der bis zu 20 000 Menschen Platz bietet (www.mariendom.at). Am gegenüberliegenden Ufer gibt es ein Museum, das sich der Zukunft widmet: Im Ars Electronica Center dreht sich alles um die Kommunikationsmöglichkeiten der Zukunft. Das Gebäude ist nachts in bunte Lichter getaucht, vom Dachcafé aus hat man einen großartigen Blick auf die Stadt (www.aec.at).

Für einen Ausflug in die nähere Umgebung empfiehlt sich der 539 m hohe Pöstlingberg, der mit einer der steilsten Adhäsionsbahnen Europas erreicht wird. Der ganzjährig geöffnete Linzer Tiergarten befindet sich auf halber Strecke (www.zoo-linz.at). Oben auf dem Berg ist die Wallfahrtskirche Sieben Schmerzen ein beliebtes Pilgerziel. Gleich nebenan bringt die Grottenbahn Kinder in eine funkelnde Zwergenwelt (www.linzag.at).

TRAUNSEE

2 Seit dem 16. Jh. ist der Traunsee auch als »Lacus felix« bekannt – der glückliche See. Urlauber macht er sicher glücklich, denn sie finden um den See herum eine Palette interessanter Ausflugsziele: Den Anblick von Schloss Ort in Gmunden kennt mancher noch aus der Fernsehserie »Schlosshotel Orth« – um die einstige Burg rankt sich die Sage vom Riesen Erla und der Nixe Blondchen. Bekanntschaft mit Erla kann man auf dem Waldlehrpfad zur Ramsauer Alm am Laudachsee machen; für den Weg auf den Grünberg empfiehlt sich die Fahrt mit der Seilbahn (www.gruenberg.info). Wandervögel erkunden den Naturerlebnisweg Gmundnerberg, der neben einem spektakulären Panorama und einem Waldspielplatz auch mit elf Erlebnisstationen aufwarten kann (www.naturerlebnisweg-gmundnerberg.at).

Im Süden des Traunsees bietet sich Ebensee als Ausgangspunkt für Expeditionen an: Die Gasselhöhle gilt als eine der schönsten Tropfsteinhöhlen der Nördlichen Kalkalpen; Führungen finden zwischen Ende Mai und September an den Wochenenden statt (www.gasselhoehle.at). Von den Alpen bis zum Himalaya reicht das Spektrum der Ausstellungen, die im Ebenseer Naturmuseum gezeigt werden. Mit dabei ist die Mumie eines ägyptischen Krokodils, um das sich noch so einige Geheimnisse ranken (www.naturmuseum.at).

ATTERSEE

3 Unter Freizeitsportlern hat sich der Attersee einen besonders guten Ruf erworben: Segeln, Tauchen, Schwimmen – alles ist möglich. Wer zwischendurch ein wenig Kultur schnuppern möchte, fängt am besten in Schörfling damit an: Das dortige

Hallstatt am gleichnamigen See ist so schön, dass chinesische Architekten es in der Volksrepublik komplett nachbauten.

Gustav Klimt-Zentrum geht auf das Leben und Wirken des Malers ein, der sich Anfang des 20. Jh. während mehrerer Aufenthalte am Attersee inspirieren ließ. Das von Klimt mehrfach als Motiv verwendete Wasserschloss Kammer befindet sich zwar in Sichtweite, kann aber nicht besucht werden (www.klimt-am-attersee.at).

Wenn die Sonne untergegangen ist, wird es in den Bergen richtig dunkel. Im nahen Sternenpark Attersee-Traunsee kann man bei wolkenlosem Himmel mit bloßem Auge die Milchstraße erkennen (www.naturpark-attersee-traunsee.at). Wer noch weiter ins All eintauchen möchte, stattet der Sternwarte Gahberg einen Besuch ab. Zu besonderen Terminen werden hier Infoveranstaltungen angeboten (www.astronomie.at).

MONDSEE UND IRRSEE

4 Ungleicher können Geschwister kaum sein: Während der komplett unter Naturschutz stehende Irrsee eher auf sanften Tourismus setzt und mit Ruhe und Gelassenheit wirbt, ist der nur wenige Kilometer entfernte Mondsee ein beliebtes Ziel für aktivitätshungrige Urlauber. Der gleichnamige Ort ist das wirtschaftliche und kulturelle Zentrum. Jedes Jahr finden hier rund 600 Veranstaltungen statt; an fünf Tagen pro Woche spielen einheimische Musiker am Marktplatz auf. Ein Höhepunkt ist das traditionelle Seefest am ersten Augustwochenende, das besonders viele Besucher anlockt. Seine Eintragung in die Liste des UNESCO-Welterbes verdankt der Mondsee den wiederentdeckten Pfahlbauten. Einblicke in die Konstruktion der prähistorischen

Bauten gewinnt man im Museum Mondsee. Nur 500 m entfernt vermittelt das Bauernmuseum am Rauchhaus einen Eindruck vom Leben in der vorindustriellen Zeit (www.museum-mondsee.at).

BAD ISCHL

5 Wo die Ischl in die Traun fließt, befindet sich die einstige Sommerresidenz des österreichischen Kaisers Franz Josef I. Die original erhaltene Kaiservilla und der Park können im Sommer besichtigt werden; einen Blick kann man zudem auf das Marmorschlössl werfen, den bescheidenen Frühstückssalon der Kaiserin. Des Kaisers Geburtstag am 18. August ist jedes Jahr Anlass zu groß angelegten Feierlichkeiten. Ab dem 15. finden im Ort Hochamt, Parade und ein Stadtfest statt (www.kaiservilla.at).

Im Süden von Ischl führt eine Seilbahn zum Dreiländerblick und zur Katrinalm in 1400 m Höhe. Das dortige Naturschutzgebiet bietet sich für Wanderungen an; Alpinisten sei der Katrin-Klettersteig bis zum Gipfelkreuz empfohlen. Kindgerecht gestaltet ist der aus zwölf Stationen bestehende Erlebnispfad (www.katrinseilbahn.com).

HALLSTÄTTER SEE

6 Der beeindruckendste Blick auf Hallstatt ergibt sich, wenn man sich dem Dorf von der Seeseite aus nähert. Vor den hoch aufragenden Bergen schmiegen sich die zum Teil schon im 16. Jh. errichteten Häuser an die Uferlinie. Viele Gebäude stehen unter Denkmalschutz. Unbedingt ansehen sollte man den spätgotischen Flügelaltar der katholischen Pfarrkirche. Ein morbides Vergnügen ist der Besuch des weltberühmten Beinhauses, das gleich nebenan liegt. Die Hälfte der 1200 hier versammelten Schädel sind kunstvoll bemalt (www.kath.hallstatt.net). Im jüngeren Teil von Hallstatt hat das älteste Salzbergwerk der Welt seine Pforten geöffnet; hier wurde schon vor 7000 Jahren Salz gefördert. Beim Besuch der Stollenanlage wird sowohl auf historische wie aktuelle Bedingungen bei der Förderung eingegangen. Mit der Salzbergbahn geht es auch auf den 360 m höher gelegenen Salzberg, wo die Aussichtsplattform Hallstatt Skywalk weit über den Fels hinausragt (www.salzwelten.at).

ESSEN & TRINKEN

1er Beisl im Lex'nhof Ach, läge der Lex'nhof doch direkt am Attersee, es wäre perfekt. Aber auch so kommt das 1er Beisl dem ziemlich nahe: Der lauschige Garten, die gemütliche Gaststube und die kleine, aber feine Karte sprechen für sich.
▸ Am Anger 4, 4865 Nußdorf,
Tel. +43 (0)76 66/800 00, www.lexenhof.at

Jagdhaus Seewiese Am Ufer des Altausseersee sollte man unbedingt Saiblinge aus dem See probieren – allerdings nur, solange der Vorrat bzw. das Fangglück der Fischer reicht. Übrigens wurden hier auch einige Szenen für den James-Bond-Film »Spectre« gedreht.
▸ Fischerndorf 155, 8992 Altaussee,
Tel. +43 (0)6 64/280 90 17,
www.jagdhaus-seewiese.com

Café Konditorei Zauner Für den Nachmittagskaffee oder einfach zwischendurch bietet das Café eine große Auswahl an: Mehlspeisen wie Zauner Kipferl, Kaisertorte oder einfach nur ein Eis, alles von rund 30 Zuckerbäckerinnen und -bäckern kreiert.
▸ Pfarrgasse 7, 4820 Bad Ischl,
Tel. +43 (0)61 32/233 10 20, www.zauner.at

EINKAUFEN

Steinkogler Mit viel Liebe zu ihrem Handwerk fertigen Franz Steinkogler senior und junior Bergschuhe, Trachtenschuhe und – Achtung, Urlauber: Winterstiefel. Dank Leder, Loden, Lammfell, Wollfilz und guter Verarbeitung bleiben die Füße warm!
▸ Roitherstr. 70, 4802 Ebensee,
Tel. +43 (0)61 33/53 33,
www.steinkogler-bergschuh.at

Camping MondSeeLand, ein Paradies für ruhesuchende Naturliebhaber

CAMPING- & STELLPLÄTZE

CAMPINGPLÄTZE

Camping Traunsee ★★½☆☆

1 Am Westufer des tiefsten Sees Österreichs bietet sich Camping Traunsee als guter Ausgangspunkt für Ausflüge in die Umgebung an. Die 38 Urlauberplätze befinden sich auf geschottertem Wiesengrund, Büsche und Bäume sorgen auf dem terrassierten Areal für Schatten. Alle Stromanschlüsse (CEE) sind mit 16 Ampere abgesichert. Hunde sind erlaubt; das Sanitärhaus ist auf dem Stand der Zeit. Ver- und Entsorgungsmöglichkeiten für Wohnmobilisten sind nicht verfügbar; der Platz liegt am Ortsrand von Altmünster.

▸ Hauptstr. 14a, 4813 Altmünster,
Tel. +43 (0)76 12/893 13, Ende April–Anfang Okt.,
GPS: 47.902809, 13.769472

■ pincamp.de/oö2000

Aktivitäten

Über die große Wiese neben dem Platz hat man Zugang zum See, der sich hervorragend für sportliche Aktivitäten nutzen lässt. Die angrenzende Sport- und Abenteuerschule verleiht Kajaks, Kanus und SUP-Boards (www.sport-abenteuer.at). Am gleichen Ort können auch Canyoning- und Klettertouren gebucht werden. Surfer können jedoch auch in den Alpen auf die Bretter steigen: 17 km entfernt wurde bei Ebensee an der Traun die größte künstliche Flusswelle errichtet; Kurse werden angeboten. Im nahen Regau können Golfer auf dem 18-Loch-Wettbewerbskurs ihrem Hobby nachgehen (www.golfregau.at).

Camping Grabner ★★★☆☆

2 Ein kinderfreundlicher Platz am Fuße des Höllengebirges – der Zugang zum Attersee ist durch eine hölzerne Plattform gesichert, das Wasser

am Badestrand ist flach. 100 Standplätze (70–100 m²) befinden sich auf dem teils gekiesten Wiesengrund, die zentralen Stromkästen (16 A) können mit Schuko- oder CEE-Steckern in Anspruch genommen werden. Ver- und Entsorgungsanlagen für Wohnmobile sind vorhanden; Gasflaschen können getauscht werden. Auf dem ganzen Platz gibt es WLAN-Empfang. Die Gaststätte am Platz hat österreichische Küche, aber auch Pizza auf ihrer Karte, und ein kleiner SB-Shop deckt die Grundversorgung ab. Hunde sind erlaubt.

▶ Seefeld 47, 4853 Steinbach/Attersee, Tel. +43 (0)76 63/89 40, Mitte April–Anfang Okt., GPS: 47.83763333, 13.54553333

■ pincamp.de/oö1630

Aktivitäten

Ein Bootsslip und Liegeplätze sprechen die Wassersportler an; SUP-Boards können ausgeliehen werden. Badefreunde kommen im nur drei Gehminuten vom Platz entfernten Strandbad auf ihre Kosten. Als Magnet für Kinder erweist sich hier die 25 m lange Wasserrutsche. Vom Campingplatz aus werden geführte Wanderungen und MTB-Touren angeboten. Leihräder, auch mit Akku, sind vorhanden.

Camping MondSeeLand ★★★★½

3 Gute fünf Kilometer liegen zwischen Mondsee und Irrsee – genau in der Mitte bietet das Camping MondSeeLand das gewisse Plus, das man im Urlaub schätzt. Die 110 Urlauberplätze verteilen sich auf Terrassen, je nach Ausstattung stehen zwischen 70 und 120 m² zur Verfügung. Caravaner finden Frischwasser und Kanalisation am Platz, für Wohnmobile gibt es eine Ver- und Entsorgungsstation. CEE-Steckdosen (16 A) sorgen für Strom. Auf dem Platz gibt es neben Restaurant und Kiosk ein überdachtes Freibad; im Sommer werden Kinderprogramme veranstaltet. Auf dem Gelände befindet sich am Bett des Ritzinger Bachs das Robinsontal mit einem Abenteuerwald. Hunde sind erlaubt und dürfen im platzeigenen Teich baden.

▶ Punzau 21, 5310 Tiefgraben, Tel. +43 (0)62 32/26 00, April–Anfang Okt., GPS: 47.86646667, 13.30631667

■ pincamp.de/oö80

Aktivitäten

Um zu den Badestellen der beiden Seen zu gelangen, bedarf es nur weniger Fahrminuten. Rundwege führen zu den Gipfeln der umliegenden Berge Schafberg, Drachenwand und Schober, von denen die ganze Region überschaut werden kann. Sportfans zieht es zum alljährlichen Fünf-Seen-Radmarathon. Reitstunden auf hohem Niveau bietet das drei Kilometer entfernte Reitsportzentrum MondSeeLand (www.shs-mondsee.at/reitunTerricht.html).

STELLPLÄTZE

Stellplatz am Bauernhof Bruckbacher, Nußdorf

1 Unweit von Zell am Attersee befindet sich dieser Stellplatz für acht Reisemobile neben einem Campingplatz. Das Wiesengelände ist überwiegend eben, alter Baumbestand sorgt teilweise für Schatten. Strom, Ver- und Entsorgung sowie WLAN sind ebenso wie Toiletten und Dusche im Preis inbegriffen. Hunde sind willkommen, werden aber extra berechnet. Bis zum Seeufer sind es nur wenige Meter. Gebührenpflichtig.

▶ Dexelbach 1, 4865 Nußdorf, Tel. +43 (0)6 50/522 08 08, www.camping-bruckbacher.at, Ende Mai–Ende Sept., GPS: 47.858831, 13.526593

Stellplatz Winkl, Obertraun

2 Am südlichen Ufer des Hallstätter Sees liegt dieser Stellplatz für acht Reisemobile. Es gibt eine Ver- und Entsorgungsstelle und Stromanschlüsse. Toiletten und eine Dusche stehen im angrenzenden Freibad zur Verfügung. Gebührenpflichtig.

▶ Winkl 77, 4831 Obertraun, Tel. +43 (0)61 31/342, www.obertraun.ooe.gv.at, ganzjährig, GPS: 47.549191, 13.68411

NORDTIROL

Gewusst, wann …

Ritter-Fest Kufstein

Gaukler, Minnesänger und Händler, Ritter und Burgfräulein: Hunderte Akteure aus der ganzen Welt kommen jedes Jahr an den Pfingstfeiertagen nach Kufstein und gehen auf der berühmten Festung auf eine Zeitreise zurück ins Mittelalter.

▸ www.festung.kufstein.at

Kaum eine Region Österreichs wurde so oft ins Bild gesetzt wie Tirol – nicht nur auf Schnappschüssen von Urlaubern, sondern auch in unzähligen Filmen. Ob als landschaftlich reizvolle Kulisse für »Das doppelte Lottchen« oder den »Bergdoktor«, ob »SOKO« oder Olympia-Berichterstattung: Tirol ist zum Bildermachen schön. Die Täler des Inn und des Ziller haben sich zu Favoriten der Urlauber entwickelt, im Alpbachtal locken Badeseen. Die immer nahen Berge lassen sich auch im Sommer mühelos mit Gondeln und Aufzügen bewältigen. Leib und Magen kommen ebenfalls nicht zu kurz: Die alpenländische Küche Tirols verwöhnt mit traditionellen Gerichten, die auch schon mal kreativ zubereitet werden.

An schönen Campingplätzen herrscht kein Mangel – vor allem entlang der Flüsse Inn und Ziller sowie der Brixener Ache gibt es ein solides Netz an Camps. In den Sommerferien können die Urlauberströme für schnelle Auslastung sorgen, weshalb sich eine Reservierung empfiehlt. Wohnmobilisten, die häufig den Standort wechseln, sollten schon morgens telefonisch sicherstellen, dass auf dem anvisierten Platz für die nächste Übernachtung noch Standflächen verfügbar sind. Wohnmobilstellplätze sind in dieser Gegend häufig an Campingplätze angeschlossen. Deren Infrastruktur kann in der Regel mitgenutzt werden, die Ver- und Entsorgung ist auf der überwiegenden Anzahl der Stellplätze gesichert.

In der Altstadt von Innsbruck, der Tiroler Landeshauptstadt, schlendert es sich gemütlich durch die kleinen Gassen.

SEHENSWERTES

THIERSEE

1 Nach dem Zweiten Weltkrieg war der kleine Ort Thiersee das Zentrum der österreichischen Filmproduktion, unter anderen wurde hier Erich Kästners »Das doppelte Lottchen« gedreht. Heute erinnert zwar nichts mehr an diese Zeit, doch zu Berühmtheit hat es der Ort dennoch gebracht. Seit 1799 finden hier alle sechs Jahre die Passionsspiele statt, mehr als 250 Mitwirkende bringen die Geschichte vom Leiden Christi auf die Bühne (www.passionsspiele-thiersee.at).

Einen Besuch bei der Königin ermöglicht der Ausflug zur Tiroler Bienenalm. In der Bioimkerei gibt es einen gläsernen Bienenstock; auf einem Erlebnisweg erfährt man, wie fleißige Bienchen leckeren Honig produzieren (www.tirolerbienenalm.at).

KUFSTEIN

2 Am Inn liegt Kufsteins sehenswerte Altstadt; folgt man der Uferpromenade, gelangt man zur weithin sichtbaren Festung. Das dortige Museum stellt unter anderem Funde aus der Bronzezeit aus. Die Berg- und Talfahrt mit der Panoramabahn ist im Eintrittspreis enthalten. Am Bürgerturm befindet sich die größte Freiluftorgel der Welt: Täglich um 12 Uhr erklingt zum Gedenken an die Gefallenen beider Weltkriege das Spiel der 4948 Pfeifen, ergänzt durch ein Glockenspiel. Die Musik ist in der ganzen Stadt zu hören (www.festung.kufstein.at).

Etwas außerhalb der Stadt befindet sich im Kaisergebirge die Tischofer Höhle. Ausgrabungen förderten nicht nur die Überreste von 380 Höhlenbären zutage, sondern auch von Menschenhand gefertigte Werkzeuge, die vermutlich 37 000 Jahre alt sind. Zur Höhle führt ein Wanderweg durch das Kaisertal, Eintritt wird nicht erhoben (www.kufstein-altstadt.com/tischofer-hoehle).

AM WILDEN KAISER

3 Eine der beliebtesten Arztserien im deutschen Fernsehen wird am Wilden Kaiser in Tirol gedreht; seit Jahren nutzt die Region Ellmau die Popularität des »Bergdoktors« und lädt zu einem Besuch der tatsächlichen Drehorte ein. Über das Infobüro Ellmau kann man verschiedene geführte Wanderungen und E-Bike-Touren buchen, die zu den Originalschauplätzen führen (www.wilderkaiser.info).

Camping- & Stellplätze ▸ S. 60

Mit dabei sind der Gruberhof auf dem Söller Bromberg und die in Ellmau befindliche Praxis. Der Dorfplatz von Going wird ebenso wie die Naturkulisse des Hintersteiner Sees zu Wiedererkennungseffekten führen. Im Frühjahr und im Herbst werden in der Region zudem Fan-Events veranstaltet.

Die Bergwelt des Wilden Kaisers von oben betrachten kann man während einer Fahrt mit der Hartkaiserbahn. Mountainbikes darf man in der Gondel mitnehmen, am Berg gibt es neben Wanderwegen auch MTB-Strecken. Der Ausflug bietet sich für Familien an: An der Bergstation befindet sich der Freizeitpark Ellmi's Zauberwelt mit vielen Attraktionen für den Nachwuchs (www.ellmau-going.at).

KRAMSACH

4 Bei manchem Bauernhof in Tirol würde man wohl gern einmal anklopfen, um sich das Gehöft näher ansehen zu dürfen. Ganz nah am Reintaler See bei Kramsach am Inn bietet das Museum Tiroler Bauernhöfe die Möglichkeit dazu. Auf dem Gelände des Freilichtmuseums wurden 37 Originalbauten aus verschiedenen Tälern der Region wiederaufgebaut. Sonntags werden alte Handwerke gezeigt, und aus den Höfen schallt alpenländische Volksmusik. An den Mitmach-Stationen lernen nicht nur Kinder auf spielerische Art, wie das Leben in Tirol vor den Zeiten der Industrialisierung ablief (www.museum-tb.at).

ESSEN & TRINKEN

Strudelcafé Kröll Apfelstrudel, Topfenstrudel, Marillenstrudel – die kennt jeder. Aber Schoko-Himbeerstrudel? Oder gar Huhn-Currystrudel? Ja, auch Herzhaftes wird bei Kröll in hauchdünnen Strudelteig verpackt. Frühstück gibt's bei Kröll übrigens auch, und das sogar glutenfrei.

▸ Hofgasse 6, 6020 Innsbruck, Tel. +43 (0)5 12/57 43 47, www.strudel-cafe.at

Zum Wilden Mann Nur wenige Kilometer südlich von Innsbruck leitet Michael Streng die Küche beim Wilden Mann. Gar nicht so wild ist die Auswahl der Gerichte. Von Gebirgsforellen über Zwiebelrostbraten bis Wiener Schnitzel wird klassische österreichische Küche serviert. Die allerdings auf hohem Niveau, ausgezeichnet mit einer Gault-Millau-Haube.

▸ Römerstr. 12, 6072 Lans, Tel. +43 (0)5 12/37 96 96, www.wildermann-lans.at

Weinatelier Agnes Keine Lust auf ein großes Menü? Aber ein gutes Glas Wein, das wäre gerade recht? Umgeben von ausgewählten Weinen sitzt man im Weinatelier gemütlich zusammen und verkostet die von den Sommeliers empfohlenen Tropfen. Kleine, feine Gerichte bilden eine gute Grundlage für ein zweites oder auch drittes Gläschen.

▸ Dorf 123, 6306 Söll, Tel. +43 (0)53 33/215 00, www.weinatelier-agnes.at

EINKAUFEN

Zillertaler Heumilch-Sennerei Kuhglocken bimmeln auf der Alm, und der Bauer kennt jedes Tier beim Namen ... was wie ein Idyll aus längst vergangenen Zeiten klingt, kann man im Zillertal noch erleben. Aus der Milch von Heumilchkühen stellt die Heumilch-Sennerei Butter und Käse her, vom »Chilligen« bis zum »Gipfelstürmer«. Wer wissen will, wie das genau geht, kann den Käsemeister in der Schaukäserei bei der Arbeit beobachten und sich im Museum über Käseproduktion informieren.

▸ Sennereistr. 22, 6263 Fügen, Tel. +43 (0)52 88/623 34, www.kaeserei-fuegen.at

Eher heiter als traurig stimmt ein Besuch des Kramsacher Museumsfriedhofs. Dort liegen keine Toten begraben – stattdessen werden Martelsprüche gezeigt, teils deftige Nachrufe auf die Verstorbenen auf schmiedeeisernen Tafeln. Die Sammlung umfasst über 800 Grabkreuze aus fünf Jahrhunderten (www.museumsfriedhof.info).

ZILLERTAL

5 Im Winter lockt die Region um das Zillertal mit mehr als 140 km Piste und 52 Liften Skifahrer an, im Sommer sind die umliegenden Berge eine beliebte Wanderregion. Eine beschauliche Gelegenheit, das Zillertal kennenzulernen, ist die Fahrt mit dem nostalgischen Dampfzug der Zillertalbahn. Die Schmalspurbahn zuckelt zwischen Juli und Anfang Oktober mit einer Höchstgeschwindigkeit von 35 km/h von Jenbach durch das Zillertal bis nach Mayrhofen und zurück. An einigen Bahnhöfen kann man sich Fahrräder ausleihen und sie an einer anderen Station wieder abgeben (www.zillertalbahn.at).

Wer von Zell am Ziller aus der kurvigen Gerlosstraße folgt, hat nach nur wenigen Kilometern die Möglichkeit, nach Gold zu schürfen: Im Goldschaubergwerk am Hainzenberg kann die 350-jährige Geschichte des Goldabbaus nachvollzogen werden. Während der zweistündigen Führungen geht es zuerst unter Tage in die Stollen, dann mit dem Zillertaler Goldexpress zurück zum Ausgangspunkt. Inbegriffen ist eine Verkostung in der eigenen Käserei und ein Besuch des auf dem Gelände befindlichen Tierparks (www.goldschaubergwerk.com).

KRIMMLER WASSERFÄLLE

6 Genau genommen gehören die Krimmler Wasserfälle zwar zum Bundesland Salzburg, doch gelten sie als einer der Höhepunkte der Fremdenverkehrsregion Zillertal Arena: Mit einer Fallhöhe von 380 m sind sie die höchsten Wasserfälle in ganz Europa – der Fußweg dorthin ist jedoch gebührenpflichtig. Parkplätze stehen am Erlebniszentrum WasserWelten in Krimml zur Verfügung. In der Ausstellung dreht sich auf 8200 m² natürlich alles ums Thema Wasser in allen Aggregatzuständen. Kinder können sich auf dem Wasserspielplatz austoben, und die Terrasse bietet einen guten Blick auf die nahen Wasserfälle (www.wasserwelten-krimml.at).

Die Krimmler Wasserfälle sind ein beeindruckendes Naturschauspiel.

INNSBRUCK

7 Man kann nicht anders, als von der Hauptstadt Tirols beeindruckt zu sein: beim Schlendern durch die Altstadt, vorbei am barocken Dom und der Hofburg … Innsbruck ist groß, aber die Metropole hat auch Flair.

Wahrzeichen der Stadt ist das Goldene Dachl, der mit 2657 vergoldeten Dachschindeln gedeckte Erker der einstigen Residenz der Tiroler Landesfürsten. Im Innern befindet sich eines der vielen Museen der Stadt. Sehenswert ist jedes von ihnen. Schon zweimal war der Ort Austragungsstätte der Olympischen Winterspiele. Seilbahnen führen in die Höhen des Karwendelgebirges. Von der Hafelekarspitze hat man einen prächtigen Blick über Stadt und Inntal. Die nachts beleuchtete Bergiselschanze ist Teil der jährlich stattfindenden Vierschanzentournee und kann auch besichtigt werden (www.bergisel.info).

Ein kleiner Familienbetrieb ist der Campingplatz Rueppenhof.

CAMPING- & STELLPLÄTZE

CAMPINGPLÄTZE

Campingplatz Rueppenhof ★★★☆☆

1 Zehn Gehminuten vom Ort entfernt bietet der Campingplatz Rueppenhof 26 Parzellen von 70 bis 100 m² Größe für Übernachtungsgäste. Die Stellplätze sind mit Strom (16 A), Wasser und Kanalisation ausgestattet, zusätzlich steht eine Ver- und Entsorgungsanlage zur Verfügung. Zum Brötchenholen im Dorf kann ein »Semmelfahrrad« entliehen werden, kostenlos kann man sich im Bogenschießen üben. Für E-Autos gibt es eine Ladestation, WLAN ist im Bereich der Rezeption verfügbar, und Hunde dürfen angeleint auf den Platz.

▸ Seebauern 8, 6335 Thiersee,
Tel. +43 (0)6 64/99 04 91 37, Mitte April–Mitte Okt.,
GPS: 47.587352, 12.116915

■ pincamp.de/nt5680

Aktivitäten

Maximal 100 m sind zwischen Standplatz und See zu überwinden – der platzeigene Badestrand ist den Gästen vorbehalten. Wer sein Surfbrett im Gepäck hat, kann es hier zu Wasser lassen. Angler finden ruhige Plätze, um ihrem Hobby nachzugehen. Hoch hinaus geht es im sechs Kilometer entfernten Klettergarten Morsbach, der 44 Routen in verschiedenen Schwierigkeitsstufen vorhält. Voraussetzung ist, dass man schwindelfrei ist (www.climbers-paradise.com).

Park Camping Hager ★★★☆☆

2 Wer wird denn gleich in die Luft gehen? Park Camping Hager liegt direkt neben einem Segelflugplatz; von den 35 Standplätzen aus lassen sich die Starts gut beobachten. Anschlüsse für Frisch- und Abwasser sind vorhanden; WLAN-Empfang gibt es auf dem ganzen Platz. Die CEE-Steckdosen weisen

eine Absicherung von zehn Ampere auf. Die sanitären Anlagen des Platzes sind gepflegt, aber etwas in die Jahre gekommen. Waschmaschinen und Trockner können genutzt werden. Zum Platz gehört eine Speisegaststätte; Hunde sind nicht gestattet. Der Campingplatz ist auch im Winter geöffnet – in der Umgebung bieten sich mehrere Loipen an.

▶ Kufsteiner Str. 38, 6336 Langkampfen, Tel. +43 (0)53 72/641 70, ganzjährig, GPS: 47.56615, 12.12625

■ pincamp.de/nt5700

Aktivitäten

Der 850 m entfernte Stimmersee mit seinem Strandbad ist zu Fuß erreichbar. Für gemäßigte Wanderungen bieten sich die Wege zum Dreibrunnenjoch oder auf den Pendling an. Wer sein Fahrrad dabeihat, kann eine Etappe auf dem nahen Inn-Radweg absolvieren. Auf der anderen Seite des Inn laden Kletterskulpturen zum Besteigen ein. Der Weg dorthin über das nahe Wehr ist jedoch gesperrt, weshalb ein Umweg von fünf Kilometern über den Endacher Steg in Kauf genommen werden muss.

Bruggerhof Camping ★★★★☆

3 Die an ein Hotel grenzende Anlage bietet auf einem leicht ansteigenden Wiesenareal 180 Standplätze für Urlauber. Neben Strom- (CEE, Schuko, 16 A) und Wasseranschlüssen gibt es Vorrichtungen für TV und einen Gasanschluss. Auch eine Ver- und Entsorgung für Reisemobile befindet sich auf dem Platz. WLAN-Empfang gibt es an der Rezeption und größtenteils auf dem Gelände. Hinzu kommen Hallenbad und Whirlpool, Saunen und Beauty-Einrichtungen sowie ein Bioladen. Während der Saison gibt es zudem viele Angebote für Kinder unter zwölf Jahren. In der kalten Jahreszeit ist der Bruggerhof auf Wintersportler eingerichtet.

▶ Reither Str. 24, 6370 Kitzbühel, Tel. +43 (0)53 56/628 06, ganzjährig, GPS: 47.45923333, 12.3615

■ pincamp.de/nt6500

Aktivitäten

Nur ein kleines Wäldchen trennt den Campingplatz von der eigenen Badestelle am Schwarzsee. Neben dem nahen öffentlichen Strandbad kann man auch Boote ausleihen. Wo im Winter das legendäre Hahnenkammrennen stattfindet, lässt sich auch im Sommer gut Sport treiben: Mit der Hahnenkammbahn geht es hinauf in die Bergwelt. Von der Bergstation führen zahlreiche Wanderwege durch die Kitzbüheler Alpen, die auch ein Magnet für Mountainbiker sind. Der 7,5 km lange Fleckalm-Trail ist mit 1000 Höhenmetern der längste Singletrail Tirols (www.tirol.at).

STELLPLÄTZE

Stellplatz Fischergries, Kufstein

1 Zwischen Inn und dem Grenzland-Stadion finden in Kufstein sechs Mobile einen zentral gelegenen Platz. Der Untergrund ist gepflastert, die Ver- und Entsorgung ist ebenso wie Strom gesichert. Die Altstadt von Kufstein ist zu Fuß nur wenige Minuten entfernt. Gebührenpflichtig, max. 3 Nächte.

▶ Fischergries 22, 6330 Kufstein, Tel. +43 (0)53 72/60 29 21, www.kufstein.com, ganzjährig, GPS: 47.587131, 12.167877

Wohnmobilstellplatz am Camping Michelnhof, St. Johann in Tirol

2 Jenseits der Hauptstraße fließt die Großache ins Tal, hinter den Feldern plätschert der Kienbach. Vor dem Campingplatz Michelnhof lädt ein Stellplatz für 20 Mobile zum Übernachten ein. Der Wiesenplatz ist nachts beleuchtet und bietet Strom, Wasser und Entsorgungsmöglichkeiten. WC und Dusche gibt es ebenfalls. Auf Wirtschaftswegen ist der Ort mit dem Rad in zehn Minuten erreichbar. Gebührenpflichtig.

▶ Weiberndorf 6, 6380 St. Johann in Tirol, Tel. +43 (0)53 52/625 84, www.camping-michelnhof.at, ganzjährig, GPS: 47.510220, 12.40884

OSTTIROL

Gewusst, wann …

Olala

Beim Internationalen Straßentheaterfestival Ende Juli stellen rund 40 Straßentheatergruppen aus 13 Ländern Lienz alljährlich auf den Kopf – mit Akrobatik, Artistik, Musik, Tanz und Performances.

▸ www.olala.at

Lange Zeit galt das zwischen Felbertauern und Dolomiten gelegene Osttirol als landschaftliches Schneewittchen, das schlief und fast vergessen war. Seit dem Ausbau der Straßenverbindungen erfreut sich die Region zunehmender Beliebtheit bei Urlaubern, die nicht zuletzt der Ursprünglichkeit wegen hierherkommen. In der schneereichen Jahreszeit zieht es Wintersportler bevorzugt in die Höhenlagen, im Sommer erweist sich die Region als vielfältiges Zielgebiet für Wanderungen. Von der Sonne verwöhnt und von den umliegenden Dreitausendern geschützt, bietet Osttirol auch im Hochsommer ein angenehmes Klima. Entlang von Drau und Isel lassen sich Dörfer und Täler entdecken. Die Spuren der Geschichte reichen bis in die Römerzeit zurück.

Auf der Suche nach einer passenden Übernachtungsgelegenheit werden Camper vor allem entlang der Flüsse fündig. Campingplätze finden sich sowohl im Großraum Lienz als auch an Drau und Isel. Die Bandbreite reicht vom komfortbetonten Platz mit Spa bis hin zu kleineren Camps, die eine eher bodenständige Ausstattung zu bieten haben. Im Vergleich zu anderen Regionen Österreichs ist das Netz an Reisemobilstellplätzen nur spärlich ausgebaut. Entsprechend groß ist die Nachfrage auf den wenigen verfügbaren Plätzen. Im gesamten Bundesland wird das Übernachten außerhalb von offiziellen Plätzen zudem streng geahndet, die zu erwartenden Strafen bei Verstößen sind hoch. Es empfiehlt sich also, rechtzeitig einen Stellplatz anzusteuern.

Wie in Italien – Lienz wird wegen des oft guten Wetters mit mehr als 2000 Sonnenstunden pro Jahr auch »Sonnenstadt« genannt.

SEHENSWERTES

MATREI IN OSTTIROL

1 Berge, wohin man auch schaut: Auf 3666 m erhebt sich der Großvenediger auf der einen Seite des Ortes, der 3798 m hohe Großglockner bestimmt das Panorama im Osten. Im Herzen des Nationalparks Hohe Tauern zieht Matrei zunehmend Wintersportler an, doch auch in den schneefreien Monaten sind Stadt und Umgebung ein reizvolles Urlaubsziel.

Dominiert wird der Ort vom Schloss Weißenstein, das sich jedoch in Privatbesitz befindet und nicht besichtigt werden kann. Ein Gang durch den Schlosspark ist allerdings möglich. Auch ohne Stadtplan findet man ganz leicht zur Pfarrkirche St. Alban: Der 86 m hohe Turm ist nicht zu übersehen. Ein Besuch lohnt schon allein wegen der prächtigen Fresken und Stuckaturen. Gleich um die Ecke bietet das Nationalparkhaus Informationen zu den Hohen Tauern. Hier werden auch Tipps für erlebnisreiche Touren gegeben.

Für einen Ausflug ab Matrei sollte man sich auf jeden Fall die Felsenkapelle im 19 km entfernten Gschlößtal vormerken. Nachdem der Vorgängerbau Lawinen zum Opfer gefallen war, wurde 1870 eine natürliche Höhle im Fels erweitert und zur heiligen Stätte umgebaut.

UMBALFÄLLE

2 Wer die Isel nur vom Mündungsbereich in Lienz her kennt, ahnt nichts von den Gewalten, mit denen sie sich im Oberlauf ihren Weg bahnt. Immerhin handelt es sich um den letzten frei fließenden Gletscherfluss der Alpen. Einen Eindruck von der Kraft des Wassers bekommt man im Umbaltal bei Ströden, kurz hinter Prägraten am Großvenediger. Begleitet wird der Fluss vom ersten Wasserschaupfad Europas, der über sieben Stationen an der beeindruckenden Schlucht der Katarakten entlang bis zur Blinig-Brücke führt. Infotafeln klären über die Bedeutung der Lebensader Osttirols auf, Plattformen ragen in 30 m Höhe in die Schlucht hinein – Nervenkitzel ist garantiert. Um die Wasserfälle zu erreichen, nutzt man den Parkplatz Ströden, von wo ein Wanderweg zum Fluss führt. Im Sommer lässt sich der Weg auch ganz idyllisch mit einer Kutsche zurücklegen (www.osttirol.com).

LIENZ

3 Wer sagt denn, dass man weit in den Süden fahren muss, um Sonne zu tanken? Lienz bringt es auf immerhin 2070 Sonnenstunden pro Jahr! Als wirtschaftlicher und kultureller Mittelpunkt Osttirols ist der Ort ein beliebtes Ziel für Urlauber, die die Kulisse der Lienzer Dolomiten ebenso schätzen wie urbanes Flair.

In der Fußgängerzone finden sich ansprechende kleine Läden und alte Gewerke. Das altehrwürdige Schloss Bruck beherbergt heute das Stadtmuseum sowie eine Werksammlung des Osttiroler Malers Albin Egger-Lienz. Wegen ihrer aufwendigen Decken- und Wandmalereien sollte man auf einen Abstecher zur Schlosskapelle zur Allerheiligsten Dreifaltigkeit nicht verzichten (www.museum-schlossbruck.at). Zwischen Drau und Hauptbahnhof kommen die Fans des historischen Schienenverkehrs auf ihre Kosten: Das im alten Heizhaus beheimatete Eisenbahnmuseum ist ein lohnenswertes Ziel; im Sommer werden Sonderfahrten durchgeführt (www.ebfl.at). Im mitten in der Stadt gelegenen Creativ

ESSEN & TRINKEN

Restaurant Pizzeria Saluti »Mit Sonne im Herzen und Pizza im Bauch ist man glücklich, und satt ist man auch« – braucht man mehr als dieses Motto, um die Pizzeria Saluti zu lieben? Ach ja: Neben guter Pizza wird auch feine italienische Küche serviert.
▸ Gereitstr. 10, 9971 Matrei in Osttirol, Tel. +43 (0)6 64/431 61 39, www.saluti-matrei.com

Strumerhof Familie Holzer kennt sich aus mit dem, was auf den Wiesen und im Wald wächst. Holunderblüten, Brennnessel, Kamille oder Bergheu begleiten Knödel, aromatisieren Süppchen oder umhüllen ein zartes Lamm aus eigener Aufzucht. Das alles wird nur noch getoppt vom Panorama.
▸ Hinteregg 1, 9971 Matrei in Osttirol, Tel. +43 (0)48 75/63 10, www.strumerhof.at

Restaurant Lotus Das erste arabische Restaurant in Osttirol hat Familie Alsaleh im Sommer 2020 in Lienz eröffnet. Chefin Sahars Rezepte sind von österreichischer und syrischer Küche beeinflusst. Besonders empfehlenswert sind die Vorspeisen.
▸ Südtiroler Platz 2, 9900 Lienz, Tel. +43 (0)6 64/390 89 19

EINKAUFEN

Tischlerei Wolsegger Größe XXL haben viele der Objekte, die Daniel Wolsegger fertigt. Wie jene Bodenvase aus Esche: 170 cm hoch, gut 81 kg schwer. Klar, dass die nicht ins Urlaubsgepäck passt. Mitbringseltauglich sind Schalen und Teller, Salz- und Pfefferstreuer oder Kerzenleuchter.
▸ Marstallweg 6, 9971 Matrei in Osttirol, Tel. +43 (0)6 50/661 10 75, www.tischlerei-wolsegger.at

Center gibt es zudem das Osttiroler Phonomuseum: Die bis zu 250 Jahre alten Exponate umfassen von Musikwalzen über Grammophone bis hin zu Plattenspielern frühe Gerätschaften, mit denen Musik abgespielt werden konnte.

AGUNTUM

4 Die Überreste der ältesten Römerstadt auf dem Gebiet des heutigen Osttirol wurden nur vier Kilometer östlich von Lienz in Dölsach freigelegt. Das 30 000 m² große Ausgrabungsgelände kann von Mai bis Oktober besichtigt werden, einen hervorragenden Blick auf das Areal bietet der knapp 19 m hohe Aussichtsturm, der über 91 Stufen bestiegen werden muss. Auf der Freifläche lassen sich unter anderem die Strukturen von Handwerkerviertel und Therme erkennen. Infos zu Ursprüngen und Hintergründen bekommt man im dazugehörigen Museum (www.aguntum.at).

Wer wissen möchte, wie es nach der Aufgabe von Aguntum weiterging, erhält im sechs Kilometer entfernten Lavant ergänzende Informationen. Nach der Verlagerung der Stadt in die besser zu verteidigende Höhenlage wurde der Ort für einige Zeit Bischofssitz. Heute zieht die Wallfahrtskirche St. Ulrich mit ihrem barocken Inneren Pilger an, ein kleines Museum am Fuße des Kirchbichl gibt zwischen Ostern und Allerheiligen Auskünfte zur Ortsgeschichte (www.lavant.at/museum).

DRAURADWEG

5 Gemütlich in die Pedale treten und fast immer geht es bergab – der Traum vieler Freizeitradler. Der Startpunkt der 63 km langen Osttiroler Etappe des Drauradwegs liegt im italienischen Toblach, das mit dem Zug regelmäßig ab Lienz angefahren wird. Immer am Wasser entlang führt der Weg am Skizentrum Sillian vorbei nach Assling. Dort gibt es auf dem Gelände einer Latschenölbrennerei das Vitalpinum – einen kleinen, aber sehenswerten botanischen Garten (www.vitalpinum.com). Auf dem weiteren Weg liegt der Kletterpark Galitzenklamm. Nur wenige Kilometer darauf gelangt man nach Lienz. Das Ende der Osttiroler Etappe ist in Nikolsdorf erreicht, von wo aus der Radweg durch

Kurzer Stopp am Ufer, dann geht's weiter auf dem Drauradweg, der Österreich mit seinen Nachbarländern verbindet.

Kärnten führt. Am Rande des Radweges bieten sich mehrere Drauradwegwirte für eine Einkehr an. Die Lokale verfügen in der Regel über sichere Abstellmöglichkeiten für Räder.

PUSTERTALER HÖHENSTRASSE

6 Zu einem Ausflug auf die Sonnenterrasse des Defereggengebirges lädt die Pustertaler Höhenstraße ein. Von Lienz kommend wird in Leisach der Weg nach Bannberg eingeschlagen. Als Schlenker bietet sich hier die Stichstraße zum 2000 m hohen Aussichtsberg Hochstein an. Zurück in Bannberg geht es weiter über Assling nach Anras, dessen Ortskern von dem Schloss aus dem 12. Jh. bestimmt wird (www.schloss-anras.com). Der nächste Stopp ist ebenso geschichtsträchtig wie urig: Am Ortsrand von Abfaltersbach befindet sich mit dem Aigner-Badl das einzige noch erhaltene Bauernbad Osttirols. Seit 1772 werden hier die Lärchenwannen mit 38 °C warmem Wasser aus einer Heilquelle befüllt. Die angebotene Badekur lindert Gelenkschmerzen, Rheuma und Ischias. Für ein Bad sollte man mindestens eine Stunde Zeit einplanen (www.aigner-badl.at). Die Höhenstraße endet zwar im Ort, doch lohnt ein Schlenker ins nahe Heinfels, wo unterhalb der Burg (www.burg-heinfels.com) die Punbrugge, eine 66 m lange und überdachte Holzbrücke, seit 1781 über den Villgratenbach führt. Die Panoramastraße ist rund 35 km lang und sollte wegen ihrer teils engen und steilen Kehren nur mit wendigen Wohnmobilen befahren werden. Der Rückweg nach Lienz erfolgt dann über die Bundesstraße 100.

Camping Seewiese liegt direkt am Tristacher See.

CAMPING- & STELLPLÄTZE

CAMPINGPLÄTZE

Comfort Wellness Camping Falken

★★★½☆

1 Vor den Toren der Sonnenstadt Lienz, nur ein paar Hundert Meter von der Drau entfernt, liegt der Campingplatz Falken. Die 130 Standplätze auf der ebenen Wiese messen zwischen 60 und 120 m², die meisten Plätze sind mit Anschlüssen für Frisch- und Abwasser sowie TV versehen, für die Stromversorgung (CEE, 6 A) gibt es zentrale Stromkästen. Für den Kontakt mit der Welt stehen WLAN-Hotspots zur Verfügung. Drei Sanitärhäuser verteilen sich auf dem Areal; Mini-Markt und Restaurant sorgen für die Verpflegung. Serviert werden unter anderem selbstgebrannte Schnäpse. Der Wellnessbereich mit Saunen kann sich sehen lassen. Für die vierbeinigen Gäste gibt es eine Hundedusche.

▸ Falkenweg 7, 9900 Lienz, Tel. +43 (0)6 64/410 79 73, Mitte April–Okt., GPS: 46.82253333, 12.7712

■ pincamp.de/ot310

Aktivitäten

Für den Sprung ins kalte Wasser muss man nicht weit gehen: Das Dolomitenbad Lienz liegt in direkter Nachbarschaft (www.dolomitenbad.at). Wer mindestens drei Tage auf dem Campingplatz bleibt, hat im Bad freien Eintritt. Nur zehn Gehminuten entfernt liegt die Altstadt von Lienz. Das Tal der Drau lässt sich mit Gleitschirm- und Tandemflügen erkunden (www.paragliding.tirol) – ein unvergessliches Erlebnis.

Camping Seewiese ★★★½☆

2 Am Fuße des Rauchkofels und etwas versteckt im Hochwald liegt der Tristacher See. Unmittelbar am Ufer befindet sich der Campingplatz Seewiese

mit 99 unparzellierten Standplätzen. Das Wiesenareal ist naturbelassen und etwas abschüssig, für Wohnmobile gibt es geebnete und gekieste Flächen. Die CEE- und Schuko-Steckdosen sind mit 6 Ampere abgesichert; im Bereich der Rezeption gibt es WLAN. An der Ver- und Entsorgungsstation lässt sich Wasser bunkern und Altlasten entsorgen. In der Hauptsaison fährt mehrmals täglich ein Gästebus nach Lienz.

▶ Tristacher See 2, 9900 Lienz, Tel. +43 (0)48 52/ 697 67, Mitte Juni–Mitte Sept., GPS: 46.80683333, 12.80281667

■ pincamp.de/ot330

Aktivitäten

Badespaß sichert das Strandbad, das für Gäste des Campingplatzes kostenfrei ist. Die Region um den Tristacher See entpuppt sich zudem mit Trails in verschiedenen Schwierigkeitsstufen als Dorado für Mountainbiker. Wer es ruhiger angehen lassen möchte, kann nur 3,5 km vom Camp entfernt auf der Dolomiten-Golfanlage mit zwei gepflegten 18-Loch-Meisterschaftskursen (www.dolomitengolf.at) den Schlager schwingen. Als Ziel für die ganze Familie bietet sich die Galitzenklamm an. Der dortige Erlebnispark bietet einen Wasserschaupfad und einen Wasserspielplatz sowie mehrere Klettersteige.

Camping Lienzer Dolomiten

3 Die Bahnstrecke neben dem Campingplatz sollte niemanden abschrecken – nachts fahren hier keine Züge. Dafür fließt nicht weit entfernt die Drau entlang, und vor dem Eingang befindet sich ein kleiner Badeweiher. Die Stellplätze auf dem Campingplatz Lienzer Dolomiten sind zwischen 75 und 120 m² groß, der Wiesenplatz ist leicht gestuft. Die Stromkästen haben CEE-Anschlüsse (6–16 A), für Wohnmobile gibt es eine Ver- und Entsorgungsstation. Die sanitären Anlagen sind zweckmäßig und bieten auch Waschmaschinen und Trockner. Brötchen können vorbestellt werden; für ein schmackhaftes Nachtmahl sorgt das nahe Campingstüberl.

▶ Tassenbach 23, 9918 Strassen, Tel. +43 (0)48 42/ 52 28, April–Anfang Okt., GPS: 46.74625, 12.46365

■ pincamp.de/ot_200

Aktivitäten

Im Wichtelpark von Sillian sorgen Seilrutsche, ein Autodrom und die Röhrenrutsche für strahlende Kinderaugen. Kletterwände, eine Wasserspielanlage und eine 18-Loch-Miniaturgolfanlage lassen die Zeit wie im Flug vergehen (www.osttirol.com). Einen Blick in die Geschichte kann man in der aus dem 13. Jh. stammenden Burg Heinsfeld werfen. Das Museum beherbergt wechselnde Ausstellungen; stärken kann man sich in der Burgschänke (www.burg-heinfels.com). Durch die Region führen mehrere Wanderwege.

STELLPLÄTZE

Stellplatz am Camping Lindlerhof, Mörtschach

1 Am Bauernhof und Campingplatz Lindlerhof wurde zusätzlich ein Stellplatz für 20 Wohnmobile eingerichtet. Ver- und Entsorgungsanlagen und Stromanschlüsse sind vorhanden, es gibt WC, Dusche und kostenloses WLAN. Hunde sind erlaubt, und es gibt einen Brötchenservice. Gebührenpflichtig.

▶ Lassach, 9842 Mörtschach, Tel. +43 (0)48 26/545, www.lindlerhof.at, ganzjährig, GPS: 46.908558, 12.91055

Wohnmobilstellplatz am Biathlonzentrum, Obertilliach

2 In Hörweite des Flüsschens Gail finden hier 16 Mobile Platz. Der Schotterrasen ist überwiegend eben, Strom sowie Ver- und Entsorgung sind im Preis enthalten. WC und Dusche sind vorhanden; Hunde sind gestattet. Gebührenpflichtig.

▶ Rodarm 25, 9942 Obertilliach, Tel. +43 (0)6 76/ 356 24 96, www.biathlon-obertilliach.com, ganzjährig, GPS: 46.70923, 12.259382

OBERKÄRNTEN

Gewusst, wann …

Kufen stechen

Berittene Burschen in Tracht versuchen am Pfingstmontag in Feistritz, mit einer Eisenkeule im Galopp ein aufgehängtes Holzfass zu zertrümmern. Der Sieger wird mit dem »Kranzl« geehrt und darf anschließend den Lindentanz eröffnen.

▶ www.feistritz-gail.gv.at

Das Bundesland Kärnten ganz im Süden Österreichs ist eines der beliebtesten Ferienziele der Alpenregion. Das geografisch höher gelegene Oberkärnten besticht durch seine Hochgebirge – im Winter herrschen dort beste Voraussetzungen für einen gelungenen Urlaub im Schnee. Im Sommer aber werden die vielen Seen zu fast magisch anziehenden Orten. An Millstätter See, Pressegger See und Weissensee haben sich Urlauberzentren entwickelt, die eine gelungene Mischung aus Freizeitmöglichkeiten, Kultur und alpenländischem Flair bieten. Nicht minder reizvoll ist es, der Drau zu folgen – ihr Flusslauf zieht sich durch das gesamte Bundesland. Die Saison beginnt mit den ersten warmen Tagen im Mai, spätestens Ende Oktober werden die Pforten von Freizeitparks und anderen privat betriebenen Attraktionen wieder geschlossen.

Campingtourismus hat in Oberkärnten seit Jahrzehnten Tradition. Vor allem an den größeren Seen und entlang der Drau haben sich viele Campingplätze angesiedelt. Das Niveau ist meist überdurchschnittlich, die Ausstattung vieler Plätze umfasst auch Sport- und Freizeitmöglichkeiten. Ähnlich positiv gestaltet sich das umfassende Netz von Stellplätzen, die ebenfalls häufig an Seen oder Flüssen liegen. Oftmals sind die Stellplätze an Campingplätze angegliedert oder vor Landgasthöfen gelegen. Etwa die Hälfte der Übernachtungsplätze verfügt über Einrichtungen zur Ver- und Entsorgung.

Das Südufer des Millstätter Sees ist bis auf wenige Häuser nahezu unverbaut und naturbelassen, ideale Bedingungen für Fische und Unterwasserpflanzen.

SEHENSWERTES

ÜBER GMÜND INS MALTATAL

1 Die zahlreichen Wasserfälle haben dem Maltatal zum Beinamen »Tal der stürzenden Wasser« verholfen – die Fahrt von Gmünd zur Kölnbreinsperre über die Malta-Hochalmstraße ist ein echtes Erlebnis. Bevor es aber auf die kurvenreiche Strecke geht, wird in Gmünd noch dem Porsche Automuseum ein Besuch abgestattet. Wo von 1944 bis 1950 die ersten Sportwagen gebaut wurden, befindet sich heute eine vom Stuttgarter Werk unterstützte Privatsammlung (www.auto-museum.at).

Eine Abwechslung für die ganze Familie stellt der wenige Kilometer entfernte Eselpark dar. Hier findet man mehr als 100 handzahme Grautiere, von denen einige sich auch gern bekuscheln lassen, dazu gibt's Alpakas, Kamele und Hühner (www.eselpark.at).

Ab den Wasserfällen bei Fallbach ist die Straße mautpflichtig. Befahren werden kann sie zwischen Mitte Mai und Oktober von 7–18 Uhr. Am Ende erhebt sich die Kölnbreintalsperre, mit 626 m Breite Österreichs größte Staumauer. Über Treppen erreicht man die aus Glas und Metall bestehende Aussichtsplattform, den Airwalk, auf dem man 200 m hoch über dem Wasser steht. Mehrmals pro Tag werden Führungen durch das Innere des Damms angeboten (www.verbund.com).

BIOSPHÄRENPARK KÄRNTNER NOCKBERGE

2 Das Bemühen um ein Leben im Einklang mit der Natur führte dazu, dass der einstige Naturpark Nockberge 1987 von der UNESCO zum Biosphärenpark umgewandelt wurde. Dabei spielte nicht nur Naturschutz eine Rolle, sondern auch das Bewahren der kulturellen Vielfalt und des Brauchtums. Da sich in den nördlich des Millstädter Sees gelegenen Bergen das größte Granatvorkommen der Alpen befindet, kann man sich dort prima auf Schatzsuche begeben. Schön aufbereitete Informationen zu den funkelnden Halbedelsteinen bietet das Granatium in Radenthein. Die begehbare Granatader und das Schürfgelände am Wildbach kommen bei Kindern besonders gut an (www.granatium.at).

MILLSTÄTTER SEE

3 Die ersten Urlauber, die bereits im 19. Jh. in die Sommerfrische des Millstätter Sees fuhren, schätzten die Ruhe und Abgeschiedenheit der Region. Wer heute hier seine Ferien verbringt, kann darauf vertrauen, dass der Aufenthalt am See erlebnisreich wird. Die zahlreichen Sehenswürdigkeiten in der Region lassen kaum Wünsche offen.

Erstaunen und Entsetzen überkommen den Besucher der bei Seeboden gelegenen Burg Sommeregg: Im August werden hier fast drei Wochen lang Ritterspiele und ein Mittelaltermarkt veranstaltet, der zweigeschossige Rittersaal aber beherbergt Europas größtes Foltermuseum, dem es an Realismus nicht mangelt (www.sommeregg.at). Nur wenige Hundert Meter entfernt gibt es das Kontrastprogramm in Form eines Bonsaimuseums. In den kunstvoll angelegten Zen-Gärten wurden rund 3000 der Minibäume gepflanzt (www.bonsai.at).

Mit seinen Galerien und Skulpturenwegen präsentiert sich Millstatt als Ort der Kultur, viele Künstler haben sich hier angesiedelt. Das sehenswerte Stift Millstatt dokumentiert in einem Museum die Geschichte des Klosters.

In Feld am See erwarten Besucher tierische Erlebnisse: Der dortige Wildpark bietet neben einem großen Wildtiergehege auch Ausstellungen zu Afrika und Kanada sowie einen Streichelzoo und ein Aquarium (www.alpen-wildpark.com).

SPITTAL AN DER DRAU

4 Im Lauf seiner über 800-jährigen Geschichte war Spittal Pilgerort, Markt und sogar kurze Zeit Sitz der Landesregierung. Heute ist die Kleinstadt wirtschaftlicher Knotenpunkt der Region, ein Ort zum Einkaufen und Flanieren. In der Altstadt verspüren Besucher zwischen historischen Fassaden und Cafés eine fast südländische Atmosphäre. Das Zentrum wird vom 1533 erbauten Schloss Porcia dominiert, in dem das Museum für Volkskultur untergebracht ist. Direkt gegenüber steht das Rathaus. Entspannung findet man im weitläufig angelegten Stadtpark mitten im Ort (www.spittal-drau.at).

Auf der anderen Seite der Drau befindet sich die Talstation der Gondelbahn, die auf Spittals Hausberg Goldeck hinauffährt. Im Winter gibt es dort ein exzellentes Skigebiet, im Sommer gehört das Areal den Wanderern und Mountainbikern. Wer unten am Fluss in Baldramsdorf bleibt, sollte dem Kärntner Handwerksmuseum einen Besuch abgestatten. In dem einstigen Schloss werden mehr als 30 alte und zum Teil ausgestorbene Gewerke vorgestellt (www.handwerksmuseum.info).

Einzigartige Aussichten bietet der Pass Nockalmstraße. Pkw mit Wohnwagen sind hier allerdings nicht erlaubt.

PRESSEGGER SEE

5 Im Sommer bringt es der Pressegger See auf eine Wassertemperatur von bis zu 28 °C. Kein Wunder, dass dort kein Mangel an Strandbädern herrscht. Am Nordufer des Sees lockt außerdem der 1. Kärntner Erlebnispark mit zahlreichen Attraktionen für kleine und größere Kinder. Im Eintrittspreis ist die Nutzung aller Spielgeräte und Fahrgeschäfte enthalten, ebenso wie der Eintritt ins Strandbad, eine Tour mit Tret- oder Ruderboot sowie Stand-Up-Paddling mit Leihausrüstung. Überdies wird eine Garantie auf gutes Wetter gegeben – fängt es zu regnen an, gibt es eine Freikarte für den nächsten Besuch (www.erlebnispark.cc).

Auf dem von Kötschach nach Villach führenden Gailtal-Radweg kommt man auch am Pressegger See vorbei. Zwischen den Karnischen und den Gailtaler Alpen geht es vorbei an vielen sehenswerten Orten, die Fahrt durch die wildromantische Gegend sei vor allem Genussradlern ans Herz gelegt. Mountainbiker hingegen zieht es wohl eher auf die unzähligen Trails in den Bergen. Auf mehreren Almen der weiteren Region wird übrigens noch ganz traditionell der leckere Gailtaler Almkäse produziert (www.gailtaler-almkaese.at).

BAD BLEIBERG

6 Zwei miteinander kombinierbare Rundkurse führen durch die Stollen des Schaubergwerks von Bad Bleiberg am Rande des Naturparks Dobratsch – bei beiden geht der Weg in die Tiefe erst einmal über die längste Bergmannsrutsche Europas. Von 800 v. Chr. bis 1993 wurde die Grube aktiv betrieben, die noch immer vorhandenen Maschinen sind alle funktionstüchtig. Garniert mit Multimediashows und einer Fahrt mit der Grubenbahn sollten pro Strecke eineinhalb bis zwei Stunden einkalkuliert werden. Die Kombitour dauert drei Stunden und enthält einen Besuch im Montanmuseum. Die Wege sind barrierefrei; wegen der konstanten 8 °C im Inneren des Berges sollte an warme Kleidung gedacht werden. Wer eine bleibende Erinnerung für sich oder ein Souvenir sucht, wird im Shop fündig: Hier werden in der Mine abgebaute Mineralien angeboten (www.terra-mystica.at).

ESSEN & TRINKEN

Altdeutsche Weinstube »Moderne Alpen-Adria-Küche« – das wäre nichts Besonderes, würde der Küchenchef nicht Wert auf regionale und saisonale Produkte legen. Das spiegelt sich in Qualität und Geschmack der Gerichte wider.
▸ Neuer Platz 17, 99800 Spittal an der Drau, Tel. +43 (0)6 64/466 96 36, www.altdeutscheweinstube.com

Bar Kap 4613 Einfach mal Pause machen und es sich gut gehen lassen ... mit leichter Küche, inspiriert von den 5 Elementen, mit Salaten und Snacks. Im pyramidenförmigen Bistro werden auch vegane, gluten- und laktosefreie Gerichte angeboten, der Blick auf den See ist natürlich umwerfend.
▸ Kaiser-Franz-Josef-Str. 330, 9872 Millstatt, Tel. +43 (0)6 64/388 83 18, www.kap4613.at

Hassler Restaurant, Pension, Café, Konditorei ... ob man sich da nicht etwas viel vorgenommen hat? Ganz offensichtlich nicht. Im Restaurant schmecken die Kärntner Spezialitäten wie Erdäpfelkrapfen und Bretteljause ebenso wie die Gnocchi, im Café locken Strudel und Obsttorten.
▸ Berg 131, 9771 Berg im Drautal, Tel. +43 (0)47 12/208, www.cafe-hassler.at

EINKAUFEN

Feinstes vom Maltataler Im Hofladen von Familie Truskaller kann man die Wohnmobilvorräte aufstocken. Fleisch, Fisch, Eier, Würste, Honig oder Edelbrände, alles aus eigener Haltung oder selbst zubereitet, werden auch vom Slow-Food-Führer Kärnten gewürdigt.
▸ 9854 Malta 71, Tel. +43 (0)47 33/748, www.feinstesvommaltataler.at

Camping Ronacher am naturbelassenen Ostufer des Weissensees

CAMPING- & STELLPLÄTZE

CAMPINGPLÄTZE

Komfort-Campingpark Burgstaller

★★★★★

1 Kärntens größter Campingplatz bringt es auf eine Ansammlung von Superlativen: Auf zwölf Hektar verteilen sich 500 Parzellen von 65–120 m². Hohe Hecken und Bäume dienen als Raumteiler; die Stromversorgung ist auf sechs Ampere limitiert. Restaurants und Geschäfte machen den Einkauf außerhalb überflüssig. Zur Unterhaltung gibt es unter anderem Sporteinrichtungen, eine schalldichte Diskothek und eine Freilichtbühne. Nicht nur in den Ferienzeiten wird eine Kinderanimation angeboten.

▸ Seefeldstr. 16, 9873 Döbriach,
Tel. +43 (0)42 46/77 74, Ende März–Anfang Okt.,
GPS: 46.77003333, 13.64791667
■ pincamp.de/kt1080

Aktivitäten

Langeweile kommt hier bestimmt nicht auf: Im platzeigenen Strandbad befindet sich eine Surf- und Segelschule, die neben SUP-Boards auch Tret- und E-Boote verleiht. Zwischen Pfingsten und September bietet die Sportschule über der Rezeption Rafting- und Canyoningtouren an. Freier Eintritt wird Gästen des Campingplatzes im benachbarten Strandbad gewährt. Die Palette der dortigen Angebote reicht von Wasserski, Wakeboard und Reifenrodeo bis zum Bananenritt und Paragliding.

Camping Ronacher ★★★★☆

2 Am Ostufer des Weissensees, des saubersten Sees Kärntens, zieht sich das Camp Ronacher auf einer gestuften Wiese den Hang hinauf. Die oberen der 135 Parzellen in Größen zwischen 80 und 100 m² bekommen viel Schatten durch den angren-

zenden Wald. Selbstverständlich sind die Ver- und Entsorgungsmöglichkeiten; Elektrizität (CEE, Schuko, 16 A) gibt es an zentralen Stromkästen. Ein Spielplatz mit Trampolin, ein Beachvolleyballfeld und das Strandbad mit kleiner Sandbucht sind Anziehungspunkte bei schönem Wetter. An anderen Tagen freut man sich über die Wellnesseinrichtungen mit Dampfbad und Sauna oder den Indoorspielplatz. Restaurant und Supermarkt gehören zur festen Ausstattung; teilweise gibt es WLAN-Empfang.

▶ Mösel 6, 9762 Stockenboi, Tel. +43 (0)47 61/256, Mai–Anfang Okt., GPS: 46.70313333, 13.4148

■ pincamp.de/kt1310

Aktivitäten

Das neben der Anlage gelegene Strandbad kann mit einem eigenen Sandstrand für Kinder aufwarten; über einen Steg sind die tieferen Wasser leicht zu erreichen. Möglichkeiten zum Abtauchen eröffnet die nahe Tauchschule, die sowohl Kurse anbietet als auch SUP-Boards und Kanus verleiht (www.diving-weissensee.at). Ein schöner Ausgangspunkt für Wanderungen ist die Talstation der Bergbahn. Gondeln fahren bis auf 1324 m Höhe, von wo aus die Naggler Alm oder die Kohlröslhütte erwandert werden können. Auf dem Berg gibt es mehrere Moutainbike-Trails (www.weissensee.com).

EuroParcs Seecamping am Pressegger See

★★★★½

3 Im Abstand von nur vier Kilometern gibt es gleich zwei Campingplätze des gleichen Betreibers. Während der Platz Nassfeld gute 800 m im Inland liegt, ist das Seecamping nur 200 m vom Pressegger See entfernt. Beide Plätze bieten Vollausstattung, die Parzellen sind bis zu 150 m² groß. Gastronomie und Einkaufsmöglichen sind vorhanden; die großzügig geschnittenen sanitären Anlagen sind zum Teil barrierefrei. Der Platz organisiert darüber hinaus Ausflüge und Weinverkostungen. Auch Hunde sind auf dem Platz willkommen.

▶ Vellach 29, 9620 Hermagor, Tel. +43 (0)42 82/27 60, Mitte Mai–Mitte Sept., GPS: 46.632192, 13.446190

■ pincamp.de/kt1620

Aktivitäten

Zum Seecamping gehört ein 30 000 m² großer Privatstrand mit abgetrenntem FKK-Bereich; am Platz steht ein beheizter Pool zur Verfügung. Für Kinder ideal ist, dass der See leicht abfallend beginnt – eine kleine Wasserrutsche steigert das Vergnügen. Ältere zieht es zum Aqua-Jump, einem im Wasser gelegenen Trampolin, oder zum fünf Meter hohen Kletterberg auf dem See. Tretboote und Kanus können gemietet werden. Gäste des Seecampings können die Wellnesseinrichtungen des Platzes Nassfeld wie Spa oder Sauna nutzen. Sportlich wird es bei der Aquagymnastik und bei den regelmäßigen Fußballturnieren.

STELLPLÄTZE

Wohnmobilstellplatz Brandstatt

1 In Sichtweite der Staumauer des Kölnbreinspeichers liegt direkt an der Straße dieser Stellplatz ohne Versorgung für zehn Mobile. Die nahe Gaststätte hat saisonal geöffnet. Die Zufahrt zum Platz ist nur über die mautpflichtige Malta-Hochalmstraße möglich. Gebührenfrei, max. 2 Nächte.

▶ Brandstatt 38, 9854 Brandstatt, Tel. +43 (0)50 31/33 93 63, Mai–Okt., GPS: 46.98996, 13.45979

Wohnmobilstellplatz am Gasthaus zur Post, Lind im Drautal

2 In Sichtweite der Drau befindet sich der Stellplatz für zehn Mobile vor einem Gasthaus, die Einkehr ist obligatorisch. Geboten werden Frischwasser und Strom; morgens gibt es im Lokal Brötchen. Gebührenpflichtig.

▶ Kleblach 16, 9753 Lind im Drautal, Tel. +43 (0)47 68/211, www.gh-rauter.at, ganzjährig, GPS: 46.77358, 13.34159

UNTERKÄRNTEN

Gewusst, wann …

European Bike Week
In den ersten beiden Septemberwochen verwandelt sich die Region um den Faaker See zum Mekka für jährlich bis zu 130 000 Motorradfahrer. Ruhe kehrt in diesen Tagen nicht ein – mit dem Klang donnernder Motoren muss gerechnet werden.
▶ www.bikeweek.at

Wer beim unteren Teil Kärntens nur an Wörthersee, Ossiacher See oder Faaker See denkt, greift zu kurz. Unzählige kleine Seen laden zum Baden ein; die Drau erweitert sich zum Stausee. Die umliegenden Berge mögen nicht mehr so spektakulär hoch sein wie im westlichen Landesteil, doch prägen sie die Landschaft nachhaltig. Die Gerlitzer Alpen im Norden zählen zu den schönsten Flugbergen Österreichs. In den Tälern darf den ganzen Sommer über mit kulturellen Höhepunkten gerechnet werden, ganz unterschiedliche, aber sehenswerte Ziele gibt es überall. Jeder See zieht sein eigenes Publikum an, mehrmals pro Jahr gibt es Großveranstaltungen. Die Palette reicht von der Ruderregatta auf dem Wörthersee über Auto- und Motorradtreffen mit Zigtausenden Teilnehmern bis zu Kultursommern mit verschiedenen Veranstaltungsorten.

Vor allem rund um die bekannten Seen hat man auf der Suche nach einem passenden Campingplatz die Qual der Wahl. Die in aller Regel gepflegten Plätze weisen ein hohes Ausstattungsniveau auf. Während in der Nebensaison die Frage nach einem Übernachtungsplatz meist positiv beantwortet werden kann, führt die große Beliebtheit im Sommer schon mal zu Kopfschütteln. In den großen Ferien ist eine Reservierung sehr zu empfehlen. Die Anzahl der Stellplätze ist im Vergleich zu den Campinganlagen deutlich geringer. Im Osten Kärntens lässt die Dichte der legalen Nachtparkplätze spürbar nach.

Das ehemalige Benediktinerkloster Stift Ossiach am gleichnamigen See stammt aus dem 11. Jh., wurde mehrfach umgebaut und im 18. Jh. fast vollständig barockisiert.

SEHENSWERTES

OSSIACHER SEE

1 Ein bemerkenswerter Mix aus Möglichkeiten erwartet Besucher rund um den Ossiacher See: An der Burg Landskron gibt es eine Adlerarena, in der Flugshows mit Greifvögeln gezeigt werden (www.adlerarena.com). In unmittelbarer Nähe befindet sich der Affenberg, dessen Freilandgehege Heimat für 170 Makakenaffen ist. Ein Besuch ist nur begleitet möglich und muss eine Woche vorab angemeldet werden (www.affenberg.com).

Im Juli und August findet in den Orten am See das Musikfestival Carinthischer Sommer statt. Stars und Nachwuchskünstler geben sich hier die Ehre (www.carinthischersommer.at). Wer den 25 km langen Ossiacher-See-Radweg einschlägt, sollte in Sattendorf einen Stopp einplanen: Die dortigen Finsterbach-Wasserfälle sind von der Straße aus leicht zu erreichen. Mit seiner prächtigen Innenarchitekur und den Deckenmalereien ist der Klosterkomplex des ehemaligen Benediktinerstifts Ossiach ein Ort, für den man sich Zeit nehmen sollte (www.pfarre-ossiach.at).

VILLACH

2 Villach gilt als Tor zu Unterkärnten. Arkadenhöfe und viele kleine Läden laden in der Innenstadt zum Bummeln ein; die Patrizierhäuser am Hauptplatz erstrahlen in frischem Glanz. Von Mai bis Oktober kann der fast 94 m hohe Kirchturm der St.-Jakob-Kirche bestiegen werden. Auf halber Höhe befindet sich eine Aussichtsplattform, von der weite Teile der Stadt überblickt werden können. Wer ganz Kärnten von oben sehen möchte, strebt den 500 m entfernten Schillerpark an, wo im Stadtmuseum ein 3D-Relief des Bundeslandes ausgestellt wird.

Schon in der Römerzeit waren die 30 °C warmen Thermalquellen im Warmbach am Rande der Stadt ein beliebtes Ziel. Der alte Römerweg ist noch vorhanden, die Quelle aber wurde mittlerweile mit einem Thermalbad überbaut. Nicht weit entfernt liegt die Quelle Maibachl, der heilende Wirkung bei diversen Krankheiten nachgesagt wird. Das Naturdenkmal besteht aus zwei Bassins, in denen kostenlos gebadet werden darf (www.warmbad.com).

FAAKER SEE

3 Die Region um den Faaker See verspricht erlebnisreiche Ferien: Der zwölf Kilometer lange Faaker-See-Radweg ist auch mit Kindern gut zu bewältigen. Als schönes Ausflugsziel empfiehlt sich die Burgruine Finkenstein auf dem nahen Kanzianiberg. In der Arena finden im Sommer Veranstaltun-

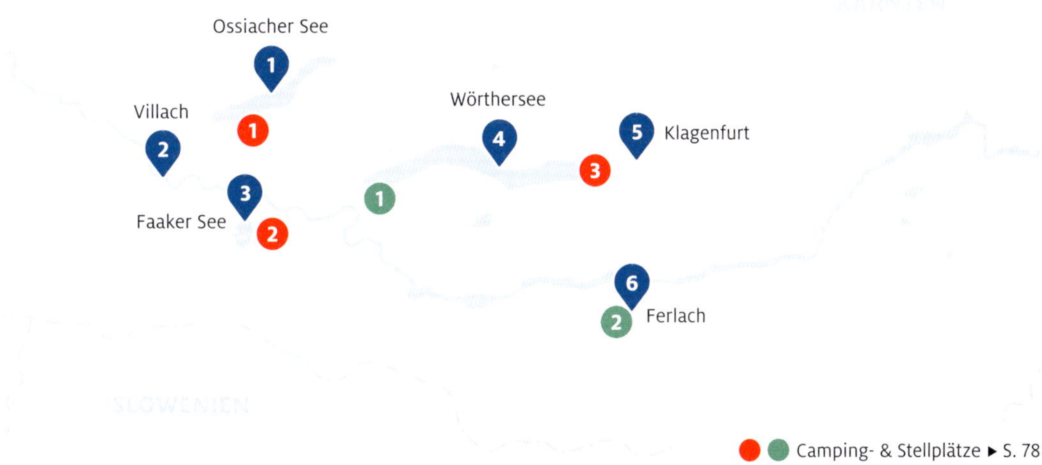

ESSEN & TRINKEN

Cabalier – Greißlerei – Imbiss In Christian Cabaliers Hofladen mit Imbiss werden ausgewählte Köstlichkeiten nicht nur aus Kärnten, sondern auch aus Italien, Kroatien, Slowenien serviert. Eine gute Location für einen Snack am Mittag.
▸ Siebenhügelstr. 28, 9020 Klagenfurt

Cat'n'Coffee Katze kraulen, Kaffee trinken, Kuchen essen – gibt es Entspannenderes? Zehn Samtpfötchen aus dem Tierschutz haben im Katzencafé eine neue Heimat gefunden und schnurren die Gäste bei Tee und Torte ins »Ommm«.
▸ Paulitschgasse 9, 9020 Klagenfurt, Tel. +43 (0)6 60/843 32 11, www.daskatzencafe.com

Stiftsschmiede Weißer Damast und gestärkte Servietten im alten Gewölbe, am Feuerplatz einer ehemaligen Schmiede. Gerhard Satran hat sich ganz der Fischküche verschrieben. Ausgezeichnete Gerichte, und das in erster Reihe am Ossiacher See – was will man mehr?
▸ Ossiach 4, 9570 Ossiach, Tel. +43 (0)6 76/401 17 93, www.stiftsschmiede.at

EINKAUFEN

Benediktinermarkt Hier treffen Einheimische auf Touristen, hier kauft man ein, isst in den Marktrestaurants und hält ein Schwätzchen mit den Anbietern. Diese sind Bauern der näheren und weiteren Umgebung, bis hinein nach Slowenien und Italien. Tipp: Unbedingt Donnerstag bis Samstag am Vormittag kommen, nachmittags sind nur die Hallen geöffnet und die Standler schon wieder daheim.
▸ Benediktinerplatz 9, 9020 Klagenfurt

gen statt (www.burgarena-finkenstein.com). Wer Ruhe sucht, wird in den »Everglades von Kärnten« fündig: Die verschlungenen Wege durch den Schilfgürtel im Westen des Sees kann man per Paddelboot entdecken. Hier kann man sogar auf einer Schilfschaukel entspannen (www.kajak-faak.com).

WÖRTHERSEE

4 Die entspannteste Art, die Sehenswürdigkeiten rund um den Wörthersee zu entdecken, ist eine Schiffstour. Zwischen Klagenfurt und Velden verkehren Passagierschiffe im Zwei-Stunden-Takt (www.woertherseeschifffahrt.at). Angesteuert wird zum Beispiel das älteste Speicherkraftwerk Kärntens, Führungen durch das Schaukraftwerk Forstsee werden angeboten (www.nekteo.eu).

Der weltweit höchste aus Holz erbaute Aussichtsturm steht am Südufer des Sees bei Reifnitz. Die gläserne Aussichtsplattform befindet sich in 70 m Höhe. Zurück auf die Erde gelangt man unter anderem über eine 120 m lange Rutsche – im Sommer gibt es auch eine offenen Seilbahn, die nach unten führt (www.pyramidenkogel.info). In Reifnitz findet übrigens jedes Jahr zu Christi Himmelfahrt das weltgrößte VW-Treffen statt. Das GTI-Treffen zieht bis zu 200 000 Besucher an; schon zwei Wochen vorher sind die Übernachtungsgelegenheiten in der Umgegend ausgelastet.

Entspannter geht es im malerischen Maria Wörth zu: Der zum Teil auf einer Halbinsel liegende Wallfahrtsort besticht durch seine Kirchenanlage; die barocken Schnitzaltäre und die aufwendig gearbeitete Kanzel sind wahre Schmuckstücke (www.maria-woerth.info).

KLAGENFURT

5 Der Sage nach entstand der Wörthersee, um die damalige Bevölkerung für ihre lasterhafte Lebensweise zu bestrafen: Als die Warnungen eines Männleins in den Wind geschlagen wurden, öffnete es ein Fass und die einst reiche Stadt versank in den Fluten des entstehenden Sees. Aus dem Fässchen strömt auch heute noch Wasser – in der Klagenfurter Kramergasse erinnert ein Brunnen an das Wörtherseemandl.

Friedhofskapelle der Pfarrkirche St. Primus und Felician in Maria Wörth am Wörthersee

Die Altstadt der größten Stadt Kärntens wird mit ihren Palästen und Arkadenhöfen durch die Architektur früher italienischer Baumeister geprägt. Die Kramergasse war Österreichs erste Fußgängerzone; nur ein paar Straßen entfernt befindet sich die älteste Kirche der Stadt. Der knapp 92 m hohe Turm von St. Egid kann bei einer Führung bestiegen werden und bietet einen schönen Blick über die Stadt.

Wer etwas erleben möchte, wendet sich dem Ufer des Wörthersees zu: Der 22 ha große Europapark ist ein Muster an Gartenkunst – die Skulpturen renommierter Bildhauer stehen unter Denkmalschutz. Im angrenzenden Minimundus sind mehr als 160 Bauwerke aus aller Welt im Miniaturformat dargestellt (www.minimundus.at).

FERLACH

6 Im Rosental der Drau liegt das kleine Städtchen Ferlach. An die Zeit als Waffenschmiede der Region erinnert das Büchsenmacher- und Jagdmuseum im Schloss (www.jagdmuseum-ferlach.at). Im Süden des Ortes befindet sich das Technikmuseum Historama – immerhin das zweitgrößte Verkehrsmuseum Österreichs. Zu sehen gibt es dort weit mehr die automobile Nachkriegsgeschichte: Die Ausstellung umfasst auch eine Lehmann-Groß-Bahn-Anlage, mit der sogar gespielt werden darf. Ein Unikat ist die ausschließlich mit Muskelkraft betriebe Flugmaschine des Flugpioniers Fürst Khevenhüller aus dem Jahr 1913. Nur wenige Hundert Meter vom Museum entfernt fährt in der Sommersaison ein Nostalgiezug nach Feistritz am Ferlacher Stausee ab (www.nostalgiebahn.at).

Für einen Ausflug ins nahe Slowenien bietet sich der Loiblpass an. Die Serpentinenstrecke darf jedoch nur mit Fahrzeugen bis zu 3,5 t genutzt werden. Auf dem Weg dorthin lockt der Wandersteig der malerischen Tscheppaschlucht – in direkter Nähe befindet sich auch Kärntens größter Waldseilpark (www.tscheppaschlucht-ferlach.at).

Landschaftlich abwechslungsreicher Platz: Seecamping Berghof

CAMPING- & STELLPLÄTZE

CAMPINGPLÄTZE

Seecamping Berghof ★★★★★

1 Das Seecamping Berghof am Südufer des Ossiacher Sees bietet nicht nur 380 Parzellen zwischen 80 und 155 m², sondern auch umfangreiche Freizeitmöglichkeiten. Die Uferlage lädt zum direkten Sprung vom Mobil ins kühle Nass, viele Arten von Wassersport sind möglich – die Ausrüstung kann ausgeliehen werden. Für Kinder gibt es Spielgelegenheiten und Naturworkshops; eine Minigolfanlage und eine Sportanlage laden zu Wettkämpfen ein. Das terrassierte Wiesengelände ist teilweise von Bäumen beschattet, Strom (CEE, Schuko, 6–16 A) und WLAN sind eine Selbstverständlichkeit; auf einigen Plätzen gibt es zusätzlich SAT-Anschlüsse. Natürlich gibt es Gastronomie und einen Laden. In der Hauptsaison werden keine Hunde geduldet.

▸ Süduferstr. 241, 9523 Villach/Landskron, Tel. +43 (0)42 42/411 33, April–Mitte Okt., GPS: 46.6533, 13.93436667

■ pincamp.de/kt1010

Aktivitäten

Kanus, Tretboote und Segelboote sowie Surfbretter können direkt vor Ort ausgeliehen werden; die Wassersportstation auf dem Platz bietet zudem SUP-Boards. Für Neulinge, denen die ein oder andere Wassersportart noch fremd ist, bieten erfahrene Profis Einsteigerkurse an. Gemeinschaftlich lässt sich der See auf einer Kanutour erleben. Wer den festen Boden unter den Füßen bevorzugt, kann sich ein Fahrrad ausleihen – die Runde um den See ist 28 km lang. Oder steht der Sinn eher nach Bewegung in schwindelnden Höhen? Dafür bietet sich der Kletterwald Ossiacher See an (www.kletterwald.at).

Camping Arneitz ★★★★½

2 Die 400 Parzellen dieses Platzes (70–120 m²) liegen in einem Naturpark. Die geschotterten Standplätze sind mit Wasser, Kanalisation und TV-Anschluss ausgestattet; die Stromversorgung ist auf sechs Ampere limitiert. Ein 120 m langer Kiesstrand mit Liegewiese und Bootssteg lockt ans Wasser; die Attraktionen im Erlebnispark werden zum Teil extra berechnet. Den Abend lässt man im Restaurant ausklingen oder man geht zum Feiern in die Rock-Bar. Hunde sind erlaubt, müssen aber angeleint werden.

▸ Seeuferlandesstr. 53, 9583 Faak am See, Tel. +43 (0)6 64/851 55 12, Mitte April–Sept., GPS: 46.57431667, 13.93623333

■ pincamp.de/kt650

Aktivitäten

Der Platz verfügt über ein umfangreiches Sportangebot – von der Fitnessmeile bis zum Anleger für Gästeboote. Zudem werden Wanderungen und Ausflüge organisiert. Boote, SUP-Boards und Surfbretter können mitgebracht werden, für die Nutzung auf dem See muss jedoch eine Gebühr entrichtet werden. Austoben kann man sich in der Fußballgolfanlage in Drobollach: Die 18 Bahnen weisen Einzellängen bis zu 145 m auf – man sollte fit sein (www.soccerzone.at).

Camping Klagenfurt am Wörthersee ★★★½

3 Der Platz bietet 240 parzellierte Standplätze (70–110 m²) in Ufernähe zu einem der wärmsten Seen Kärntens; die Stromkästen (Schuko, CEE, 10 A) und die Wasserhähne sind zentral positioniert. WLAN-Empfang gibt es in vielen Bereichen des Platzes; der Sanitärbereich ist barrierefrei gestaltet. Gegen Hunger und Durst hilft ein Besuch des Restaurants mit Biergarten; der Shop hält die üblichen Lebensmittel vor. Spielplatz und Ferienprogramm sind auf den Nachwuchs zugeschnitten. Für den Besuch des Strandbades braucht man ein Ticket, das an der Rezeption erhältlich ist. Hunde sind erlaubt.

▸ Metnitzstrand 5, 9020 Klagenfurt am Wörthersee, Tel. +43 (0)463/28 78 10, Mitte April–Sept., GPS: 46.6184, 14.2563

■ pincamp.de/kt170

Aktivitäten

Zwischen Campingplatz und Wörthersee liegt das Strandbad Klagenfurt, das Gäste des Platzes zum ermäßigten Preis besuchen können. Hier befindet sich auch ein Wassersportzentrum, in dem neben Surf- und SUP-Boards auch Kanus und Kajaks ausgeliehen werden können. Am Eingang des Campingplatzes lockt zudem ein Minigolfplatz mit 14 außergewöhnlichen Kunstrasenbahnen – Ausprobieren macht Spaß. Und Meister der rollenden Bretter finden im angrenzenden Europapark eine Skateranlage.

STELLPLÄTZE

Stellplatz Velden am Wörthersee

1 Nur wenige Minuten vom Ufer des Wörthersees entfernt lädt ein Stellplatz für 24 Mobile zum Übernachten ein. Neben Strom, Frischwasser und einer Entsorgungsanlage gibt es WLAN-Empfang. Der geschotterte Platz ist überwiegend eben. Hunde sind gestattet. Gebührenpflichtig, max. 1 Nacht.

▸ Augsdorfer Str. 17, 9220 Velden am Wörthersee, Tel. +43 (0)6 50/304 73 43, www.rast-stellplatz.at, ganzjährig, GPS: 46.607537, 14.050145

Stellplatz am Schloss, Ferlach

2 Der citynahe Stellplatz auf dem Messeparkplatz ist für 30 Mobile ausgelegt und bietet auf befestigtem Untergrund sowohl Strom als auch eine Ver- und Entsorgungsanlage. Die Seitenstreifen sind mit Bäumen gesäumt, Hunde sind erlaubt. Gebührenpflichtig, max. 1 Nacht.

▸ Messeparkplatz, 9170 Ferlach, Tel. +43 (0)42 27/26 00, www.ferlach.at, ganzjährig, GPS: 46.524468, 14.29704

Schweiz

Campingplatz Aaregg am Brienzer See im Kanton Bern

Mit den Zielen ...

Zürich und die Zentralschweiz ▸ S. 82, Bodensee und St. Gallen ▸ S. 88, Graubünden ▸ S. 94, Tessin ▸ S. 100, Berner Land ▸ S. 106, Vom Bieler See zum Genfer See ▸ S. 112

ZÜRICH UND DIE ZENTRALSCHWEIZ

Gewusst, wann …

Limmatschwimmen

Im August geht Zürich baden: bei einem Wettschwimmen mitten durch die Stadt. Jeder kann teilnehmen, Voraussetzung sind Schnelligkeit bei der Anmeldung (begrenzte Teilnehmerzahl) und ein guter Draht nach oben, denn bei schlechtem Wetter fällt die Veranstaltung aus.
▸ www.limmatschwimmen.ch

Berge und Seen, dafür ist die Schweiz bekannt. Der nördliche Teil lockt mit mehreren bekannten Seen, die alle ihre eigenen Qualitäten haben. Der Vierwaldstätter See – der einst seinen Namen bekam, weil vier Waldstätten, die heutigen Kantone, an ihn grenzten – bietet als größter von ihnen die meisten Freizeitmöglichkeiten. In der Zentralschweiz, wo Wilhelm Tell den Apfel schoss und der Rütlischwur die Eidgenossenschaft besiegelte, gibt es viel zu entdecken. In den Bergen werden Traditionen gelebt, die Städte vereinen Kultur und Moderne. Auch Sport und Genuss widersprechen sich hier nicht – der Weg zum nächsten Golfplatz ist nie weit.

Wo ein See ist, befindet sich oftmals auch ein Campingplatz. Und wie in der Schweiz üblich, geht es auch dort korrekt zu: Das Ausstattungsniveau ist insgesamt eher hoch, selbst auf einfachen Plätzen darf man von gepflegten Anlagen ausgehen. Auch an Seen mit eingeschränktem öffentlichen Zugang darf vom Campingplatz aus Wassersport betrieben werden. Die Anzahl der Reisemobilstellplätze in der Region ist zwar nicht üppig, doch dürfen die meisten Plätze das ganze Jahr über angefahren werden. Eine Versorgung mit Strom und Frischwasser ist meist vorhanden. Wildes Campieren an den Ufern der Seen ist grundsätzlich untersagt.

Abendstimmung auf dem Fronalpstock mit Blick auf den Vierwaldstätter See. Am 1920 m hohen Berg verläuft ein Stück der Wanderroute »Weg der Schweiz«.

SEHENSWERTES

ZÜRICH

1 Beim Stichwort »Zürich« sollte man nicht nur an das Nummernkonto in der Schweiz denken. Die Kantonshauptstadt ist zwar die Finanzmetropole der Eidgenossen, doch auch der mittelalterliche Stadtkern lohnt die Erkundung. Im 1891 erbauten Stadtheater logiert seit mehr als 75 Jahren das Opernhaus, in dem Aufführungen auf höchstem Niveau gezeigt werden (www.opernhaus.ch). Bodenständiger, aber nicht minder faszinierend ist ein Besuch des Fußballmuseums der FIFA – hier dreht sich alles um das runde Leder (www.fifamuseum.com).

Eines der leckersten Exportprodukte des Alpenlandes ist die Milchschokolade, die in der Schweiz erfunden wurde. Die Heimat des Goldhasen kann man im Züricher Vorort Kilchberg besuchen, wo Lindt eines der schönsten Schokoladenmuseen Europas betreibt. Der neun Meter hohe Schokoladenbrunnen ist ein süßes Vergnügen, und es können sogar Kurse zur Herstellung eigener Kreationen gebucht werden. Naschen ist hier erlaubt (www.lindt-home-of-chocolate.com).

ZUGER SEE

2 Enge Gassen durchziehen die Zuger Altstadt, hinter mittelalterlichen Fassaden verbergen sich kleine Läden. Seit dem 15. Jh. zeigt der Zytturm als Wahrzeichen des Ortes die Zeit an. Am Ende des Tages färbt die untergehende Sonne See und Stadt in warmen Tönen. Das älteste Gebäude ist die verwinkelte Burg am Rande der Altstadt. Einst als mittelalterlicher Herrschaftssitz erbaut, beherbergt sie heute ein Museum mit einer historischen Dauerausstellung und wechselnden Sonderausstellungen (www.burgzug.ch).

Den schönsten Panoramablick auf die Region bietet der Zugerberg, der auch mit einer Bergbahn erreicht werden kann. Oben erschließt sich ein Wandergebiet mit mehreren Gasthäusern. Auf dem für Kinder angelegten Zugiblubbi-Erlebnisweg geht es auf die Suche nach Diamanten (www.zbb.ch).

Etwas außerhalb von Zug geht es in den Berg hinein: Die Höllgrotten bei Baar sind Tropfsteinhöhlen auf mehreren Ebenen. Besucht werden können die zehn miteinander verbunden Grotten zwischen April und Oktober (www.hoellgrotten.ch).

SEMPACHER SEE

3 Die Region um den Sempacher See hat einige sehenswerte Ziele zu bieten: Im Zentrum von Sempach lohnt der Blick auf das historische Rathaus, in dem das örtliche Museum untergebracht ist. Mehr als 2300 Teddys sind im Teddybär-Museum in der Stadtstraße versammelt – die ältesten sind über 100 Jahre alt. Die Welt aus der »Vogelperspektive« kann man an der Vogelwarte Sempach erleben: Im Naturgarten können Vögel in freier Wildbahn und in Volieren beobachtet werden – für Kinder besonders spannend (www.vogelwarte.ch). Einen ausgiebigen Spaziergang wert ist Schloss Wartensee: Das Areal ist in Privatbesitz, der parkähnliche Garten kann jedoch besichtigt werden.

Auf der anderen Seite des Sees lockt Sursee mit seinem von spätgotischen und Renaissancebauten

ESSEN & TRINKEN

Sorbetto Eis vom Feinsten: In sonnig gelb-weiß-gestreiften »Kübeli« kaufen Eisfans hier zu jeder Jahreszeit handwerklich zubereitete Sorten von Ananas bis Zimt, alle veggie, die Sorbets vegan.
▶ Neptunstr. 49, 8032 Zürich,
Tel. +41 (0)44/262 75 75, www.sorbetto.ch

Mill'feuille Der schönste Moment für den Besuch im Restaurant an der Reuss ist ein früher Sommerabend, wenn man direkt am Fluss die Sonne und ein 5-Gang-Menü genießen kann. Es könnte natürlich passieren, dass man am folgenden Tag zum Frühstück wiederkommt ...
▶ Mühlenplatz 6, 6004 Luzern,
Tel. +41 (0)41/410 10 92, www.millfeuille.ch

Tropenhaus Wolhusen Ein kurzer Ausflug zu exotischen Pflanzen und Palmwedeln – nach dem Besuch des Tropenhauses kann man sich im Restaurant stärken. Die Küche setzt auf Früchte, Gemüse und Kräuter, die im Tropenhaus kultiviert werden. Regional und gleichzeitig exotisch – das geht.
▶ Hiltenberg 4, 6110 Wolhusen,
Tel. +41 (0)41/925 77 99,
www.tropenhaus-wolhusen.ch

EINKAUFEN

John Baker Brot, wie es früher einmal war. Brot, das Zeit bekommen hat, zu reifen, das nicht nach zu viel Hefe schmeckt. Mit krachender Kruste und weicher Krume, aromatisch im Geschmack. Und klar, bio, natürlich.
▶ Stadelhoferstr. 28, 8001 Zürich, Tel. +41 (0)44/281 00 71, www.johnbaker.ch

geprägten Stadtbild. Naturerleben bietet der acht Kilometer lange Glögglifroschweg vom Dorfweiher in Eich zum Fuchstobel. Auf dem Erlebnispfad kommt man nicht nur an acht Weihern, sondern auch an zwölf überdimensionalen Holzfiguren vorbei.

LUZERN

4 Als moderne Stadt mit ausgeprägter Verbundenheit zur Geschichte präsentiert sich Luzern im Westen des Vierwaldstätter Sees. Der Weg von der Alt- in die Neustadt führt über die Kapellbrücke oder die Streuerbrücke – beides überdachte Holzbrücken, die mit Bildern ausgeschmückt sind. Bildhaft dargestellt ist auch die Internierung französischer Soldaten, die im Winter 1871 in der Schweiz Zuflucht fanden. Im Bourbaki Panorama erinnert ein 112 m langes und zehn Meter hohes Rundbild an dieses Ereignis (www.bourbakipanorama.ch). Nicht weit davon entfernt findet sich in einem Park das Wahrzeichen der Stadt: Das Löwendenkmal ist den während der Französischen Revolution gefallenen Mitgliedern der Schweizergarde gewidmet. Der amerikanische Schriftsteller Mark Twain nannte es einst »das traurigste und bewegendste Stück Stein der Welt« (www.luzern.com).

Mehr als ein Relikt ist die fast 900 m lange Stadtmauer. Vier Türme und ein Teil des Wehrgangs sind zugänglich, darunter der Zytturm, der eine Sammlung regionaler Turmuhren beherbergt. Seit fast 500 Jahren hat der Turm das Erstschlagrecht – jede volle Stunde wird eine Minute vor den Kirchturmuhren angeschlagen (www.museggmauer.ch). Um Technik und Wissenschaft dreht sich alles im Verkehrshaus der Schweiz am Ostufer der Stadt. Neben dem größten Verkehrsmuseum des Landes gibt es hier auch ein Planetarium (www.verkehrshaus.ch).

VIERWALDSTÄTTER SEE

5 Weit ragen die Zungen des Vierwaldstätter Sees in die Täler, an 32 Anlegern nehmen die nach Fahrplan verkehrenden Schiffe Passagiere auf. Angefahren werden auch Orte, die Schweizer Geschichte verkörpern: Rütli etwa, wo vor mehr als 700 Jahren der Schwur der Eidgenossen den Grundstein der Schweiz legte. Hier beginnt auch der »Weg der

Luzern, direkt am Vierwaldstätter See gelegen, entdeckt man am besten zu Fuß. Die Altstadt ist komplett autofrei.

Schweiz«, ein 35 km langer Wanderweg, der von allen 26 Kantonen gestaltet wurde. Endpunkt ist in Brunnen am Mythengebirge, der zweitwichtigsten Ferienregion am See. In Brunnen lohnt ein Blick in das im Marken-Store der Firma Victorinox eingerichtete Werksmuseum. Die über 130-jährige Geschichte des Schweizer Offiziersmessers wird dort nicht nur gezeigt – auf Anfrage kann man unter Anleitung auch sein ganz persönliches Messer zusammenbauen (www.stores.victorinox.com).

Von Vitznau kann man mit der 1871 eingeweihten Bergbahn auf die Rigi hinauffahren (www.rigi.ch). Von Rigi Kulm aus führt eine weitere Zahnradbahn auf der anderen Seite des Berges hinab nach Goldau. Hier befindet sich der größte Tierpark der Schweiz mit etwa 100 Wildtierarten (www.tierpark.ch).

Auf die Spuren von Wilhelm Tell kann man sich in Küssnacht begeben. In der Hohlen Gasse, wo der Freiheitskämpfer der Sage nach dereinst den tyrannischen Landvogt Gessler mit einer Armbrust erschoss, befindet sich ein Pavillon, in dem die Geschichte und ihre Nachwirkungen dargestellt werden (www.hohlegasse.ch)

SARNER SEE

6 20 km trennen den Sarner See vom Vierwaldstätter See – genauso weit ist es bis zum geografischen Mittelpunkt der Schweiz, den man auf der Älggialp nahe dem Dorf Rufi erwandern kann. Das geschichtsträchtige Dorf Sarnen liegt am nördlichen Ufer des Sees; das Wahrzeichen ist die Ruine der Höhenburg Landenberg. Sehenswert ist nur wenige Meter entfernt der Hexenturm aus dem 13. Jh. Noch heute wird der aus der Region stammende Heilige Bruder Klaus vom Flüeli als Schutzpatron der Schweiz verehrt. Zu seinem Wirken gehörte, dass er einen Großbrand allein durch das Schlagen des Kreuzzeichens auslöschte. Ihm zu Ehren wurde in der Nachbargemeinde Sachseln ein Museum errichtet (www.museumbruderklaus.ch).

Besonders naturnahes Campen im Seefeld Park Sarnen

CAMPING- & STELLPLÄTZE

CAMPINGPLÄTZE

Camping Fischers Fritz ★★☆☆☆

1 Wo Fischers Fritz frische Fische fischt: Nur drei Kilometer von der Züricher Innenstadt entfernt, am Ufer des Zürichsees gelegen, nimmt der Stadtcampingplatz bis zu 250 Gäste auf. Die Einfahrt zu dem parkähnlichen Gelände kann für große Fahrzeuge etwas eng werden; die Stromkästen (CEE, Schuko) sind auf sechs Ampere ausgelegt. Ver- und Entsorgungsmöglichkeiten sind vorhanden, auch Gasflaschen können getauscht werden. Gleich nebenan liegt das dazugehörige Fischrestaurant; ein Laden bietet Lebensmittel aus der Region an. Auf Teilen des Platzes gibt es WLAN-Empfang; Straße und Züge sind nachts hörbar. Hunde sind erlaubt, Barzahlung wird auf dem Platz nicht akzeptiert.

▶ Seestr. 559, 8038 Zürich, Tel. +41 (0)44/482 16 12, März–Okt., GPS: 47.33581667, 8.5408

■ pincamp.de/zr1600

Aktivitäten

Auf dem Platz bietet ein SUP-Board-Verleih seine Dienste an. Bei der Wakeboardschule, ebenfalls mit Verleih, kann man Kurse buchen. Weiterhin können eine Pétanque-Bahn und das Beachvolleyball-Feld genutzt werden. Auch Tischtennisplatten stehen zur Verfügung. Nur 650 m weiter lädt das Strandbad Wollishofen mit seiner Badelandschaft ein – dort können auch Windsurfkurse belegt werden. Im sieben Kilometer entfernten Langnau am Albis bringt der Wildnispark Langenberg der ganzen Familie die Natur nahe – Wölfe, Braunbären, Elche … und Hausmäuse inklusive (www.wildnispark.ch).

TCS Camping Sempach ★★★★½

2 Während weite Teile des Uferstreifens des Sempacher Sees nicht für die Öffentlichkeit zugänglich sind, haben Gäste des Camping Sempach an mehreren Stellen Zugang zum Wasser. Die 230 Standplätze (70–100 m²) auf Wiesengrund sind teils mit Strom (CEE, 6–13 A) sowie Frisch- und Grauwasseranschlüssen versehen. Darüber hinaus verfügt der Platz über eine Ver- und Entsorgungsanlage für Wohnmobile und einen Gasflaschenservice. WLAN gibt es auf dem ganzen Gelände. Der Platz ist von Ausstattung und Angeboten her auf Familien mit Kindern eingerichtet. Hunde sind willkommen.

▸ Seelandstr. 6, 6204 Sempach, Tel. +41 (0)41/ 460 14 66 , Ende März–Okt., GPS: 47.12563333, 8.19051667

■ pincamp.de/zs1300

Aktivitäten

Am See lockt eine große Liegewiese mit Wasserspielplatz. Über eine Slipanlage lässt man das eigene Boot zu Wasser. Tretboote und E-Bikes können ausgeliehen werden. Zur Erkundung des Umlandes bieten sich mehrere Rad- und Wanderwege an. Nur 500 m entfernt gibt es Möglichkeiten zum Reiten. Den richtigen Umgang mit Pfeil und Bogen kann man am örtlichen Bogensportzentrum erlernen. In der dazugehörigen Halle werden auch Schnupperkurse angeboten (www.strebel-bogensport.ch).

Camping Seefeld Park Sarnen ★★★★½

3 Mit einer Länge von 6,5 km gehört der Sarner See zu den Kleinoden der Schweizer Seenlandschaft. An seinem Nordende hat sich der am Ortsrand von Sarnen gelegene Campingplatz einen guten Ruf erarbeitet. 97 der 141 Standplätze sind parzelliert, der lockere Baumbestand auf Wiesengrund spendet Schatten. Die Touristenplätze liegen in Ufernähe; die Parzellen punkten mit Vollausstattung und Stromversorgung (CEE, 10 A). Kinder haben die Gelegenheit, sich auf Spielplätzen auszutoben. Das Restaurant bietet hausgemachten Kuchen an; im Laden lässt sich der kleine Einkauf erledigen. In der Hauptsaison sind auf dem Platz keine Hunde zugelassen.

▸ Seestr. 20, 6060 Sarnen, Tel. +41 (0)41/666 57 88, ganzjährig, GPS: 46.884, 8.2438

■ pincamp.de/zs3100

Aktivitäten

Eingebettet in ein Naturschutzgebiet verfügt der Campingplatz über einen eigenen Strandabschnitt mit Nichtschwimmerbereich und Badesteg. Möglichkeiten, Bahnen zu schwimmen, bietet das Erlebnisbad, in dem mehrmals wöchentlich kostenfrei Aqua-Fit-Programme angeboten werden. In unmittelbarer Nachbarschaft gibt es Tennisplätze sowie eine Minigolfanlage. Einmal um den Sarner See herum führt ein etwa 20 km langer Rundwanderweg. An mehreren Stellen gibt es die Möglichkeit, per Bahn oder Schiff zurück nach Sarnen zu gelangen.

STELLPLÄTZE

Stellplatz am Baldegger Badi, Baldegg

1 Vor dem Seebad Baldegg gibt es Stellplätze für drei Reisemobile. Der Wiesenuntergrund ist geschottert, ein Besuch des dortigen Lokals ist obligatorisch. Gebührenpflichtig, max. 1 Nacht.

▸ Seebadstr. 30, 6283 Baldegg, Tel. +41 (0)79/ 152 28 63, www.badi-baldegg.ch, ganzjährig, GPS: 47.186189, 8.277392

Stellplatz am Friedhofsparkplatz, Einsiedeln

2 Am Ortsrand von Einsiedeln finden mehrere Wohnmobile Platz auf dem Friedhofsparkplatz. Der nachts beleuchtete Platz ist überwiegend eben und asphaltiert, die Toiletten können tagsüber genutzt werden. Ganzjährig, max. 2 Nächte.

▸ Birchlistr. 2, 8840 Einsiedeln, Tel. +41 (0)55/ 418 44 88, www.eyz.swiss, ganzjährig, GPS: 47.130065, 8.75835

BODENSEE UND ST. GALLEN

Gewusst, wann …

Sandskulpturen-festival

Für das Rorschacher Sandskulpturenfestival werden jedes Jahr ca. 250 t Sand an den Bodensee transportiert. Künstlerteams aus aller Welt treten im August gegeneinander an und formen tagelang meterhohe Skulpturen aus dem fein rieselnden Baustoff.

▸ www.sandskulpturen.ch

Wo Heidi auf der Alm winkt und Appenzeller nicht nur Käse ist, bietet die Ostschweiz alles für einen gelungenen Campingurlaub. An weiten Teilen des südlichen Bodenseeufers weht die Schweizer Flagge. Der Obersee verfügt über eine hervorragende touristische Infrastruktur. Die Feriengebiete am Walensee und entlang des Rheins sind vielfältig; auch die kleineren Gewässer haben ihre Reize. Auf Entdeckungsreise gehen lässt es sich auch in den Städten: Das eigenständige Fürstentum Liechtenstein mit seiner Hauptstadt Vaduz lohnt einen Besuch ebenso wie die Region St. Gallen. Bergfreunde finden in den nahen Hochalpen sowohl unberührte Natur als auch Areale, in denen im Sommer wie im Winter Möglichkeiten für den Aktivurlaub geboten werden. Das faszinierende Panorama der Alpen gibt es kostenlos dazu.

Das im Vergleich zu anderen Regionen der Schweiz dichte Netz an Campingplätzen ist ein Plus des Feriengebietes. Vor allem entlang des Bodensees und des Rheins gibt es viele Übernachtungsgelegenheiten für Camper. Nicht alle Plätze befinden sich direkt am Wasser. Freies Übernachten mit dem Wohnmobil ist zwar nicht generell untersagt, doch gibt es lokale Verbote. Man sollte sich an die offiziellen Stellplätze halten, die in ausreichender Anzahl über die Ostschweiz verteilt sind, meist Areale öffentlicher Parkplätze.

Die Benediktinerabtei von St. Gallen wurde schon 747 gegründet, die barocke Kathedrale und das dazugehörige Kloster jedoch erst im Jahr 1766 erbaut.

SEHENSWERTES

BODENSEE

1 Den größten See des Landes teilt sich die Schweiz mit Deutschland und Österreich. Die Autofähre zwischen Friedrichshafen am nördlichen und Romanshorn am südlichen Ufer erspart den 85 km langen Umweg über Bregenz.

Nur 200 m vom Fähranleger Romanshorn entfernt befindet sich das Museum im Kornhaus, das sich digitalen Kunstwerken widmet. Statt Bildern auf Leinwänden werden im »House of Digital Art« mithilfe von Computern erzeugte Installationen gezeigt (www.kornhaus-romanshorn.ch).

Die Kunst des Schnapsbrennens wird einige Kilometer weiter im Schweizer Mosterei- und Brennereimuseum in Arbon gepflegt, das von einer Mosterei betrieben wird. Der Rundgang durch die Produktion ist inbegriffen (www.moehl.ch).

Ganz nah an der Grenze zu Österreich hat sich der Künstler Friedensreich Hundertwasser verewigt: Die Markthalle in Staad ist von weit her an den für Hundertwasser typischen vergoldeten Zwiebeltürmen zu erkennen (www.markthalle-altenrhein.ch).

Im nahe gelegenen Heiden ist dem ersten Träger des Friedensnobelpreises, Henry Dunant, ein Museum gewidmet. Unter dem Eindruck einer blutigen Schlacht hatte Dunant Mitte des 19. Jh. alle Hebel in Bewegung gesetzt, um Soldaten und Zivilisten medizinische Hilfe zu ermöglichen – unabhängig von ihrer Herkunft. Auf ihn geht die Gründung des Roten Kreuzes zurück (www.dunant-museum.ch).

ST. GALLEN

2 Die ausnehmend schöne Altstadt macht die Kantonshauptstadt St. Gallen zu einem jener Orte der Ostschweiz, die ganz oben auf der Besuchsliste stehen. Nach dem Betreten der Stiftskirche am Klosterplatz sollte der Blick auch nach oben gerichtet sein, allein die Fläche der prachtvollen Deckengemälde beträgt 2500 m². In der Kirche werden regelmäßig klassische Konzerte gegeben – die Akustik sollte man sich nicht entgehen lassen. Wie die Stiftskirche wurde auch die nur wenige Meter entfernte Stiftsbibliothek von der UNESCO ins Weltkulturerbe aufgenommen. Als eine der ältesten Bibliotheken der Welt birgt sie unter anderem Handschriften aus dem 8. bis 11. Jh. Mit der eher weltlichen Historie beschäftigt sich wenige Gehminuten entfernt das Textilmuseum – schließlich ist St. Gallen seit dem Mittelalter auch für seine feinen Stickereien bekannt (www.textilmuseum.ch).

APPENZELLER LAND

3 Mit knapp 6000 Einwohnern ist Appenzell der größte Ort des Kantons Appenzell-Innerrhoden. Das die Stadt umgebende Alpsteinmassiv ist ein beliebtes Wandergebiet. Die Innenstadt gefällt mit ihren farbenfroh gestalteten Häusern; das Rathaus an der Hauptgasse ist wegen seiner Fassadenmalereien sehenswert. Wer wissen möchte, woraus ein Kräuterbitter besteht, ist in der Kräuterwelt der am Dorfrand gelegenen Brennerei Appenzeller genau richtig. Hier werden Führungen und Verkostungen angeboten (www.appenzeller.com).

Wie der ebenso berühmte wie schmackhafte Appenzeller Käse hergestellt wird, kann man im

Der Walensee ist Teil der Ferienregion »Heidiland«, der Johanna Spyris weltbekannter Geschichte den Namen gab.

zehn Kilometer entfernten Dorf Stein in einer Schaukäserei erfahren (www.schaukaeserei.ch). Keinesfalls versäumen sollte man auch den Besuch des Volkskunde-Museums nebenan. Hier werden die Bilder der wichtigsten Vertreter der Bauernmalerei gezeigt, dazu gibt es immer wieder spannende Sonderausstellungen (www.appenzeller-museum.ch).

VADUZ

4 Der sechstkleinste Staat der Welt, Liechtenstein, liegt am Rhein. Der Schweizer Franken ist zwar offizielles Zahlungsmittel und auch wirtschaftlich gibt es enge Bindungen an das westliche Nachbarland – doch seine Souveränität hat das kleine Fürstentum nie aufgegeben.

Das hoch über der Hauptstadt Vaduz liegende Schloss befindet sich in Privatbesitz und kann nicht besucht werden. Anders die 1901 errichtete Alte Rheinbrücke, die nach Sevelen auf der anderen Seite der Grenze führt. Die 135 m lange Holzbrücke kann nur zu Fuß oder mit dem Fahrrad genutzt werden.

Im Liechtensteiner Landesmuseum wird die Geschichte des Landes von der Steinzeit bis zur Gegenwart nachvollzogen. Nur ein paar Schritte weiter befindet sich das Postmuseum, in dem das Postwesen seit dem 15. Jh. dokumentiert wird. Einen Besuch lohnt auch die Liechtensteiner Schatzkammer mit Kostbarkeiten aus der fürstlichen Sammlung (www.landesmuseum.li).

HEIDILAND

5 In der Gemeinde Maienfeld in Graubünden ließ die Schriftstellerin Johanna Spyri erstmals 1880 ihre »Heidi«-Romane spielen. Die in über 50 Sprachen übersetzte Geschichte vom Mädchen auf der Alm prägte das Bild vom Leben in der Schweiz;

seit 25 Jahren wird die Region als »Heidiland« beworben. Oberhalb von Maienfeld gibt es ein Heididorf, in dem Haus und Almhütte besichtigt werden können. Die örtliche Poststelle nutzt einen eigenen Sonderstempel (www.heidiland.com).

Einen realistischeren Eindruck einstiger Lebensbedingungen kann man sich in der Walsersiedlung Sankt Martin bei Bad Ragatz verschaffen. In 1350 m Höhe können Kirche und mehrere Gebäude besucht werden. Bei der Anfahrt sollte bedacht werden, dass die Durchfahrtshöhe in den Tunneln hinter der Staumauer des Gigerwaldsees auf 2,60 m begrenzt ist. Zu Fuß ist der Ort in 45 Minuten zu erreichen (www.sanktmartin.online).

Freunde von Mittelerde können in Greising die weltgrößte Hobbit-Ausstellung besuchen. In das Museum gelangt man durch die Tür der Hobbit-Höhle, die Räume befinden sich größtenteils unter der Erde (www.greisinger.museum).

WALENSEE

6 Der Komponist Franz Liszt war von einer Schiffsfahrt über den Walensee so angetan, dass er das Klavierstück »Au lac de Wallenstadt« schrieb. Berühmt ist die Region auch für die schmackhaften Maronen, die in den Wäldern bei Murg wachsen. Vom Dorf aus lohnt ein 2,5 km langer Spaziergang durch die Kastanienwälder. Dabei passiert man in der Murgbachschlucht einige imposante Wassermühlen. Auf halbem Wege stürzt der Bach über die roten Felsen 13 m in die Tiefe. Für eine Pause eignet sich der Brunnen, an dem sich auch ein Kinderspielplatz befindet (www.graubuenden.ch/de/touren/kastanienweg-murg).

Auf der anderen Seite des Walensees überrascht der Ort Quintin mit seinem Mittelmeerklima: Hier wachsen sogar Feigen und Hanfpalmen. Erreichbar ist das autofreie Dorf nur zu Fuß oder mit dem Schiff (www.walenseeschiff.ch).

Ein beliebtes Ziel für Wanderer und ambitionierte Mountainbiker ist der Flumserberg, der vom See aus mit der Seilbahn erreichbar ist. Der Kletterturm »Climber« begeistert hier Kletternde mit 100 Stationen, und die Sommerrodelbahn verspricht Action für die ganze Familie (www.flumserberg.ch).

ESSEN & TRINKEN

National zum goldenen Leuen »Einmal Chäschüechli, bitte.« Wer es nicht aussprechen kann, zeigt auf die Speisekarte … aber das Schweizer Gebäck mit Käsefüllung ist auf jeden Fall ein Muss, als Snack oder passend zum Aperitiv. Auch für Kalorienbewusste hat das National Gerichte auf der Karte, und dazu wird eigenes Bier ausgeschenkt.

▸ Schmiedgasse 30, 9000 St. Gallen, Tel. +41 (0)71/222 02 62, www.naz.sg

Aescher Wie ein Vogelnest klebt das Gasthaus in knapp 1500 m Höhe am Berg. Hier gibt es zur grandiosen Aussicht neue Energie für alle, die zu Fuß hinaufgewandert sind. Kleiner Tipp: Die Ebenalpbahn bringt alle hoch, die nicht 2,5 Stunden wandern mögen. Und übernachten kann man hier auch.

▸ 9057 Weissbad, Tel. +41 (0)71/799 11 42, www.aescher.ch

Die Burgerei Die Burgerei zeigt, wie Burger schmecken können: saftig, kross gebraten und mit frischem Brioche Bun, garniert mit allen Toppings, die der Burger-Fan sich wünschen kann.

▸ Rösslistr. 30, 8752 Näfels, Tel. +41 (0)55/612 13 03, www.die-burgerei.ch

EINKAUFEN

Brauerei Locher Ein Bier ist ein Bier ist ein Bier? Weit gefehlt. Familie Locher entwickelt immer neue Biersorten: Von »Brandlöscher« über »Hanfblüte« bis »Vollmond Bier« kann man sich im Brauquöll Shop mit Vorräten eindecken.

▸ Brauereiplatz 1, 9050 Appenzell, Tel. +41 (0)71/788 01 76, www.brauquoell.ch

Camping Seehorn: gepflegte Anlage und moderne Infrastruktur

CAMPING- & STELLPLÄTZE

CAMPINGPLÄTZE

Camping Seehorn ★★★★☆

1 Nur fünf Kilometer von Romanshorn entfernt trennen den Campingplatz Seehorn gerade mal 100 m vom Ufer des Bodensees. 59 der 70 Standplätze für Urlauber sind in Größen zwischen 100 und 120 m² parzelliert, die anderen Plätze sind auf einer Wiese gelegen. Großzügig geschnittene sanitäre Anlagen, Ver- und Entsorgung sowie Strom (CEE, 13 A) sind Standard. Kostenpflichtiges WLAN kann dazugebucht werden. In direkter Nähe befindet sich ein Restaurant. Für vierbeinige Reisebegleiter steht eine Hundedusche zur Verfügung. Einkaufsmöglichkeiten gibt es im zwei Kilometer entfernten Ort Egnach; eine Bushaltestelle ist 450 m entfernt. Am Platz entlang führt die regelmäßig befahrene Bahnlinie Romanshorn–Ambon.

▸ Wiedehorn 9, 9322 Egnach, Tel. +41 (0)71/ 477 10 06, März–Okt., GPS: 47.5358, 9.39958333

■ pincamp.de/os1400

Aktivitäten

Vor dem Campingplatz liegt das Seebad Wiedehorn, Campinggäste haben dort freien Eintritt. Das Bad bietet Badespaß am Bodensee, auch Kanus und Kajaks können hier ausgeliehen werden. Darüber hinaus gibt es Möglichkeiten, Beachvolleyball oder Fußball zu spielen. Kinder freuen sich über die große Spielwiese und einen Spielplatz. Der Campingplatz Seehorn liegt direkt am internationalen Bodensee-Radweg, zahlreiche Touren sind möglich. Bei Buchhorn befindet sich mit dem 2,5 km langen Vita-Parcours eine Kombination aus Laufstrecke und Trimmpfad. In Ambon steht nahe dem Schloss und der Altstadt ein Skaterpark zur Verfügung.

Camping Mittagsspitze ★★½☆☆

2 Lange bevor der Rhein in den Bodensee fließt, bildet er die natürliche Grenze zwischen der Schweiz und Liechtenstein. So klein das Fürstentum auch erscheinen mag – es hat einen Campingplatz, der sogar nah am Rhein liegt. Am Eingang des Lawenatals gelegen, bietet das terrassierte Wiesengelände von Camping Mittagsspitze 70 Plätze à 50 m². Der Platz ist mit zwei Sanitärhäusern ausgestattet. Strom (Schuko, 6 A) ist verfügbar; auf einem Teil des Areals gibt es WLAN. Im Sommer kann ein Pool genutzt werden, direkt am Platz lädt ein Restaurant mit Biergarten zum Entspannen ein.

▸ Sägastr. 29, 9495 Triesen, Liechtenstein,
Tel. +423 (0)3 92/26 88, ganzjährig,
GPS: 47.0864, 9.52706667
■ pincamp.de/fl1500

Aktivitäten

Neben dem Campingplatz befindet sich das Lawena Museum, in dem die Geschichte des Stroms und der Elektrifizierung der Region nachvollzogen wird (www.lkw.li/museum.html). Nur neun Kilometer entfernt lockt in der Schweizer Gemeinde Sevelen der Schluchtenweg, auf dem sich alles um das Thema Wasser dreht: 16 Infostationen klären über Segen, Gefahren und geologische Prozesse auf. Ausgangspunkt ist der Parkplatz an der Stampfstrasse (www.sevelen.ch).

Camping Murg ★★★☆☆

3 Einst markierte der »welsche« See die Sprachgrenze zwischen den Alamannen und den Welschen, heute besticht der Walensee durch sein glasklares Wasser und die atemberaubende Sicht auf die Churfirsten. An seiner Südseite liegt der kleine Campingplatz Murg mit 61 Standplätzen für Urlauber; die Parzellen weisen Größen von 40 bis 60 m² auf. Angelegt auf einer Landzunge erwartet den Besucher ein ebenes Wiesengelände; Büsche und Bäume lockern den Platz auf. Ein Waschhaus, ein Kiosk mit Brötchenservice, ein kleines Lokal, wo auch WLAN-Empfang gegeben ist – die Ausstattung ist einfach, aber zweckmäßig. Schuko-Steckdosen (10 A) liefern den Strom. An der Leine geführte Hunde sind erlaubt.

▸ Strandbodenstr. 16, 8877 Murg,
Tel. +41 (0)81/738 15 30, April–Mitte Okt.,
GPS: 47.11488333, 9.21521667
■ pincamp.de/os3200

Aktivitäten

An der Uferpromenade von Murg gelegen, bietet der Platz einen schönen Badestrand, zum Sprungturm muss man ein paar Meter hinausschwimmen. Der See eignet sich für Wassersportaktivitäten aller Art – Surf- und Segelkurse werden angeboten. Auf dem Gelände steht den Gästen ein Volleyballfeld zur Verfügung.

STELLPLÄTZE

Parkplatz Rheinpark-Stadion, Vaduz

1 Am Ufer des Rheins gibt es auf dem Parkplatz des Fußballstadions von Vaduz Stellflächen für zehn Reisemobile. Der Untergrund ist asphaltiert, am Platz kann Wasser gezapft sowie Grau- und Schwarzwasser entsorgt werden. Eine Toilette ist vorhanden. Bei Heimspielen des FC Vaduz kann der Platz knapp werden. Gebührenpflichtig, max. 2 Nächte.

▸ Lettstr./Binnendamm, 9490 Vaduz, Liechtenstein,
Tel. +423 (0)2 37/78 78, ganzjährig,
GPS: 47.139671, 9.511212

Stellplatz by Bikercamping, Flumserberg

2 Das Hotel Bruggmann bietet 20 Standplätze für Wohnmobile auf einem ebenen Areal mit Schotterrasen. Neben Strom, Wasser und Entsorgung gibt es auch Toiletten, Dusche und freies WLAN. Hunde sind willkommen. Gebührenpflichtig.

▸ Flumserbergstr. 151, 8897 Flumserberg,
Tel. +41 (0)81/733 24 24, www.hotelbruggmann.ch,
ganzjährig, GPS: 47.13915, 9.51051

GRAUBÜNDEN

Gewusst, wann …

BSI Engadin Festival

Zwei Wochen lang finden im August täglich klassische Konzerte mit international bekannten jungen Künstlern statt. Die Veranstaltungen werden an verschiedenen Orten des Engadins durchgeführt – allesamt in relativ kleinen Sälen mit intimer Atmosphäre, die eine besondere Nähe zu den Künstlern versprechen.

▸ www.engadinfestival.ch

Dort, wo der Rhein entspringt und der Inn durch das lange Tal des Engadin fließt, ist Vielfalt eine Selbstverständlichkeit. Graubünden ist als einzige Region dreisprachig: Neben Deutsch und Italienisch ist auch Rätoromanisch Amtssprache. Von der Fläche her ist der Kanton der größte der Schweiz, doch leben hier die wenigsten Menschen. Die ausgeprägte Gebirgslandschaft mit dem über 4000 m hohen Piz Bernina lädt zum Wandern und Klettern ein. Zahlreiche Flüsse durchströmen das Land, die größeren Seen im Engadin werden durch den Inn verbunden. Daneben gibt es zahlreiche kleinere Seen, die als Naherholungsgebiete genutzt werden. In den Wintersportregionen fällt die Sommersaison kurz aus: Museen und Freizeitparks haben mitunter erst ab Juni geöffnet.

Zwischen den oft steilen Berghängen haben sich Ortschaften meist dort angesiedelt, wo Wasser fließt. Die Voraussetzungen, einen Campingplatz an einem Fluss zu finden, sind also gut. Die meist hochwertig ausgestatteten Camps sind in vielen Fällen darauf ausgelegt, die Wünsche von Sommer- und Wintergästen zu erfüllen. In Graubünden ist das Übernachten weder auf Parkplätzen oder Straßen noch auf privaten Grundstücken gestattet. Aber es gibt im ganzen Kanton Stellplätze für Reisemobile. Oftmals befinden sie sich vor oder an Campingplätzen, wo die Platzangebote genutzt werden können und die Ver- und Entsorgung gesichert ist.

»Ganz See, ganz Mittag, ganz Zeit ohne Ziel«, dichtete Nietzsche am Ufer des Silsersees, des größten und landschaftlich schönsten der Oberengadiner Seen.

SEHENSWERTES

RHEINSCHLUCHT UND CAUMASEE

1 Ganz im Norden des Kantons Graubünden liegen der Ort Flims und der Caumasee, der zu den schönsten Seen der Schweiz gezählt wird. Allein der Anblick des türkisfarbenen Wassers lohnt den viertelstündigen Fußweg ab Flims-Waldhaus. Im Sommer lädt der See zum Baden ein; für Stärkung sorgt ein Ausflugslokal. Es bedarf von hier aus nur einer halbstündigen Wanderung, um das Panorama der durch einen massiven Bergsturz entstandenen Rheinschlucht Ruinaulta zu genießen. Über 13 km zieht sich die bis zu 400 m tiefe Schlucht durch die Berge; in engen Schleifen stürzt der noch junge Vorderrhein ins Tal hinab. Von der Aussichtsplattform Il Spir Conn aus lassen sich weite Teile des »Schweizer Grand Canyon« überblicken.

Gepflegt in die Luft gehen kann man im nicht weit entfernten Ort Laax, wo sich der längste Baumwipfelpfad der Welt, der Senda dil Dragun, befindet: Auf 1560 m Länge führt der zwei Meter breite Holzpfad bis zu 28 m hoch durch den Wald (www.flimslaax.com). Das ganze Sonnensystem erwandern lässt sich auf dem Planetenweg, der von Laax zur Sternwarte Mirasteilas in Falera führt. Im Observatorium finden jeden Freitag und Samstag öffentliche Führungen statt – jedoch nur bei gutem Wetter (www.mirasteilas.ch).

VORDERRHEIN UND RHEINQUELLE

2 Zugegeben, der Rhein hat mehrere Ursprünge. Von besonderem Reiz ist es, dem Verlauf des Vorderrheins zu folgen, bis dessen Quelle erreicht ist. Von Laax aus folgt man zuerst der Hauptstraße 19 talaufwärts bis Ilanz. Wie früher im Bündner Oberland gelebt wurde und wie der Alltag bewältigt wurde, zeigt das dortige Regionalmuseum Surselva. Man sollte Zeit mitbringen, denn die historischen Gemäuer der Casa Carniec umfassen sieben Etagen (www.museumregiunal.ch). Vorbei an den Ruinen der Burg Friberg bei Truns geht es nach Disentis, wo ein Abstecher ins Museum des Benediktinerklosters lohnt. Im ehemaligen Kapitelsaal werden bis zu 800 Jahre alte sakrale Kunstwerke gezeigt.

Vor der Kulisse der umliegenden Dreitausender kann in Sedrun eine Runde Golf gespielt werden, der Platz liegt auf 1500 m Höhe (www.golfclub-sedrun.ch). Ab Sursela beginnt der nur in der schneefreien

Camping- & Stellplätze ▸ S. 98

Zeit befahrbare Oberalppass. Auf 2044 m ist der Scheitelpunkt des Passes erreicht, neben Parkplätzen und Gastronomie gibt es auf der Grenze zum Kanton Uri auch einen Leuchtturm – und einen Stellplatz. Die Rheinquelle am Tomasee liegt im angrenzenden Wandergebiet. Entlang der Strecke befinden sich mehrere Campingplätze, auf der anderen Seite des Berges führt die Passstraße hinab nach Andermatt.

CHUR

3 Im breiten Tal des Alpenrhein ist Chur von hohen Bergen umgeben, die Plessur durchfließt die malerische Altstadt. Dort lohnt sich ein Streifzug durch die alten Gassen – die Zunft- und Bürgerhäuser zeugen von der fast 400-jährigen Regentschaft der Zünfte über den Ort. Macht und Reichtum der Kirche dokumentieren die Kathedrale St. Mariä Himmelfahrt sowie das Bischöfliche Schloss und das sehenswerte Domschatzmuseum (www.domschatzmuseum-chur.ch).

Gegenwartskunst wird im von der Schraubenfirma Würth unterhaltenen Forum Würth Chur geboten. Das Programm enthält sowohl wechselnde Kunstausstellungen als auch Events wie Konzerte und Comedy-Darbietungen. Im angrenzenden Skulpturenpark finden sich Plastiken bekannter Künstler (www.forum-wuerth.ch).

ESSEN & TRINKEN

Stüva da la Posta Diese Graubündner Köstlichkeit muss man probieren: Capuns, mit Spätzleteig und Bündnerfleisch gefüllte Mangoldblätter, die mit einem Hauch Bergkäse überbacken werden. Eine wunderbare Spezialität, die das Zeug zu einer lang andauernden Urlaubserinnerung hat.
▸ Via Runchet 4, 7514 Sils im Engadin, Tel. +41 (0)81/838 44 44, www.hotelpostsils.ch

Restaurant Müsella Die charmanten Gastgeber Franco und Sabrina servieren apulische Köstlichkeiten, darunter die Spezialität des Hauses, »Parmigiana pugliese«. Diese und andere Vorspeisen erfüllen kulinarische Träume. Im dazugehörigen Shop gibt es Taralli, eingelegtes Gemüse und bestes Olivenöl. Große Sonnenterrasse und Kinderspielplatz mitten im Grünen.
▸ Seglias 3 (beim Skilift), 7522 La Punt Chamues-ch, Tel. +41 (0)81/854 10 24, www.ristorantepugliesemusella.com

Murtaröl Zwischen Sils und Maloja direkt am Silser See liegt etwas versteckt der Hotspot für Fischfans: das Restaurant Murtaröl. Was auf den Teller kommt, stammt aus der eigenen Zucht oder direkt vom Mailänder Fischmarkt und wird ausgezeichnet zubereitet. Die Boutique du poisson gleich nebenan bietet neben frischem Fisch auch Geräuchertes zum Mitnehmen an.
▸ Via dal Malögia 14, 7517 Plaun da Lej, Tel. +41 (0)81/826 53 50, www.plaundalej.ch

EINKAUFEN

Confiserie Hanselmann Das Café Hanselmann ist mittlerweile 125 Jahre alt und für seine exzellente Konditorei und Confiserie bekannt. Besonders zu empfehlen ist die berühmte Engadiner (bzw. Bündner) Nusstorte, gefüllt mit karamellisierten, gehackten Baumnüssen (Walnüssen), die sich als Mitbringsel oder kulinarische Urlaubserinnerung gut transportieren lässt.
▸ Via Maistra 8, 7500 St. Moritz, Tel. +41 (0)81/833 38 64, www.hanselmann.ch

DAVOS

4 Mehr als 50 Berge zählt das Davoser Land, zwölf von ihnen sind über 3000 m hoch. Schon früh war bekannt, dass sich das dortige Alpenklima lindernd auf Lungenerkrankungen auswirkte. Als Weltkurort setzte Davos aber nicht nur auf Gesundheit, sondern auch auf Freizeit- und Vergnügungsangebote. Der hiesige Mix aus touristischen und sportlichen Attraktionen dürfte auch für die Schweiz einzigartig sein: Der Ort veranstaltet im Sommer mit dem Swiss Alpine Marathon den höchstgelegenen Ultramarathon Europas und ist seit Jahren Ziel des Gebirgslaufs Swiss Irontrail. Der Davosersee kann nicht nur umwandert werden – eine Wakeboardanlage und ein Surfcenter laden dazu ein, auf dem See aktiv zu werden. Und auch die Kunst kommt nicht zu kurz: Bilder des oftmals von der Umgebung inspirierten expressionistischen Malers Ernst Ludwig Kirchner werden in einem eigenen Museum ausgestellt (www.kirchnermuseum.ch).

Der Caumasee beeindruckt durch sein auffallend türkisgrünes Wasser.

ST. MORITZ

5 Der Naturheilarzt Paracelsus pries schon im Mittelalter das eisen- und kohlensäurehaltige Heilwasser aus den Quellen von St. Moritz; später zog es den Geld- und Staatsadel zur Kur ins Engadin. Am heutigen Heilbad vermittelt das Forum Paracelsus nicht nur geschichtliche Zusammenhänge – am öffentlichen Trinkbrunnen kann auch das St. Moritzer Sauerwasser probiert werden.

Als in St. Moritz 1928 die 2. Olympischen Winterspiele veranstaltet wurden, war die dortige Bobstrecke bereits 24 Jahre alt. Die älteste Bahn der Welt ist gleichzeitig die einzige Naturpiste, die ohne künstliches Vereisen auskommt. Strecke und Anlagen des Olympiastützpunkts können besichtigt werden; es werden sogar Gästefahrten veranstaltet. Die 1772 m lange Bahn wird dabei mit bis zu 135 km/h in 75 Sekunden durchfahren (www.olympia-bobrun.ch).

SILSER SEE

6 Umrahmt von der Bündner Bergwelt durchfließt der Inn den Silser See, um sich dann am Ort Sils vorbei dem Silvaplaner See zuzuwenden. Die Region übte schon immer eine besondere Anziehungskraft auf Besucher aus: Hermann Hesse bezeichnete das obere Engadin als die am stärksten auf ihn wirkende Landschaft, der Philosoph Friedrich Nietzsche verbrachte sieben lange Sommer am Silser See. Ihm sind hier gleich zwei Stätten gewidmet: In Sils Maria gibt es das als Museum eingerichtete Nietzschehaus (www.nietzschehaus.ch), auf der Halbinsel Chastè wurde im Jahr 1900 eine Gedenktafel mit Versen aus »Zarathustra« errichtet.

Heute zieht es – abhängig von der Jahreszeit – die Skifahrer in das nahe Furtschellas, Surfer an den See und Wanderer in die Berge. Nur fünf Kilometer westlich des Silser Sees beherbergt der 24 m hohe Torre Belvedere oberhalb von Maloja ein dreistöckiges Naturzentrum; hat man die 112 Stufen zur Aussichtsplattform in 22,5 m Höhe erklommen, lassen sich weite Teile des Oberengadin überblicken (www.pronatura-gr.ch). Reizvoll ist auch der Ausflug ins autofreie Fextal – ab Sils Maria verkehren regelmäßig Pferdekutschen (www.sils.ch).

Schlafen unter Bäumen auf dem Campingplatz Morteratsch

CAMPING- & STELLPLÄTZE

CAMPINGPLÄTZE

Camping Flims ★★★½

1 Nur 900 m vom Platz entfernt liegt der Lag Prau Pultè, der sich erst im Frühjahr mit Wasser füllt und am Ende des Sommers wieder trockenfällt. 54 Standplätze (60–80 m²) stehen zur Verfügung; sanitäre Anlagen, Ver- und Entsorgung sowie Strom (CEE, 16 A) sind Standard. Einkaufsmöglichkeiten gibt es in 400 m Entfernung. Der hundefreundliche Platz liegt neben einem Sportzentrum mit Tennisplätzen, Seilpark und Skate-Anlage (www.sportzentrum-flims.ch). Bis zur Ortsmitte sind es etwa zwei Kilometer; eine öffentliche Haltestelle ist 100 m entfernt.

▸ Via Prau la Selva 4, 7018 Flims-Waldhaus, Tel. +41 (0)81/911 15 75, ganzjährig, GPS: 46.82442, 9.28144

■ pincamp.de/gr1300

Aktivitäten

Im Winter ist die Seenregion rund um Flims auf Skifahrer eingestellt, im Sommer geben sich Wanderer und Mountainbiker ein Stelldichein. Im direkten Einzugsgebiet des Platzes liegen sowohl der Caumasee (2,5 km) mit seinem Strandbad als auch der Crestasee (5 km), an dem Boote, Kajaks und SUP-Boards ausgeliehen werden können. Erreichbar sind die Gewässer auf Wanderwegen, aber auch mit dem Fahrrad. Im Winter ist der 3,5 km entfernte Laaxersee ein Wintersportparadies, im Sommer werden Skatern nahe dem Badesee Seminare zur Verbesserung der Technik angeboten (www.freestyleacademy.com).

Camping Silvaplana ★★★½

2 Vor der Kulisse der Berge der Bernina-Gruppe hat sich Silvaplana zum Magneten für Aktivurlauber entwickelt; der direkt am See gelegene

Campingplatz ist darauf eingestellt. 200 unparzellierte Stellflächen stehen zur Verfügung; die Ver- und Entsorgung für Wohnmobile ist gesichert. Für die Elektrizität gibt es zentrale Stromkästen (Schuko, 18 A). An der Rezeption befindet sich ein kleiner Shop, der auch Campingartikel führt. Ans Wasser kommt man über einen 300 m langen Naturstrand; Hunde sind nicht zugelassen. Gastronomie und Einkaufsmöglichkeiten gibt es im nahen Dorf. Die Abreise am letzten Tag muss erst bis 17 Uhr erfolgen.

▸ Via da Bos-cha 13, 7513 Silvaplana, Tel. +41 (0)81/828 84 92, Mai–Okt., GPS: 46.45608333, 9.79321667

■ pincamp.de/gr4400

Aktivitäten

Der um die Mittagszeit auffrischende Majolawind bietet beste Voraussetzungen für Wassersportler. In der Nähe des Campingplatzes befindet sich eine Kiteschule (www.kitesailing.ch). Auf dem See finden nicht nur Meisterschaften im Windsurfing statt, auch Anfänger können hier erste Erfahrungen sammeln (www.windsurfing-silvaplana.ch). Wen es eher mit dem Rad in die Berge zieht, der hat die Möglichkeit, mit der Seilbahn bis auf den 3056 m hohen Piz Nair zu fahren (www.engadin.ch/de/aktivitaeten/bike transport-corviglia).

Camping Morteratsch ★★★☆☆

3 In einer Höhe von 1860 m gelegen, ist Camping Morteratsch der höchste Ganzjahrescampingplatz der Schweiz. In Sichtweite der Ova de Bernina durchfließen mehrere Bäche das Areal. 350 Standplätze mit Stromanschlüssen (CEE, Schuko, 6–13 A) verteilen sich über zwölf Hektar Fläche auf naturbelassenem Grund. Die Sanitäranlagen sind modern und beheizt, WLAN ist an der Rezeption und dem Restaurant verfügbar. Neben dem kleinen Biergarten gibt es einen Spielplatz. Ein Minimarkt sichert die Grundversorgung und sorgt für frische Brötchen am Morgen. Auch ausländische Gasflaschen können befüllt werden; Hunde sind willkommen.

▸ Plauns 13, 7504 Pontresina, Tel. +41 (0)81/842 62 85, ganzjährig, GPS: 46.46046667, 9.93681667

■ pincamp.de/gr4200

Aktivitäten

Die beiden Badeseen auf dem Gelände laden zum Schwimmen ein, Boote können ausgeliehen werden. Auf dem nahen Wasserfallweg kann man dem Lauf der Ova de Bernina folgen – über 200 m stürzt der Gebirgsbach hier in die Tiefe. Mountainbiker finden in der Region über 400 km Trails. Mehrere Bikeschulen bieten auch Mieträder an. Erste Erfahrungen im Trailrunning lassen sich im Vita Parcours in Pontresina machen. Auf dem 2,6 km langen Rundlauf gibt es verschiedene Stationen, an denen man Kraft, Ausdauer und Koordination trainieren kann (www.pontresina.ch).

STELLPLÄTZE

Stellplatz Rona, Tinizong

1 Der Stellplatz für 30 Mobile befindet sich am Ufer des Flüsschens Gelgia. Der geschotterte Platz ist überwiegend eben. Ein Sanitärhaus mit Dusche ist vorhanden, ebenso Möglichkeiten zur Ver- und Entsorgung und Strom. Gebührenpflichtig.

▸ Julierstr., 7453 Tinizong-Rona, Tel. +41 (0)78/637 46 50, www.wohnmobilstellplatz-rona.com, ganzjährig, GPS: 46.561246, 9.624007

Stellplatz Tua am Skilift, Bivio

2 Der Parkplatz vor einer Gaststätte am Rande von Bivio dient als Stellplatz für 16 Mobile. Auch hier rauscht die Gelgia vorbei. Hunde sind auf dem Stellplatz willkommen und es gibt alle Vorrichtungen zur Ver- und Entsorgung inklusive Strom. Gebührenpflichtig.

▸ Tua Stradung, 7457 Bivio, Tel. +41 (0)81/684 52 33, www.savognin.ch, ganzjährig, GPS: 46.46337, 9.65625

TESSIN

Gewusst, wann …

Locarno Film Festival

Seit 75 Jahren strömen im August Tausende Cineasten zu einem der weltweit bedeutendsten Festivals. Elf Tage lang feiern sie beim Locarno Film Festival die innovativsten Filme, die begabtesten Talente … und den Gewinner des Goldenen Leoparden.

▸ www.locarnofestival.ch

Der südlichste Kanton der Schweiz ist für sein mildes, mediterranes Klima bekannt – und für die lebensfrohe Atmosphäre. Das Tessin ist die wärmste Region der Schweiz; an den Seen blühen Zitronenbäume, die Sommer sind geprägt von Festivals und Veranstaltungen. Obwohl Italienisch hier Amtssprache ist, kommt man als Urlauber oft auch mit Deutsch weiter. Hauptanziehungspunkte sind der Lago Maggiore und der Luganer See, wo die Infrastruktur auf Urlauber ausgerichtet ist. Reizvoll sind auch die langgestreckten Täler, in denen man entlang der aus den Bergen kommenden Flüsse auf unberührte Natur stößt. Wer der ländlichen und ruhigen Lebensart etwas abgewinnen kann, entdeckt ein Idyll.

Am Lago Maggiore finden Urlauber entlang des gesamten Nordufers mühelos einen Campingplatz. Am Luganer See konzentriert sich das Angebot auf den westlichen Teil des Sees sowie auf die Landzunge im Südosten. Die Ausstattung ist, wie in der Schweiz üblich, korrekt, die Zufriedenheit der Gäste hoch. In der Hauptsaison empfiehlt es sich, vorab zu reservieren. *Camper Stop, Camper Area, Area Sosta:* Die Bezeichnungen für Stellplätze in der italienischsprachigen Schweiz können variieren. Die Übernachtungsplätze sind eher entlang der großen Verkehrstangenten zu finden als an den Seen. Eine gute Etappenplanung ist empfehlenswert, ist doch das Übernachten auf Straßen und Parkplätzen im Tessin untersagt.

Flankiert von Monte Bré im Osten und Monte San Salvatore im Westen, liegt Lugano in einer schönen Bucht am Luganer See.

SEHENSWERTES

ST. GOTTHARD

1 Über Jahrhunderte stellte der Pass über den St. Gotthard eine der wenigen Verbindungen nach Norden dar. Trotz des mittlerweile existierenden Tunnels ist die Strecke über den Berg immer noch eine reizvolle Art, in den benachbarten Kanton Uri zu gelangen. Belohnt wird dieser Weg nicht nur mit Panoramaaussichten: Auf der Passhöhe ermöglicht das Museo nazionale del San Gottardo Einblicke in die Geschichte der Alpenquerung (www.passosangottardo.ch).

Nur wenige Meter entfernt gibt es die Möglichkeit, den Berg von innen kennenzulernen: Auf verschiedenen Touren durch die einstige Festung werden die vormals militärisch genutzten Bereiche besichtigt, aber auch Kunst und Kristalle entdeckt (www.sasso-sangottardo.ch).

Auch den Gotthardtunnel kann man besichtigen, allerdings nur von Uri aus. Touren in den weltweit tiefsten Eisenbahntunnel werden ab dem Bahnhof Erstfeld angeboten; die Führungen müssen vorgebucht werden (www.tunnel-erlebnis.ch).

GIORNICO

2 Die schnellste, aber auch langweiligste Straßenverbindung zwischen dem Gotthardtunnel und dem Lago Maggiore führt über die Autobahn. Die parallel verlaufende Hauptstraße lässt hingegen eher den Blick auf den Flusslauf des Ticino zu und führt durch Dörfer, die zum Rasten einladen.

Auf halber Strecke wird der Ort Giornico zur Entdeckung: Dort, wo der Fluss den Ort teilt, stehen seit 600 Jahren zwei steinerne Bogenbrücken – auf der Flussinsel werden in einem Lokal regionale Spezialitäten serviert. In Sichtweite befindet sich das Museo di Leventina, in dem sich alles um Volkskunst und Traditionen der Region dreht. Um moderne Kunst geht es in der Kulturfabrik am südlichen Ende des Ortes (www.fabbrica-culturale-baviera.ch), Reliefs des Schweizer Bildhauers Hans Josephsohn werden im Museum La Congiunta am nördlichen Ortsausgang gezeigt (www.lacongiunta.ch).

BELLINZONA

3 Im Tal des Ticino zeigt sich Bellinzona als Stadt des Wassers. Die Flüsse Moesa, Traversagna und Sementina münden in Tessins größten Strom; ungezählt sind die Gebirgsbäche, die durch die reizvolle Kantonshauptstadt fließen. Am Fuß des Gotthardmassivs besticht der Ort durch seine Altstadt und die in verschiedenen Epochen entstandenen Plätze: An der von Palazzi umgebenen Piazza Collegiata ist die Stiftskirche Santi Pietro e Stefano ein Beispiel dafür, dass beim Kirchenbau Zeit keine Rolle spielt – gut 300 Jahre brauchte es, bis das Gotteshaus die heutige Form erhielt.

Zum UNESCO-Weltkulturerbe gehört das Ensemble aus drei Burgen: Die größte von ihnen, das Castelgrande, sowie das auf einem Hügel gelegene Castello di Montebello liegen nahe der Altstadt nur einen knappen Kilometer auseinander. Etwas außerhalb befindet sich das Castello di Sasso Corbaro auf einem

Camping- & Stellplätze ▸ S. 104

ESSEN & TRINKEN

Osteria Sasso Corbaro Der Aufstieg zum Castello di Sasso Corbaro lohnt wegen der fantastischen Aussicht und der exzellenten Küche. Besonders empfehlenswert sind gebratenes Zicklein und Lammcarré. Unbedingt reservieren!

▶ Castello di Sasso Corbaro, Via Sasso Corbaro, 6500 Bellinzona, Tel. +41 (0)91/ 825 55 32, www.osteriasassocorbaro.ch

Canvetto Luganese Beste traditionelle und feine Küche genießt man hier. Träger der Osteria ist eine Sozialstiftung, die benachteiligten Menschen Arbeit vermittelt. Angegliedert ist außerdem ein kleiner Pastashop.

▶ Via R. Simen 14b, 6904 Lugano, Tel. +41 (0)91/910 18 90, www.canvettoluganese.ch

Grotto Scalinata Das Ristorante liegt in den Weinbergen von Tenero, und alles, was ringsherum wächst, landet als hausgemachter Rotwein oder selbst gebrannter Grappa im Glas. Dazu werden die Gäste mit frischen saisonalen Spezialitäten verwöhnt. Besonders gut: Schmorbraten mit Polenta vom offenen Kaminfeuer.

▶ Via Contra 60, 6598 Tenero-Contra, Tel. +41 (0)91/745 29 81, www.grotto-scalinata.ch

EINKAUFEN

Gabbani Eine große Auswahl an Tessiner Weinen, Gebäck, Käse- und Wurstspezialitäten – alles von hoher Qualität. Perfekt für Geschenksuchende oder für eigene kulinarische Urlaubssouvenirs.

▶ Via Pessina 12, 6900 Lugano, Tel. +41 (0)91/911 30 80, www.gabbani.com

steilen Fels in 230 m Höhe über dem Ort. Alle Burgen und ihre Museen können besichtigt werden (www.bellinzonaevalli.ch).

LOCARNO

4 Locarno gilt als der nördlichste Ort, in dem mediterranes Klima herrscht. Bei einem Blick auf die vielen Palmen und einige Zitronenbäume kann man dem wohl zustimmen.

Fast wie am Mittelmeer darf man sich auf der Piazza Grande fühlen – von den Cafés führt der Weg über Kopfsteinpflaster in die kleinen Gassen der Altstadt, die von Patrizierhäusern geprägt ist. Im Juli findet das zehntägige Musikfestival Moon & Stars unter Beteiligung von Weltstars statt (www.moonandstars.ch).

Den besten Blick auf die Stadt bietet die Wallfahrtskirche Madonna del Sasso oberhalb des Ortes. Der Weg auf den Berg führt über Serpentinen – oder man lässt sich von der historischen Standseilbahn hinaufbringen (www.ticino.ch). Die faszinierende Welt der Greifvögel erlebt man in der Falconeria Locarno, wo Adler, Geier und Marabus im freien Flug beobachtet werden können (www.falconeria.ch).

MAGGIATAL

5 Das größte Tal der italienischen Schweiz folgt hinter Ascona dem Lauf des Flusses Maggia. Die ursprüngliche Natur mit ihrer artenreichen Flora und Fauna stellt ein schönes Wandergebiet dar. Im Juli und August findet hier ein vierwöchiges Blues Festival statt, bei dem an mehreren Veranstaltungsorten Bluesgrößen aus aller Welt auftreten (www.magicblues.ch).

Bis ins 8. Jh. hatten eidgenössische Landvogte in Cevio ihren Sitz; vom einstigen Reichtum der Stadt künden noch heute die mit Fresken geschmückten Herrenhäuser und großzügige Parkanlagen. Die wechselhafte Geschichte des Tals und seiner Einwohner wird im Museum von Valmaggia nachvollzogen (www.museovalmaggia.ch).

Biegt man bei der Weiterfahrt bei Bignasco in das Tal der Bavona ab, ist man auf dem besten Weg zum höchsten Berg der Tessiner Alpen, dem Basòdino, mit dem weitläufigsten Gletscher des Tessin. Der

Blick auf die Wallfahrtskirche Madonna del Sasso in Locarno, oberhalb des Lago Maggiore.

untere Rand des 2 km² großen und gut 600 m hohen Gletschers befindet sich auf einer Höhe von 2 500 m. Die Straße endet in San Carlo, der Rest der Strecke wird zwischen Mitte Juni und Anfang Oktober mit einer Bergbahn zurückgelegt. Im unteren Maggiatal stehen zwei Campingplätze zur Verfügung.

LUGANER SEE

6 Von der Sonne verwöhnt und von Urlaubern geliebt ist Lugano am Nordufer des gleichnamigen Sees. Der »Zuckerhut« genannte Bergkegel überragt die malerische Bucht; die Arkaden entlang der Uferlinie sind ein Blickfang, und viele Gassen der Innenstadt verströmen südliches Flair. Auch wenn die nahe dem Kulturmuseum gelegene Pfarrkirche Santa Maria degli Angioli äußerlich unscheinbar wirkt, sollte man einen Blick hineinwerfen: Im Innenraum sieht man den berühmtesten Freskenzyklus der Renaissance in der Schweiz.

Mit der Standseilbahn geht es auf den Hausberg Luganos, den Monte Brè. Vom sonnigsten Berg der Schweiz aus hat man in 933 m Höhe einen schönen Blick auf den Luganer See (www.montebre.ch).

Auf die Spuren Hermann Hesses kann man sich in Montagnola begeben, wo der Autor 43 Jahre gelebt hat. Das Museum beschäftigt sich mit seinem Leben und Wirken, es werden auch Führungen durch die Umgebung angeboten (www.hessemontagnola.ch). In Melide zeigt ein Freilichtmuseum 129 naturgetreu nachgebildete Miniaturen berühmter Gebäude. Durch den Park schlängelt sich ein 3,5 km langes Schienennetz, Seilbahnen fahren Berge hinauf … Alles wie im richtigen Leben – nur im Maßstab 1:25 (www.swissminiatur.ch).

Campofelice Camping Village lässt keine Camperwünsche offen.

CAMPING- & STELLPLÄTZE

CAMPINGPLÄTZE

Camping Isola ★★★½☆

1 Vor der Einfahrt des Campingplatzes Isola in Gudo rauscht der Fluss Ticino; die ländlich geprägte Gegend wird vom nahen Bergmassiv dominiert. Das Camp liegt etwa acht Kilometer flussabwärts von Bellinzona und bietet 60 Standplätze für Urlauber an. Mit 45–60 m² sind die Parzellen nicht allzu üppig geraten, doch gibt es Strom (CEE, Schuko, 10 A), und auch Frischwasser und Entsorgung sind vorhanden. Herz des Platzes ist das öffentlich zugängliche Schwimmbad, das von Campinggästen kostenfrei genutzt werden kann. An der Rezeption befindet sich ein kleiner Shop; im Restaurant gibt es einheimische Gerichte und selbstgemachtes Eis. Kindern steht ein Spielplatz zur Verfügung; auf einem Teil des Areals hat man WLAN-Empfang. Hunde sind willkommen. Wegen der Nähe zu einem kleinen Flugplatz muss gelegentlich mit Fluglärm gerechnet werden.

▸ Via al Gaggioletto 3, 6515 Gudo, Tel. +41 (0)91/859 32 44, Mitte Jan.–Mitte Dez., GPS: 46.17085, 8.93151667

■ pincamp.de/ti1700

Aktivitäten

Die nahen Berge eignen sich gut für Wanderungen und Touren mit dem Mountainbike. Ein beliebtes Ziel ist die »Tibetische Brücke«, die nördlich von Sementina über etwa 200 m Länge eine Schlucht überquert. 50 m abseits des Campingplatzes verläuft der Radweg von Locarno nach Bellinzona. Von hier aus werden auch Gleitschirmflüge angeboten – Startpunkt ist der nahe Monte Carasso (www.tandem-paragliding-ticino.ch).

Campofelice Camping Village ★★★★★

2 Auf einer Fläche von 15 ha erstreckt sich dieser 5-Sterne-Platz mit Komplettangebot. Die 583 Parzellen sind nach Größe (60–110 m²) und Ausstattung auf verschiedene Areale aufgeteilt, selbst an Plätze für Reisemobile im XXL-Format wurde gedacht. WLAN und Strom (CEE, Schuko, 13 A) sind selbstverständlich. Das gastronomische Angebot enthält sogar eine Gelateria. Sechs Sanitärhäuser sowie Wellnesseinrichtungen, zahlreiche Spiel- und Sportstätten und ein Supermarkt stehen zur Verfügung. Die Unterhaltungsprogramme sind auf Kinder und Erwachsene zugeschnitten und werden über die gesamte Saison angeboten. Einzige Einschränkung: Hunde dürfen nicht auf den Platz.

▸ Via Brere 7, 6598 Tenero, Tel. +41 (0)91/745 14 17, Ende März–Mitte Nov., GPS: 46.16893, 8.85561667

■ pincamp.de/ti2500

Aktivitäten

Auf dem Gelände gibt es ein großes Schwimmbad; Boote und Pedalos können ebenso ausgeliehen werden wie Kanus und SUP-Boards. An der Marina am Rande der Anlage werden zudem Motorboote angeboten (www.passionelago.ch). Nur 1,5 km vom Platz entfernt befindet sich ein Seilpark (www.parcoavventura.ch) mit acht Strecken unterschiedlicher Schwierigkeitsgrade.

TCS Camping Lugano-Muzzano ★★★★

3 Unmittelbar am Ufer des Luganer Sees befindet sich der TCS Campingplatz, der 230 Parzellen à 80 m² zu bieten hat. Das ebene Wiesengelände weist einen noch jungen Baumbestand auf, der Strom kommt aus CEE-Steckdosen (10 A), Frischwasser und Entsorgung sind kein Problem. Viele Hundebesitzer wissen die Vorzüge des tierfreundlichen Camps zu schätzen. Restaurant und Lebensmittelladen sorgen für die Verpflegung. Der Campingplatz liegt in der Einflugschneise eines Flughafens – ab und zu muss mit Flugzeuglärm gerechnet werden.

▸ Via alla Foce 14, 6933 Muzzano, Tel. +41 (0)91/994 77 88, ganzjährig, GPS: 45.99533333, 8.90843333

■ pincamp.de/ti5200

Aktivitäten

Mit Bootskran und einer Slipanlage finden Bootssportler gute Voraussetzungen zur Ausübung ihres Hobbys. Auch Wassersport wird in Muzzano großgeschrieben. Man kann ein Boot mieten, windsurfen und Wasserski fahren oder angeln. Badeinsel und Liegewiese sorgen für unbeschwertes Badevergnügen. Ein SUP-Board-Verleih in der Nähe bietet auch Kurse zur richtigen Beherrschung des Sportgeräts an (www.luganosup.com). In der weiteren Umgebung gibt es Möglichkeiten zum Gleitschirmfliegen und zum Golfspielen.

STELLPLÄTZE

Area Camper Tamaro, Monteceneri

1 In den Bergen oberhalb des Luganer Sees liegt der großzügig geschnittene Stellplatz für 80 Mobile. Neben Strom und Ver- und Entsorgung gibt es auch einen Kiosk und einen Kinderspielplatz. WLAN ist verfügbar, der Stellplatz ist nachts beleuchtet, Hunde sind erlaubt. Ganzjährig, max. 3 Nächte.

▸ Via Monte Ceneri 19, 6802 Rivera-Monteceneri, Tel. +41 (0)91/946 23 03, www.camperareatamaro.ch, ganzjährig, GPS: 46.138417, 8.90672

Area Sosta Camper, Lugano

2 Der ebene Stellplatz für acht Mobile liegt an einem Park. Bis zum Luganer See sind es nur 200 m; das Stadtzentrum von Lugano ist zu Fuß in zehn Minuten erreichbar. Strom, Wasser und die Entsorgung sind im Preis inbegriffen. Gebührenpflichtig, max. 2 Nächte.

▸ Via Tassino, 6900 Lugano, Tel. +41 (0)58/866 71 46, www.lugano.ch, ganzjährig, GPS: 46.000280, 8.94477

BERNER LAND

Gewusst, wann ...

Bärner Fasnacht

Am 11.11. wird der Berner Bär in den Käfigturm gebracht, gute drei Monate später weckt man ihn wieder auf. Dann tanzt er ganze drei Tage lang: Den Fasching eröffnet am Donnerstag die »Bärebefreiig«, Höhepunkt am Freitag ist der Fackelumzug sowie am Samstag der »Grosse Umzug mit Monsterkonzert«.

▸ www.fasnacht.be

Mit dem Blick auf Eiger, Jungfrau und Mönch präsentiert sich das Berner Oberland als Ziel für Freunde der Hochgebirge im Süden des Kantons Bern. Im Norden lädt das liebliche Unterland mit dem Tal der Aare und dem Emmental zu Reisen mit erhöhtem Genussfaktor ein. Die Grenze zwischen den beiden Landesteilen bilden die durch Gletscher entstandenen großen Seen: Die Regionen um den Brienzer See und Thuner See haben sich als beliebte Urlaubsziele etabliert. Doch statt mit Freizeitparks dürfen Besucher mit Wasserfällen, Höhlen und Aussichtspunkten rechnen. Ausflüge in die Berge werden oft durch Seilbahnen erleichtert. Allerorten gepflegt werden Traditionen – selbst kleine Orte verfügen über kleine, oft privat betriebene Museen, die sich mit der regionalen Geschichte befassen.

Campingplätze sind vorrangig an den Seen und Flussläufen zu finden. Dazu gehören auch die aus den Alpen kommenden Gebirgsflüsse. Gut ausgestattete Übernachtungspunkte gibt es zudem in der Nähe von Natursehenswürdigkeiten. Über das ganze Berner Land verteilt finden sich auch Reisemobilstellplätze. Die Bandbreite reicht von einfachen Stellflächen auf öffentlichen Parkplätzen bis hin zu Übernachtungsgelegenheiten an Bauernhöfen. Mehrere Campingplätze haben ebenfalls Platz für Camper geschaffen, die mit dem Wohnmobil anreisen und nur eine Nacht bleiben wollen. Vorhandene Serviceeinrichtungen dürfen genutzt werden.

Wandern, Mountainbiken oder Skifahren – Lauterbrunnen ist zu jeder Jahreszeit ein idealer Ausgangspunkt für Unternehmungen in der Jungfrauregion.

SEHENSWERTES

BERN

1 Um große Städte muss man keinen großen Bogen machen – zumindest dann nicht, wenn sie so viel Atmosphäre ausstrahlen wie die Bundesstadt Bern. Die von der Aare umflossene Altstadt steht wegen ihrer mittelalterlichen Strukturen unter dem Schutz der UNESCO; die schönsten Gebäude findet man unterhalb der Zytglogge, die neben ihrer Turmuhr auch eine astronomische Uhr und ein stündlich erklingendes Glockenspiel hat. Sehenswert sind auch die elf aufwendig gestalteten Figurenbrunnen aus der Mitte des 16. Jh. Unter den zahlreichen Kunststätten sticht das Klingende Museum mit seinen teils skurrilen Musikinstrumenten hervor (www.klingendes-museum-bern.ch). Dem Leben und Wirken des Physikers Albert Einstein, der in Bern seine Relativitätstheorie entwickelt hat, ist im Historischen Museum eine eigene Abteilung gewidmet.

Praktizierten Naturschutz kann man am Wohlen-Stausee nahe der Stadt erleben: Die am Wasserkraftwerk Mühleberg errichtete Fischaufstiegsanlage befördert Fische mit einem Lift von der Aare in den See. Von März bis November werden Führungen angeboten, die erklären, wie das funktioniert (www.bkw.ch/de/energie/energieproduktion/uebersicht-aller-kraftwerke/besucherzentren).

EMMENTAL

2 Das Emmental lädt zum Erkunden der Region mit dem Reisemobil ein – die hügelige Landschaft bietet sich aber auch für Touren mit dem Fahrrad an. Bereits mehrfach wurde Burgdorf als velofreundlichste Stadt der Schweiz ausgezeichnet; beim lokalen Tourismusverband gibt es Streckenvorschläge zum Befahren der Emmentaler Käseroute (www.kaeseroute.ch). Die Touren führen auch zur Schaukäserei in Affoltern, wo man erfährt, warum der Schweizer Käse Löcher hat. Im Käseland Emmental gibt es insgesamt etwa 110 Dorfkäsereien, die ihre Produkte meist auch direkt verkaufen. Hinweisschilder an der Straße verweisen auf die Läden (www.emmentaler-schaukaeserei.ch).

Das Emmental ist auch der Ursprungsort des Goldfischli-Knabbergebäcks. Einen Blick auf die Produktion des Feingebäcks kann man in Trubschachen werfen. Dort lädt der Hersteller Kambly in seine Erlebniswelt ein (www.kambly.com).

THUN

3 Thuns historische Altstadt erstreckt sich auch über die von der Aare umflossene Insel Bälliz; unbedingt sollte man die schon im 12. Jh. angelegte Obere Hauptgasse mit ihren Hochtrottoirs entlangschlendern: Hauseingänge, Cafés und die Schaufenster der Läden befinden sich sowohl im Erdgeschoss als auch auf Höhe der ersten Etage, immer wieder verbinden kleine Treppen die verschiedenen Ebenen miteinander. Durch die üppige Bepflanzung wirkt die Straße vor allem im Sommer einladend und freundlich. Von hier aus ist es nicht weit bis zur Stadtkirche, deren Turm schon 1340 erbaut wurde. Gleich daneben befindet sich das Schloss

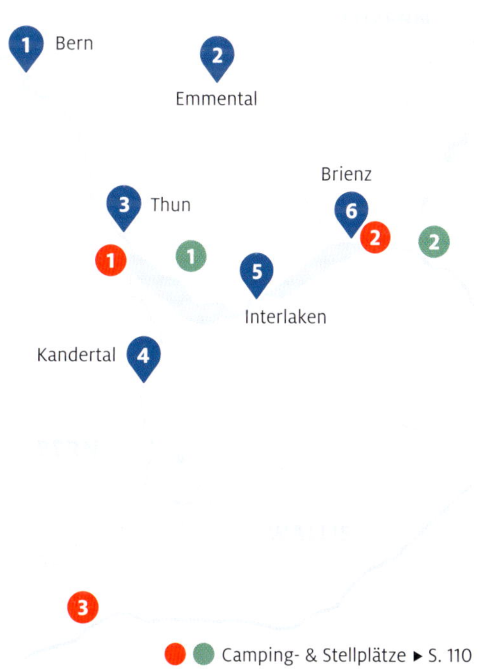

Thun (www.schlossthun.ch). Etwas außerhalb der Stadt, direkt am See, wird Besuchern die feine Schweizer Küche nahegebracht: Im Schloss Hünegg bietet das Schweizer Gastronomiemuseum 2 000 Exponate der Ess- und Trinkkultur – und eine stattliche Bibliothek (www.gastronomiemuseum.ch).

DURCHS KANDERTAL INS OBERLAND

4 Das reizvolle Berner Oberland lässt sich auf einem Ausflug durch das Kandertal und das Tal der Engstlige erkunden. Von Spiez am Thuner See aus folgt man der die Kander begleitenden Straße nach Reichenbach, wo man mit etwas Glück den Flug von Fallschirmspringern beobachten kann. In Frutigen gibt es einen Tropengarten, in dem jährlich zwei Tonnen exotischer Früchte geerntet werden. Ebenso wie der hier produzierte Kaviar wird ein Teil davon im eigenen Restaurant serviert (www.tropenhaus-frutigen.ch). Orientiert man sich im Ort weiterhin an der Kander, erreicht man nach sieben Kilometern den Blausee. Der Legende nach stammt die intensive Farbe des kleinen Sees von den blauen Augen eines Mädchens, das aus Liebeskummer ins Wasser ging. Fahrten mit dem Glasbodenboot werden angeboten. Folgt man ab Frutigen der hier mündenden Engstlige kann bei Ried für eine geringe Gebühr die 155 m lange Hängebrücke Hohstalden überquert werden. Die Fußgängerbrücke schwebt in 37 m Höhe über dem Fluss. Rund um Adelboden erschließt sich ein Ski- und Freizeitgebiet. Schon vom Ort aus sind die Wasserfälle zu erkennen, an denen die Engstlige über zwei Kaskaden 600 m in die Tiefe stürzt (www.engstligenalp.ch).

INTERLAKEN

5 Bis vor 1 000 Jahren war der Wendelsee das größte Gewässer des jetzigen Berner Oberlandes. Erst die Ansammlung von Gletschergeschiebe teilte den See in den Brienzer und den Thuner See. In

Die Stadt Thun am gleichnamigen See wird auch als Tor zum Berner Oberland bezeichnet.

der so entstandenen Schwemmebene wuchs über die Jahrhunderte die »Stadt zwischen den Seen«, das heutige Interlaken. Den besten Blick auf Seen und Ort hat man in 660 m Höhe vom Aussichtsturm auf Interlakens Hausberg Heimwehfluh. Eine Standseilbahn bringt seit 1906 Besucher hoch zur Bergstation und zum Panoramarestaurant. Als Vergnügen erweist sich der Besuch des Jungfrauparks am Stadtrand, des größten Indoor- und Outdoorspielplatzes im Berner Oberland (www.jungfraupark.ch). Interessant ist auch der Besuch des Tourismusmuseums, in dem die Fremdenverkehrsgeschichte der Schweiz thematisiert wird. Der Bogen spannt sich von der Entdeckung der Alpen als Reiseziel bis zur Entwicklung des Alpinismus und der Bergbahnen (www.tourismuseum.ch). Vor der Stadt bietet sich ein Besuch der St.-Beatus-Tropfsteinhöhlen an, die sich weit in den Fels des Niederhornmassivs hineinziehen (www.beatushoehlen.swiss).

BRIENZ

6 An manchen Orten sieht das Land aus wie gemalt: etwa in Brienz, dem Hauptort des gleichnamigen, türkisfarbenen Sees. Auf dem See kreuzen Ausflugsdampfer; Rundtouren sind möglich. Zum Greifen nah wachsen die nahen Berge des Berner Oberlandes in die Höhe. Ein guter Standort übrigens für Fans historischer Eisenbahnen: Die Brienz-Rothorn-Bahn wurde bereits 1892 eingeweiht – seitdem überwindet die einzige dampfbetriebene Zahnradbahn der Schweiz mühelos die Strecke auf den 2351 m hohen Gipfel des Brienzer Rothorns. Oben erwarten den Besucher zahllose Wanderwege und ein Blick auf bis zu 693 Berggipfel (www.brienz-rothorn-bahn.ch).

Zwischen Mitte April und Ende Oktober gibt das nur 3,5 km entfernte Freilichtmuseum Ballenberg Einblicke in die frühen Lebensverhältnisse der Eidgenossen. In mehr als 100 Häusern aus der ganzen Schweiz werden alte Gewerke gezeigt; zum Ensemble gehören auch etwa 200 Nutztiere (www.ballenberg.ch). Grandios ist der Anblick des nahen Griessbachwasserfalls. In 14 Stufen stürzt der Bach über 500 m hinab, ein Rundweg führt sogar hinter dem fallenden Wasser entlang.

ESSEN & TRINKEN

Château de Villa Käse ins Pfännchen und fertig? Oh nein, auch fürs Raclette gibt es Regeln. Im Château de Villa werden sie dem Gast vom »Racleur« freundlich erklärt, erst danach geht's an den Käse.
▶ Rue de Sainte-Catherine 4, 3960 Sierre, Tel. +41 (0)27/455 18 96, www.chateaudevilla.ch

Altes Tramdepot Die hauseigene Brauerei produziert süffiges Weizenbier, die Küche ist bodenständig. Im Sommer sollte man der Aussicht auf Altstadt und Aare wegen auf der Terrasse sitzen.
▶ Grosser Muristalden 6, 3006 Bern, Tel. +41 (03)1/368 14 15, www.altestramdepot.ch

EINKAUFEN

Funky Chocolate Club Über Schokolade lässt sich nicht streiten – höchstens über die Sorte. Im Funky Chocolate Club findet jeder die seine, selbst Allergiker bekommen hier glutenfreie, milchfreie oder nussfreie Sorten. Der Club bietet auch Workshops an, bei denen man seine eigene Schokolade kreieren kann.
▶ Postgasse 10, 3800 Interlaken, Tel. +41 (0)79/108 92 47, www.funkychocolateclub.com

Molki Meiringen Über 240 verschiedene Käsesorten werden hier verkauft, 18 davon aus eigener Herstellung, mit Milch von glücklichen Kühen aus dem nahe gelegenen Haslital. Dazu kommen weitere rund 250 Frischprodukte sowie Marmeladen, Pastasoßen, Schokolade, Brot ...
▶ Lenggasse 1, 3860 Meiringen, Tel. +41 (0)33/971 14 32, www.molki.ch

Umgeben von Viertausendern: TCS Camping Gwatt Thuner See

CAMPING- & STELLPLÄTZE

CAMPINGPLÄTZE

TCS Camping Gwatt Thuner See ★★★☆☆

1 Umgeben von zahlreichen Viertausendern erstreckt sich der Thuner See über eine Länge von fast 18 km, das intensiv blaue Wasser lässt die Tiefe von 217 m erahnen. Vier Kilometer von der Stadt Thun entfernt ist der Campingplatz Gwatt eine ansprechende Adresse für Wassersportler. 85 Parzellen in Größen zwischen 60 bis 100 m² sind verfügbar, je nach Lage und Ausstattung sind die Schuko-Steckdosen mit vier bis 16 Ampere abgesichert. Der Wiesengrund ist stellenweise etwas buckelig, WLAN-Empfang gibt es auf dem gesamten Areal. Für Familien stehen Freizeitangebote auf dem Programm. Der für die Öffentlichkeit zugängliche Badestrand hat eine breite Liegewiese und einen seichten Zugang zum See; für Hunde gibt es eine eigene Badestelle und eine Hundedusche. Ein Bistro und der Minimarkt komplettieren das Angebot.

▶ Gwattstr. 103a, 3645 Gwatt (Thun),
Tel. +41 (0)33/336 40 67, Anfang April–Ende Oktober,
GPS: 46.72753333, 7.62778333

■ pincamp.de/be3100

Aktivitäten

Der kleine Anlegehafen ist mit einer Slipanlage und Liegeplätzen für Boote ausgestattet; auf dem Platz werden Kanus, Kajaks und SUP-Boards vermietet. Angeboten werden zudem Surfskikurse (www.surfskipoint.com). Natürlich kann man auch einfach den nahen Strand nutzen, um im See zu schwimmen. Vom Ufer aus ist das Fischen mit der Angel auch ohne Erlaubnisschein, den man in der Schweiz »Patent« nennt, erlaubt. Es gibt gute Chancen, Felchen, Seesaiblinge und Seeforellen zu fangen.

Camping Aaregg ★★★★

2 Auf einer kleinen Halbinsel am Ostufer des Brienzer Sees liegt der Campingplatz Aareg. Die gepflegte Anlage mit ihren 180 Standplätzen (80–bis 100 m²) ist besonders auf die Bedürfnisse von Familien ausgerichtet. Die Kids können sich auf zwei Spielplätzen austoben. Alle Stellplätze sind mit Stromanschlüssen versehen (CEE, Schuko, 10–16 A), einige zusätzlich mit Frisch- und Abwasservorrichtungen. WLAN ist verfügbar. Zwei gut ausgestattete Sanitärhäuser runden das Bild ab. In der Nebensaison muss jedoch mit Fluglärm des nahen Militärflughafens gerechnet werden. Hunde sind erlaubt.

▶ Seestr. 22, 3855 Brienz, Tel. +41 (0)33/951 18 43, April–Okt., GPS: 46.74771667, 8.04948333

■ pincamp.de/be4200

Aktivitäten

Einen direkten Zugang zum See bietet die große Liegewiese; Sprünge ins kühle Nass kann man vom Wassertrampolin wagen. Von der Slipanlage aus können Boote zu Wasser gelassen werden. In Interlaken werden unter anderem Kajaktouren angeboten (www.hightide.ch). Trainierte Mountainbiker finden auf dem knapp 38 km langen Brienzer See Loop eine anspruchsvolle Strecke um den See. Eine auch für Kinder geeignete Wanderung führt von Axalp über den Schnitzlerweg nach Hinterburgseeli.

Camping Swiss Plage ★★★

3 Zwischen Salgesch und Rhône gelegen, setzt Camping Swiss Plage auf Naturnähe, der Fluss umspült ein paar Inseln. Die 100 parzellierten Plätze sind zwischen 70 und 100 m² groß, die Ver- und Entsorgung ist auch für Wohnmobile gesichert; die CEE- und Schuko-Steckdosen spenden zehn Ampere. Das meist ebene Wiesengelände ist teils von Bäumen beschattet. Zum Platz gehören ein Badesee mit Liegewiese sowie ein Spielplatz. Hunde sind erlaubt. Auf dem Platz gibt es ein Lokal; neben einer Bocciabahn kann man Billard oder Tischtennis spielen.

▶ Campingweg 2, 3970 Salgesch, Tel. +41 (0)27/455 66 08, Ostern–Okt., GPS: 46.3015, 7.56475

■ pincamp.de/vs3700

Aktivitäten

Nur 700 m vom Platz entfernt kann man zu einer Raftingtour auf der Rhône starten (www.valaiswallis adventures.ch). Bei Granges gibt es einen Freizeitpark mit vielen Attraktionen für Kinder (www.happyland.ch). Eine Herausforderung für Wagemutige ist der Besuch der 100 Jahre alten Niouc-Hängebrücke. Nur 50 cm breit, schwebt die Seilkonstruktion 190 m hoch über dem Boden und überspannt dabei das Val d'Anniviers über eine Distanz von 200 m! Eine Überquerung ist von April bis Oktober gegen eine Gebühr möglich (www.pontsuspendu.ch).

STELLPLÄTZE

Stellplatz am Biohof, Sigriswil

1 Der Stellplatz für sechs Mobile ist einem Biobauernhof angeschlossen. Es werden Strom sowie Ver- und Entsorgung geboten; Duschen und Toiletten sind vorhanden. Der Platz kann ganzjährig angefahren werden. Gebührenpflichtig.

▶ Zälg, 3655 Sigriswil, Tel. +41 (0)33/251 32 13, www.bioferien.ch, ganzjährig, GPS: 46.720379, 7.727487

Wohnmobilstellplatz Alpencamping, Meiringen

2 500 m oberhalb der Aare liegt dieser gut ausgestattete Stellplatz für 34 Mobile. Der weitgehend ebene Platz punktet mit Imbiss, Kiosk und Brötchenservice. Eine Grillstelle gibt es ebenfalls. Die Ver- und Entsorgungsanlage ist auf Sommerbetrieb eingerichtet; Hunde sind erlaubt.

▶ Brünigstr. 47, 3860 Meiringen, Tel. +41 (0)33/971 36 76, www.alpencamping.ch, ganzjährig, GPS: 46.734316, 8.16769

VOM BIELER SEE ZUM GENFER SEE

Gewusst, wann …

Wasserfall

Der Wasserfall in der Taubenlochschlucht bei Biel fällt nur an besonderen Feiertagen: zu Ostern, zu Pfingsten und, wenn genügend Wasser da ist, am 1. August. Ansonsten wird das Wasser der Schüss für die Stromgewinnung genutzt.

▸ www.taubenloch.org

Im Schatten des Jura reihen sich die großen Seen im Westen der Schweiz aneinander. Vor allem Bieler See, Neuenburger See und Genfer See sind Magneten für Urlauber, die den Gefallen an der Landschaft mit dem großen Angebot an Kultur jeder Art verbinden. An der Grenzlinie zwischen deutscher und französischer Schweiz, dem »Röstigraben«, vermischen sich die Einflüsse beider Lebensarten. Man muss allerdings damit rechnen, dass Informationen – auch im Internet – nur in französischer Sprache gehalten sind.

Entlang der Seen kann man leicht einen schönen Campingplatz finden. An den großen Seen stehen stets mehrere Camps zur Verfügung, auch die kleinen Gewässer haben mindestens einen Platz zu bieten. Allen gemein ist ein überdurchschnittliches Niveau. Weitere, zum Teil einfacher ausgestattete Campingplätze befinden sich im Hinterland der Seen. Die Anzahl von Reisemobilstellplätzen erscheint noch ausbaufähig: Rund um den Neuenburger See gibt es ein gutes Angebot an offiziellen Übernachtungsplätzen – viele von ihnen bieten Entsorgungsanlagen, doch nicht alle liegen am Wasser. Am Genfer See dagegen gibt es abseits von Campingplätzen nur wenige Gelegenheiten, legal zu übernachten. In Genf ist es untersagt, auf öffentlichen Straßen, Parkplätzen oder selbst auf privaten Grundstücken zu nächtigen.

Eine Schifffahrt auf dem Bieler See ist ein Erlebnis und bringt Urlauber gemütlich von Ort zu Ort. Hier wird Twann am Nordufer des Sees angesteuert.

SEHENSWERTES

BIEL

1 An keinem anderen Ort der Schweiz gehen die Uhren so exakt wie hier: Biel ist die Hauptstadt der Uhrmacher, deren Produkte Namen wie Rolex, Omega oder Swatch tragen. Eine moderne Präsentation der Zeitgeschichte bietet die Cité du Temps mit Ausstellungen zu den Marken Swatch und Omega (www.citedutemps.com). Von dort ist es nicht weit bis zur Altstadt, die mit ihren zahlreichen Bauten aus dem Mittelalter als die besterhaltene Altstadt Europas gilt. Passend zur Bausubstanz gibt es dort weder Leuchtreklamen noch Neubauten; stattdessen werden die historischen Gassen durch kleine Geschäfte und lokales Kleingewerbe belebt. Der größte Teil des Areals ist autofrei. Die Neustadt zwischen Bahnhof und Zentralplatz ist dagegen vom Stil des Bauhauses aus den 20er-Jahren des vorigen Jahrhunderts geprägt.

Vom Hafen aus legen mehrmals täglich Schiffe ab, die mehrere Anleger an dem 15 km langen See ansteuern. Ein reizvolles Ziel stellt die fünf Kilometer lange St.-Peter-Insel auf der anderen Seeseite dar: Das Vogelschutzgebiet kann bis Erlach erwandert oder mit dem Rad durchquert werden. Auf den meisten Schiffen darf man das Fahrrad mitnehmen (www.bielersee.ch).

Eine stadtnahe Sehenswürdigkeit ist der abstellbare Wasserfall in der Taubenlochschlucht: Das ganze Jahr über wird das Wasser der Schüss für die Stromgewinnung genutzt, das Flussbett ist trocken. Nur zu besonderen Feiertagen wird der Wasserfall in Betrieb genommen. Der durch die Schlucht führende Wanderweg ist ganzjährig geöffnet.

NEUENBURG

2 Als größter vollständig in der Schweiz liegender See ist der Neuenburger See reich an attraktiven Ausflugszielen: Die prähistorischen Pfahlbauten sind Teil des Weltkulturerbes; bei Neuenburg befindet sich mit dem Laténium das größte archäologische Museum der Schweiz (www.latenium.ch). Die Stadt, die dem See den Namen gab, lockt mit einem prächtigen Schloss, das im Sommer besichtigt werden kann. Oberhalb des Ortes befindet sich das Centre Dürrenmatt, das dem Schriftsteller Friedrich Dürrenmatt gewidmet ist (www.cdn.ch).

Ein schönes Ziel zum Flanieren ist Yverdon-les-Bains, Fußgängerzonen laden zum Shoppen ein. Im Thermalbad kann man sich Wellnessbehandlungen gönnen (www.bainsyverdon.ch). Wo Obelix seine Hinkelsteine verlor, gibt es heute das Feld der Menhire von Clendy. Vom Seeufer aus führt ein Weg zu der bedeutendsten neolithischen Fundstätte der Schweiz, die 45 Statuenmenhire sind bis zu 4,5 m hoch (www.yverdonlesbainsregion.ch).

LA CHAUX-DE-FONDS

3 Seit 120 Jahren zieht das Musée international d'horlogerie (Internationales Uhrenmuseum) Besucher in das etwa 20 km von Neuenburg entfernte Örtchen La Chaux-de-Fonds. Unter den rund 4 500 Exponaten gibt es etwa 700 Wanduhren (www.chaux-de-fonds.ch/musees/mih).

Knapp zehn Kilometer entfernt und in Sichtweite der Grenze zu Frankreich wurde in Le Locle über

Camping- & Stellplätze ▸ S. 116

ESSEN & TRINKEN

Auberge de l'Onde Im Winzerdorf am Ufer des Genfer Sees bietet die Auberge typische Brasserie-Gerichte an. Hierher kommt man auch wegen der fachmännisch ausgewählten Weine, Sommelier Aké Béda war bester Schweizer Sommelier 2015.
▶ Chemin Neuf 2, 1071 Saint-Saphorin, Tel. +41 (0)21/925 49 00, www.aubergedelonde.ch

Le Beausite Ein hoher Saal, blütenweiß eingedeckte Tische zwischen stuckverzierten Säulen – das Ambiente kommt ebenso fein daher wie die Teller des ambitionierten Chefs. Wer nur einen Drink mag: Den serviert man an der Bar Le Balcon.
▶ Route de Villars 1, 1700 Fribourg, Tel. +41 (0)26/424 66 46, www.le-beausite.ch

Le Chalet Jeder kennt Gruyère, den Greyerzer Käse. Hier ist er zu Hause. Zum vollkommenen Urlaub gehört also ein Käsefondue in rustikaler Atmosphäre, alternativ wird Raclette serviert, im Winter auch ein Fondue mit Vacherin. Für Käsefans der Himmel, alle anderen sind hier falsch.
▶ Rue du Bourg 53, 1663 Gruyères, Tel. +41 (0)26/921 34 34, www.chalet-gruyeres.ch

EINKAUFEN

Moulin de Sévery Eine der ältesten Ölmühlen der Schweiz stellt noch heute kaltgepresste Öle her. Und weil wer Öl kauft, oft auch Essig brauchen kann, bietet man auch Aprikosen-, Erdbeer- oder Quittenessig an. Ein gutes Dutzend Senfsorten rundet das Sortiment ab.
▶ Le Moulin 10, 1141 Sévery, Tel. +41 (0)21/800 33 33, www.moulindesevery.ch

rund 200 Jahre in einer unterirdischen Mühle Mehl gemahlen. Mittlerweile restauriert und in ein Museum umgewandelt, kann die einzigartige Industriehöhle besichtigt werden (www.lesmoulins.ch).

FREIBURG IM ÜECHTLAND

4 Die Saane windet sich durch die sympathische zweisprachige Stadt, deren hübsche Altstadt einen Besuch wert ist. Der Glockenturm der Kathedrale St. Nikolaus kann über 365 Stufen bestiegen werden, in 76 m Höhe bietet sich ein grandioser Blick über das Land. Das Gutenberg Museum zeigt eine der führenden Ausstellungen zum Thema Druckereigeschichte (www.gutenbergmuseum.ch). Im Schweizer Puppenmuseum gibt es eine Sammlung von Schattenfiguren und Marionetten; das ebenfalls dort beheimatete Figurentheater führt auch Theaterstücke auf – allerdings nur in französischer Sprache (www.marionnette.ch).

MONTREUX

5 Ganz im Osten des Genfer Sees liegt Musik in der Luft: Montreux hat sich als Austragungsort des alljährlich im Juli stattfindenden Jazzfestivals einen Namen gemacht. Dabei nimmt man sich die Freiheit, auch Rock, Pop und Weltmusik ins Programm aufzunehmen (www.montreuxjazzfestival.com). Liebhaber alter Filme sollten sich dem nördlichen Stadtrand zuwenden, wo das Chaplin-Museum Einblicke in das Leben des großen Filmkomikers zulässt. Es befindet sich in der Villa, die Charlie Chaplin 25 Jahre lang bewohnte. Neben den Privaträumen gibt es auch ein nachgebautes Filmstudio zu sehen, der große Park lädt zu ausgedehnten Spaziergängen ein (www.chaplinsworld.com).

Mächtig ragt das Schloss Chillin auf einer Insel am Rand des Genfer Sees empor: 100 m lang, 50 m breit – beim Bau wurde kein Zentimeter der als Fundament dienenden Felseninsel verschwendet. Mühelos kann man in der gut erhaltenen Anlage das Leben auf der Burg nachvollziehen. Doch nicht nur den Sälen und dem Innenhof sollte ein Besuch abgestattet werden: In den Katakomben befinden sich auch die Verliese. Besuche sind ganzjährig möglich (www.chillon.ch).

Mit die schönste Aussicht auf Genf, den See und die Fontäne bietet sich von den Türmen der Kathedrale.

LAUSANNE

6 Leicht kann man sich in den verwinkelten Gassen der Altstadt von Lausanne verlaufen, zwischen mittelalterlichen Häusern führen zahllose Treppen den Berg hinauf. Der Weg aber lohnt sich: Neben der gotischen Kathedrale Notre-Dame steht das Palais de Rumine, das mehrere Museen beherbergt; kleine Geschäfte und Studentenkneipen tragen zur lockeren Atmosphäre in der Stadt bei. Serviert wird hier auch gern der Weißwein aus der angrenzenden Weinregion Lavaux.

Sportlich geht es am Ufer des hier Lac Léman genannten Genfer Sees zu: Lausanne ist Sitz des Internationalen Olympischen Komitees. Der Olympische Park mitsamt einem Museum befindet sich jedoch nicht am Hauptgebäude des IOC, sondern einige Kilometer weiter am Quai d'Ouchy. Wer den unverbauten Blick auf Lausanne und das Umland genießen möchte, steuert den Park Sauvabelin an. Am höchsten Punkt der Region steht ein hölzerner Aussichtsturm; Wendeltreppen führen zur Panoramaplattform in 35 m Höhe hinauf.

GENF

7 Internationale Organisationen haben Genf zu ihrem Stützpunkt in Europa erkoren; in der Stadt wird studiert, geforscht, gelebt, und Touristen können zahllose Sehenswürdigkeiten bestaunen. Denn Genf hat seine Reize: Unzählige Museen und Veranstaltungsorte decken den Hunger nach Kultur, Parks und Gärten bieten sich zur Entspannung an. Teile der historischen Altstadt werden von der Rhône durchflossen; sehenswert ist die Flussinsel Île Rousseau, aber auch die Kathedrale Saint-Pierre. Am Ufer des Genfer Sees sprüht die Fontäne Jet d'Eau Wasser bis auf 140 m Höhe – gut zu beobachten vom Englischen Garten aus. Auf der gegenüberliegenden Seite, gleich neben dem Hotel Ritz, wirkt das Monument Brunswick wie aus Zuckerguss gestaltet. Der von einem beeindruckenden Park umgebene Völkerbundpalast ist nicht weit entfernt vom Museum des Roten Kreuzes. Das Forschungszentrum CERN vor den Toren der Stadt kann im Rahmen einer kostenlosen Führung besichtigt werden; es bedarf jedoch einer frühzeitigen Reservierung.

Camping Paradis Plage am Neuenburger See

CAMPING- & STELLPLÄTZE

CAMPINGPLÄTZE

Gemeindecamping Erlach ★★★½☆

1 Der Campingplatz Erlach am südwestlichen Ufer des Bieler Sees spricht in erster Linie Bootssportler an. Liegeplätze und Slipanlage sind vorhanden, es werden Segelkurse angeboten. Die 80 Standplätze variieren in Größen von 40 bis 80 m², für Ökostrom sorgen Schuko-Steckdosen (6–10 A). Besonders ist, dass der Platz ein eigenes Areal für Van-Lifer bereitstellt, auch ein Foodtruck fehlt hier nicht. Die Kastenwagen dürfen jedoch nicht höher als 2,10 m und nicht länger als 5,20 m sein. Dafür gibt es eine Feuerstelle, sanitäre Einrichtungen sowie freies WLAN am Hauptgebäude. Eine Ver- und Entsorgungsanlage steht dagegen nicht zur Verfügung. Für Unterhaltung sorgt eine Bühne für Livemusik oder den Discjockey.

▸ Stadtgraben 23, 3235 Erlach, Tel. + 41 (0)32/ 513 01 00, Ostern–Mitte Okt., GPS: 47.04645, 7.09796667

■ pincamp.de/be1300

Aktivitäten

Obwohl sich der Platz Entschleunigung auf die Fahnen schreibt, kommen Freizeitaktivitäten am Wasser nicht zu kurz. Der Strand lädt zum Baden und Schwimmen ein; nebenan können Boote, Pedalos und SUP-Boards angemietet werden. Möglich ist auch die Teilnahme an einem Segeltörn, sogar Wasserski wird angeboten. Als äußerst reizvoll für Wanderer erweist sich das Hinterland des nordwestlichen Ufers. Empfehlenswert sind Ausflüge in die acht Kilometer entfernte Milouvi-Schlucht; spektakuläre Naturerlebnisse verspricht auch die Twannbach-Schlucht in 18 km Entfernung (www.j3l.ch).

PIN CAMP

Camping Paradis Plage ★★★½

2 In der Ferne erheben sich die Berge des Jura-Gebirges, über dem Neuenburger See deutet leichter Wind auf gute Voraussetzungen für Wassersportler hin. In verschiedenen Arealen werden auf diesem Platz 107 Standplätze (50–85 m²) geboten, der Untergrund besteht aus Wiese und Schotter. Für den Strom (10 A) werden CEE-Stecker benötigt, die Ver- und Entsorgung ist gesichert. Ein kleiner Laden ist vorhanden. Auf dem Gelände gibt es WLAN und einen Badeteich. Über einen Teil des Platzes führt eine Autobahnbrücke. Barzahlung ist nicht möglich.

▸ Allée du Port 8, 2013 Colombier, Tel. +41 (0)32/841 24 46, März–Okt., GPS: 46.96705, 6.8704

■ pincamp.de/vd3200

Aktivitäten

Der Platz bietet gute Bedingungen zum Stand-up-Paddling oder Kanufahren. Die Ausrüstung kann auf dem Platz ausgeliehen werden. Ein Bootsverleih und eine eigene Slipanlage gehören zu den weiteren Vorzügen des Camps. Am Strand werden zweimal wöchentlich Fitnesskurse angeboten, für den jüngeren Nachwuchs gibt es einen Wasserspielplatz. Im Dorf befindet sich eine Kletterhalle, in der man bis zu 13 m hoch kraxeln kann (www.cplus-climbing.ch).

Camping Yverdon Plage ★★½

3 Dieser Campingplatz liegt zwischen dem für seinen historischen Stadtkern bekannten Ort Yverdon-les-Bains und dem Neuenburger See. Auf der grasbewachsenen Landzunge spenden alte Nadel- und Laubbäume Schatten über viele der 130 Standplätze, die zwischen 70 und 80 m² groß sind. Die Stromkästen (16 A) sind auf CEE-Stecker ausgelegt. Die Sanitärgebäude sind modern gestaltet. Neben einem Beachvolleyballfeld gibt es einen Spielplatz, Petanque-Bahnen und einen überdachten Picknickplatz mit Grill. WLAN ist verfügbar, ebenso Ver- und Entsorgungseinrichtungen für Wohnmobile. Hunde sind gestattet, dürfen aber nicht an den Strand.

▸ Avenue des Iris 57, Yverdon-les-Bains, Tel. +41 (0)24/425 10 89, April–Anfang Okt., GPS: 46.784922, 6.648523

■ pincamp.de/vd3480

Aktivitäten

In Sichtweite dümpeln Schiffe in der örtlichen Marina; am weitläufigen Strand von Yverdon-les-Bains bieten sich viele Möglichkeiten, aktiv zu werden. Das dort angesiedelte Nautikzentrum vermietet sowohl Tretboote und SUP-Boards als auch Kajaks und Surfbretter. Kurse werden angeboten (www.y-plage.ch). Vom Wasser aus können unter anderem die Kanäle von Yverdon erkundet werden. Strandnah befinden sich unter anderem ein Beachvolleyballfeld und ein Skatepark.

STELLPLÄTZE

Stellplatz beim Hafen, Saint-Blaise

1 Dieser Platz bietet für zwölf Mobile Strom, Ver- und Entsorgung sowie WLAN. Der Strand des Neuenburger Sees ist nah, es gibt einen Imbiss und Sportanlagen. Neben dem Stellplatz verläuft eine tief gelegte und mit Schallschutzwänden abgeschirmte Autobahn. Gebührenpflichtig, max. 2 Nächte.

▸ Chemin des Pêcheurs, 2072 Saint-Blaise, Tel. +41 (0)79/287 57 48, ganzjährig, GPS: 47.13677, 7.24679

Stellplatz an der Marina, Saint-Aubin-Sauges

2 Direkt am Neuenburger See gibt es eine Übernachtungsgelegenheit für bis zu fünf Reisemobile. Der überwiegend ebene Platz bietet neben einer Ver- und Entsorgungsstation auch WLAN, die öffentlichen Toiletten können genutzt werden. Gebührenpflichtig, max. 1 Nacht.

▸ Rue du Débarcadère, 2024 Saint-Aubin-Sauges, Tel. +41 (0)32/836 25 62, ganzjährig, GPS: 46.89187, 6.77476

Frankreich

Im Grand Canyon du Verdon wird alles zum Abenteuer: Raften, Klettern, Kajak- und sogar Autofahren.

Mit den Zielen …

Jura ▸ S. 120, Savoyen ▸ S. 126, Isère ▸ S. 132, Hautes Alpes ▸ S. 138, Seealpen und Provenzalische Alpen ▸ S. 144

JURA

Gewusst, wann …

Abonde

Im Örtchen Lamoura ist nicht viel los … bis auf einen Tag im Jahr: Am 15. August feiert man hier ein großes Fest, jedes Jahr unter einem anderen Motto. Musiker und Akrobaten unterhalten das Publikum, Essens- und Getränkestände sorgen für das leibliche Wohl – einfach ein großartiges Straßenspektakel.

▶ www.abonde.fr

Bewaldete Hänge säumen die weiten Täler, senkrecht aufragende Gebirgsformationen locken die Kletterer an. Schon von weit her sichtbar sind die auf mächtigen Felsen erbauten Burgen, und immer wieder glitzert einer der zahlreichen Gebirgsseen in der Sonne … nicht ohne Grund ist der französische Jura ein beliebtes Ziel für Urlauber. Die Hektik der Großstädte ist der Region fremd; doch langweilig wird es in der »Provinz« ganz und gar nicht. Museen und Ausstellungen überzeugen ebenso wie Kulturangebote. In den kleineren Orten hat sich oftmals die traditionelle Architektur erhalten, die klassisch französische und alpine Elemente miteinander verbindet. Dominierend aber ist die Schönheit der Landschaft, in der tiefe Schluchten, hohe Wasserfälle und begehbare Höhlen darauf warten, entdeckt zu werden.

Die Dichte an Campingplätzen im französischen Jura lässt nichts zu wünschen übrig. Auf den häufig an den kleineren Seen gelegenen Camps sind auch Reisende willkommen, die nicht ihren gesamten Urlaub an einem einzigen Ort verbringen möchten. Besonders groß ist das Angebot an den Seen entlang der Schweizer Grenze. Wohnmobilstellplätze dagegen sind in der Region nicht ganz so häufig zu finden wie in anderen Ferienregionen. Die von den Kommunen betriebenen Stellplätze befinden sich häufig in den Orten. Wer ein wenig sucht, findet dennoch ein schönes Plätzchen, wo legal an einem See gestanden werden darf.

Von Bassin zu Bassin stürzen die Wasser des Hérisson. Besonders beeindruckend sind die Wasserfälle nach einem starken Regen.

SEHENSWERTES

ARBOIS UND SALINS-LES-BAINS

1 In Frankreichs Alpenvorland gilt Arbois als Stadt der Genüsse. Als einer der ersten Weine Frankreichs bekam der dort gekelterte Rebensaft das AOC-Gütesiegel. Im Weinmuseum im Château Pécauld wird die Geschichte der Trauben und ihrer Verarbeitung erzählt, der Schlossgarten enthält einen Rebenparcours (www.arbois.fr). Dass im Wein die Wahrheit liegt, entdeckte auch der Chemiker Louis Pasteur, der die alkoholische Gärung erforschte. In seinem ehemaligen Wohnhaus befindet sich heute ein Museum (www.terredelouispasteur.fr).

Nicht versäumen sollte man einen Besuch bei Chocolatier Hirsinger an der Place de la Liberté, wo seit 1870 feinste Schokolade und kunstvolle Törtchen kreiert werden. Im Keller befindet sich ein kleines Museum (www.chocolat-hirsinger.com).

Nur zwölf Kilometer entfernt findet man die als Weltkulturerbe eingestufte Grande Saline in Salins-les-Bains. In den unterirdischen Gewölben wurde bereits im 13. Jh. Salz gefördert, und die Pumpe läuft immer noch. Das Industriedenkmal kann ganzjährig besichtigt werden (www.salinesdesalins.com).

LAC DE SAINT-POINT UND LAC DE REMORAY

2 Der Hochjura ist im Winter für seine vielen Möglichkeiten zum Skilanglauf bekannt; im Sommer bringen der sechs Kilometer lange Lac de Saint-Point und der kleinere Lac de Remoray Badespaß. Bei Malbuisson gibt es einen Kletterpark (www.parcaventure-malbuisson.fr), und in Labergement-Sainte-Marie kann man in einer historischen Eisengießerei beobachten, wie Bronzeglocken hergestellt werden (www.fonderieobertino.jimdofree.com). Die beiden Seen liegen nur wenige Kilometer von der Grenze zur Schweiz entfernt; mehrere Camping- und Stellplätze stehen zur Verfügung.

An interessanten Wanderzielen durch das Naturschutzgebiet Jura mangelt es nicht: Am westlich gelegenen See von Entonnoir steht die malerische Kapelle Notre-Dame-du-Lac, in Bonnevaux kann in den Sommermonaten der historische Hof La Pastorale besichtigt werden (www.frasne.net/pastorale/pastorale.htm). Nur rund 20 km entfernt befindet sich Pontarlier, die zweithöchste Stadt Frankreichs. Im 19. Jh. galt der Ort als Hauptstadt des Absinth – inzwischen darf dieser auch wieder gebrannt werden. Die wenige Kilometer südöstlich in La Cluse-et-Mijoux gelegene Destillerie Les Fils d'Emile Pernot kann besichtigt werden. In direkter Nähe steht zudem das historische Fort von Joux. Es diente eine zeitlang als Gefängnis, hier saßen u. a. Kleist und Mirabeau, hier starb Toussaint Louverture, der Anführer des haitianischen Unabhängigkeitskampfes und einer der Vorkämpfer für die Abschaffung der Sklaverei (www.chateaudejoux.com).

LONS-LE-SAUNIER

3 Umgeben von weinbewachsenen Hügeln liegt die Stadt am Fuße der Ausläufer des Jura-Plateaus. Kurgäste schätzen das Thermalwasser der Quelle Lédonia, das die Knochen stärkt, und auch

Camping- & Stellplätze ▸ S. 124

ohne Kur kann man im Spa der Stadt ganz herrlich bei Dampfbädern, Moorpackungen und anderen Anwendungen entspannen (www.valvital.fr).

Wenn eines im Kühlschrank einer französischen Familie nicht fehlen darf, dann ist es Käse – Schmelzkäse, um genau zu sein. Die runde Pappschachtel von »La vache qui rit«, auf deren Deckel eine Kuh lacht, die wiederum die Käseschachtel als Ohrring trägt, ist seit 1921 eine Legende. Der Hersteller hat am Produktionsort das Haus der lachenden Kuh eröffnet, das eine Verschmelzung von Firmenmuseum und Kinderparadies darstellt. Alles Käse? Mag sein – ist aber lecker (www.lamaisondelavachequirit.com).

Es empfiehlt sich, auch dem Nachbarörtchen Baume-les-Messieurs einen Besuch abzustatten. Dort wurde ein Höhlensystem entdeckt, zu dem auch die größte Höhle des Jura gehört. Die höchste der fünf Höhlen ist 71 m hoch, drinnen herrscht eine besonders gute Akustik. Als Draufgabe gibt's draußen noch einen Wasserfall. Im Dorf nicht zu verfehlen ist die anno 909 gegründete Benediktinerabtei (www.baumelesmessieurs.fr).

CASCADES DU HÉRISSON

4 In der Bergregion südlich von Champagnole, zwischen dem Lac d'Ilay und dem Lac du Val, gehören die Wasserfälle des Hérisson zu den Wundern der Natur. Nahe dem Örtchen Bonlieu und etwas versteckt im Wald stürzt der Hérisson am Ende einer Schlucht aus 805 m Höhe ganze 280 m in die Tiefe. Von einem Parkplatz aus führt ein Fußpfad zu den insgesamt sieben Wasserfällen, an Bassins und einigen Höhlen entlang. Höhepunkte des 3,7 km langen Weges sind die 65 m hohe Cascade de l'Éventail und die Cascade du Grand Saut, wo der Fluss 60 m Höhenunterschied überwindet.

Auf dem Lac de Vouglans kann man Wassersport treiben … oder es sich am Ufer einfach nur gut gehen lassen.

LAC DE VOUGLANS

5 Als drittgrößter Stausee Frankreichs zieht der 35 km lange Lac de Vouglans Wassersportler jeder Art an. An drei Stränden kommen Badegäste zu ihrem Vergnügen; Anglern steht ein eigener Bereich zur Verfügung – Felchen und Karpfen beißen nahe Vouglans besonders gut. Eigene Reviere sind auch Seglern und Kanuten bzw. schnellen Wassersportarten vorbehalten. Taucher streben zur aus dem 12. Jh. stammenden Abtei Chartreuse de Vaucluse am Grund des Stausees.

Was das Erzgebirge für Deutschland war, war in Frankreich der Jura für die Entwicklung des einheimischen Spielzeugs. Moirans-en-Montagne am See von Vouglans war über lange Zeit eines der Zentren der Spielzeugindustrie. Einen Ausflug ins Spielzeugland verspricht der Besuch des Spielzeugmuseums im Ort. Die fünf Abteilungen auf zwei Etagen zeigen auch, welchem Wandel Spielzeug in der Geschichte unterworfen war (www.musee-du-jouet.com).

LES ROUSSES

6 70 Jahre dauerte der Bau der gigantischen Festung Fort des Rousses; 3500 Soldaten und 2000 Pferde fanden dort Platz. Mittlerweile werden die 50000 m² großen Gewölbe als Reifekeller genutzt, unter perfekten klimatischen Bedingungen lagert die Käserei Juraflore im Stollen Lacuzon über 100000 Käselaibe. Nach Anmeldung können die Keller besichtigt werden (www.fort-des-rousses.com).

Seit mehr als 120 Jahren wird Les Rousses als Wintersportort geschätzt – was liegt da näher, als ein Skimuseum einzurichten. Das im Gasthaus Le Grand Tetras beheimatete Privatmuseum zeigt eine außergewöhnliche Sammlung von Skiern, die ältesten Exemplare stammen aus der Mitte des 19. Jh. Daneben gibt es historische Bobs und Ausrüstungsgegenstände zu sehen (www.grandtetras.com).

Der Frage, warum es an den Polen kalt ist, lässt sich im acht Kilometer entfernten Polarmuseum in Prémanon klären. Neben der Tierwelt der Arktis und Antarktis wird auf Forschungsreisen eingegangen; dazu werden in dem ganzjährig geöffneten Museum Kunstgegenstände der Inuit gezeigt (www.espacedesmondespolaires.org).

ESSEN & TRINKEN

Café Restaurant de l'Abbaye Vor oder nach einem Ausflug zur Abtei Saint-Pièrre lohnt eine Einkehr. Die Zutaten für Frühstück, Mittagessen oder Snacks sind fast ausschließlich von lokalen Produzenten. Geöffnet ist immer nur bis nachmittags.

▸ 1, Place Guillaume de Poupet, 39570 Baume-les-Messieurs, Tel. +33 (0)3/84 44 63 44, www.restaurant-labbaye.fr

Le Pic Vert Gemütliches Restaurant in einem alten, liebevoll renovierten Bauernhof mit Natursteinmauern und Holzdecke. Besonders gut schmecken hier Crèpes mit verschiedenen Käsesorten. Fisch, Fleisch und Gemüse kommen ausschließlich aus der Region.

▸ Rue des 3 Lacs, 39130 Doucier, Tel. +33 (0)3/84 25 44 49, www.restaurant-chalain.fr

Restaurant Le Bistronôme Unmittelbar am Flüsschen Cuisance findet man das Restaurant von Lisa und Jerôme, die ihre Gäste in einem hellen, einladenden Raum willkommen heißen. Die Spezialität des Hauses sind mit Morcheln gefüllte Forellenröllchen, dazu eine Weinsoße.

▸ 62, Place Faramand, 39600 Arbois, Tel. +33 (0)3/84 53 08 51, www.le-bistronome-arbois.com

EINKAUFEN

Fruitière Vinicole d'Arbois Vin Jaune ist eine Weinspezialität aus der Region, hergestellt aus der Traube Savagnin. Am besten kauft man ihn vor Ort, zum Beispiel im Laden der Winzerkooperative.

▸ 43, Place de la liberté, 39600 Arbois, Tel. +33 (0)3/84 66 21 84, www.fruitiere-vinicole-arbois.fr

Das Village Le Fayolan bietet auch kleine Holzhütten.

CAMPING- & STELLPLÄTZE

CAMPINGPLÄTZE

Campingplatz Les Fuvettes

1 Mit seinen Sport- und Freizeitanlagen bietet Camping Les Fuvettes Urlaubsvergnügen mit Erlebnisfaktor. Der familienfreundliche Platz besticht mit einem umfangreichen Programm für Kinder und Teenager. Von Ende Juni bis Ende August wird kostenlose Kinderanimation angeboten, es gibt einen Streichelzoo. Kostenloses WLAN ist an der Rezeption und der Bar verfügbar. Die 178 Parzellen à 100 m² sind mit Strom (CEE, Schuko, 6–10 A) versehen – für Reisemobile gibt es eine separate Ver- und Entsorgungsanlage. Für den kleinen Einkauf steht ein Mini-Markt zur Verfügung. Im Sanitärbereich gibt es Waschmaschine und Trockner. Imbiss und Restaurant haben im Juli und August geöffnet.

▸ 24, Route de la Plage des Perrières, 25160 Malbuisson, Tel. +33 (0)3/81 69 31 50, Anfang Mai–Sept., GPS: 46.79197, 6.29334

■ pincamp.de/bc_57768

Aktivitäten

Der Platz hat eine Badelandschaft mit mehreren Außenbecken und Wasserrutschen. Zusätzlich gibt es ein beheiztes Hallenbad mit Massagekanal und einem Whirlpool. Über einen eigenen Seezugang mit Strand kommt man ans Wasser; Kanus, Tret- und Ruderboote sowie SUP-Boards können ausgeliehen werden. Der Lac de Saint-Point ist gut geeignet zum Segeln und Surfen; in der Nähe befindet sich eine Wassersportschule, die auch Kurse anbietet (www.basenautique-desgrangettes.fr). Die Region ist gut geeignet für Wanderungen und Mountainbiketouren.

Yelloh! Village Le Fayolan ★★★★

2 Während der kleinere der beiden Seen von Clairvaux als Trinkwasserreservoir genutzt wird, hat sich am Grand Lac ein Feriengebiet etabliert. Der Campingplatz Le Fayolan dehnt sich über 17 ha aus, einen guten Teil davon nehmen die 250 parzellierten Stellflächen (80–130 m²) ein. Der Untergrund ist weitgehend eben, alle Plätze haben einen Stromanschluss (CEE, 16 A), die größeren auch Vorrichtungen für Frisch- und Abwasser. WLAN ist überall verfügbar. Zum See besteht ein direkter Zugang. Zusätzlich bietet der Platz eine überdachte Badelandschaft mit Sauna sowie eine schalldichte Diskothek.

▸ Chemin du Langard, 39130 Clairvaux-les-Lacs, Tel. +33 (0)4/66 73 97 39, Mai–Mitte Sept., GPS: 46.56431667, 5.7562

■ pincamp.de/bc8850

Aktivitäten

Diverse Sportanlagen befinden sich auf dem Platz; mit dem Kanu oder Kajak kann man auf den See hinausfahren. Auf dem Platz wird regelmäßig Wassergymnastik angeboten, rund um die beiden Seen gibt es gute Stellen, um die Angel auszuwerfen. Ein Erlebnis ist die Teilnahme an einer der angebotenen Raftingtouren. Nur wenige Hundert Meter vom Camp entfernt kann man sich in den Sommermonaten auf einem Baumwipfelpfad durch den Wald schwingen (www.montciel-aventure.com).

Camping Trélachaume ★★★½

3 Hoch über dem Lac de Vouglans hat man vom Camping Trélachaume eine gute Sicht auf große Teile des Sees. Alter Baumbestand prägt den leicht abschüssigen Wiesenplatz; zwischen den 180 Stellflächen (80–120 m²) lockern Hecken das Areal auf. Eine Gaststätte und ein Lebensmittelladen mit Brötchenservice befinden sich auf dem Gelände. Ein Schwimmbad, Sportflächen und der Spielplatz lassen die Zeit kurz werden. Die CEE-Steckdosen sind mit sechs bis zehn Ampere abgesichert, eine Ver- und Entsorgungsstation befindet sich an der Marina von La Mercantine am Ufer des Sees. Im Bereich der Rezeption wird gegen Gebühr WLAN angeboten.

▸ 50, Rue du Mont du Cerf, 39260 Maisod, Tel. +33 (0)3/84 42 03 26, Ende April–Mitte Sept., GPS: 46.46858333, 5.68868333

■ pincamp.de/bc8920

Aktivitäten

Der Strand von La Mercantine ist mit einer guten Infrastruktur für Urlauber versehen. Boote und Surfbretter können ausgeliehen werden (www.location-bateaux-jura.com). Das Ufer ist vom Campingplatz aus über einen Waldweg erreichbar. Aufs Pferd geholfen wird Besuchern in der vier Kilometer entfernten Reitsportanlage. Gegen Gebühr kann hier ausgeritten werden; für Kinder ab einem Alter von zwei Jahren gibt es spezielle Angebote zum Ponyreiten (www.centre-equestre-jura-sud.com).

STELLPLÄTZE

Aire de Thoirette

1 Zwischen einem Supermarkt und dem Fluss Ain befindet sich dieser Stellplatz für vier Mobile. Strom und Trinkwasser sind verfügbar; Abwasser und Toilette können entsorgt werden. Gebührenfrei.

▸ Grande Rue, 39240 Thoirette, Tel. +33 (0)4/74 76 80 71, www.jura-tourism.com, ganzjährig, GPS: 46.269258, 5.53158

Aire de service du Lac de Nantua

2 Am Ortsrand von Nantua und am Ufer des Sees gelegen, bietet der städtische Stellplatz 26 Übernachtungsplätze für Reisemobile. Wasser kann gezapft werden; Hunde sind willkommen. Der Weg in den Ort ist nicht weit. Gebührenpflichtig.

▸ Route de Port, 01130 Nantua, Tel. +33 (0)4/74 12 11 57, www.hautbugey-tourisme.com, April–Okt., GPS: 46.15445, 5.59697

SAVOYEN

Gewusst, wann …

Festival International Jazz

Beim Jazzfestival in Megève Ende März treten nicht nur bekannte Interpreten auf: Im Format »Jamy« bekommen auch Amateurtalente eine Chance. Die ganze Stadt vibriert, wenn beim Off-Festival auf Straßen, Skipisten, in Bars und Restaurants gespielt wird.
▸ www.jazzamegeve.com

Nicht mehr als zwei Stunden Fahrtzeit trennen den Genfer See von den mächtigen Gletschern des Montblanc. Im Westen der historischen Landschaft Savoyen locken unweit der Rhône die Seen von Annecy und Bourget. In den Höhenlagen haben sich die traditionellen Wintersportregionen längst auch auf die zahlreichen Sommergäste eingestellt. Hier gibt es für alle den richtigen Urlaub: Abenteuer- und Erlebnisparks sind ein Spaß für die ganze Familie; Wanderwege, Moutainbike-Trails und Kletterrouten bieten viele Möglichkeiten zur aktiven Freizeitgestaltung. Über die Seen schippern Ausflugsdampfer, und an den Ufern kann Wassersport in vielen Varianten betrieben werden. Die geschichtsträchtigen Orte locken mit mittelalterlichen Altstädten und einem breit angelegten Kulturangebot.

Zum Reisen und Campen bietet Savoyen die besten Voraussetzungen. Auf der französischen Seite des Genfer Sees haben Reisende die Wahl zwischen mehreren Plätzen in der Nähe des Ufers. Rund um den Lac d'Annecy und den Lac du Bourget fällt es ebenfalls nicht schwer, einen schönen Platz zu finden. Die größte Konzentration an Camps aber gibt es am Fuße des Montblanc, wo mitunter auch Wintercamping angeboten wird. Auch die Suche nach Stellplätzen gestaltet sich einfach – häufig sind diese an Campingplätze angeschlossen. Auf Privatgrund darf allerdings nur übernachtet werden, wenn der Grundstückseigentümer dies ausdrücklich erlaubt.

Wer Annecy besucht, erlebt eine entspannte Atmosphäre. Sie trug dazu bei, dass Annecy 2021 zur Stadt mit der besten Lebensqualität in Frankreich gewählt wurde.

SEHENSWERTES

EVIAN-LES-BAINS

1 Fragt man sich, was typisch für Frankreich ist, geht bei vielen der erste Gedanke zu Baguette, Käse und Pastis. Auf den Tisch gehört aber auch die Flasche stillen Wassers, das in unserem Nachbarland ungebrochene Popularität genießt. Die Quelle mit dem höchsten Ausstoß befindet sich am Genfer See in Amphion-les-Bains nahe Evian-les-Bains. Wie das Wasser in die Flasche kommt, kann man während einer Besichtigung der Abfüllanlage von Evian erfahren. Seit 1826 wird hier Mineralwasser in Flaschen gezogen, täglich werden 150 Güterwaggons damit beladen. Führungen unterschiedlicher Dauer werden in englischer und französischer Sprache angeboten; Buchungen müssen zwei Tage im Voraus erfolgen (www.evianexperience.com).

Eine Attraktion von Evian-les-Bains ist die Standseilbahn, die seit 1907 zwischen den Thermalbädern am Ufer und den Hotels auf dem Berg pendelt. In den Sommermonaten werden auf der 750 m langen Strecke sechs Haltepunkte angefahren und 140 m Tunnel durchquert. Die Fahrt ist kostenlos.

Nur 15 km vom See entfernt empfiehlt sich die Schlucht Les Gorges du Pont du Diable für Erlebnisse in der Natur. Über gesicherte Steige führen manche Passagen in 50 m Höhe über einen reißenden Wasserlauf (www.lepontdudiable.com).

MUSÉE DE LA MUSIQUE MÉCANIQUE IN LES GETS

2 Kommt auf der Hauptstraße von Thonon-les-Bains am Genfer See nach Cluses im Arvetal die Passhöhe Col des Gets in Sicht, wird es Zeit für eine Pause: Im Dörfchen Les Gets kann man im Musée de la Musique Mécanique in die Welt der mechanischen Musikinstrumente eintauchen. In dem Gebäude aus dem 16. Jh. befinden sich von der Spieldose bis zu Straßenorgeln Instrumente, die selbstständig Musik machen können. Die Sammlung umfasst fast 800 Exponate; auf der automatischen philharmonischen Orgel werden in der örtlichen Kirche Konzerte gegeben. Alle zwei Jahre findet im Ort ein Festival statt, an dem mehr als 450 Orgelspieler und Straßensänger teilnehmen (www.musicmecalesgets.org).

MONTBLANC

3 Verfehlen lässt sich der höchste Berg in der EU kaum: Der Montblanc ragt stolze 4 807 m empor, von Chamonix-Mont-Blanc aus führt eine Seilbahn auf die 3 842 m hohe Aiguille du Midi. Spätestens seit 1924 in Chamonix die I. Olympischen Winterspiele ausgetragen wurden, ist die Region ein bevorzugtes Ziel für Wintersportler. Auch im Sommer vermag man sich kaum der Faszination der Hochalpen zu entziehen. Von Saint-Gervais-les-Bains fährt seit 1910 die Tramway du Mont-Blanc, eine elektrisch betriebene Zahnradbahn, auf den 2 386 m hohen Nid d'Aigle, wo sich der Gletscher Mer de la Glace befindet. Der obere Abschnitt der Strecke wird nur im Sommer befahren. Von der Bahnstation geht es über 540 Stufen hinab zur künstlichen Grotte de Glace (www.montblancnaturalresort.com).

ESSEN & TRINKEN

Les Copeaux Das Restaurant empfängt mit Chalet-Atmosphäre. Passend dazu gibt es hier Raclette und Fondue Savoyarde mit Knoblauch und drei Käsesorten (Beaufort, Comté, Emmentaler), das französische Pendant zum Schweizer Fondue.
▶ 610, Rue du Centre, 74260 Les Gets, Tel. +33 (0)4/50 79 78 50, www.lescopeauxrestaurant.com

L'Osmose du Lac Das Genießerpaar Thierry und Marie hat sich mit diesem Restaurant einen Traum erfüllt. Die Gerichte sind eher traditionell: Foie gras, Kalbfleisch und Gemüse oder *Souris d'Agneau* (Lammkeule) – immer aber mit einem besonderen Dreh.
▶ 449, Rue Saint-Bernard, 74290 Menthon-Saint-Bernard, Tel. +33 (0)4/57 41 61 00, www.restaurantlosmosedulac.fr

La Porte Sainte-Claire Dass Chef Laurent Créa bereits in vielen Ländern der Erde gekocht hat, schmeckt man: Senegal, Brasilien, Portugal, Polynesien und vor allem Thailand. Traditionelle französische Gerichte verfeinert er mit thailändischen Aromen.
▶ 1, Faubourg Sainte-Claire, 74000 Annecy, Tel. +33 (0)4/50 51 20 91, www.porte-sainte-claire.com

EINKAUFEN

Carré Noire Das beste Eis der Stadt bekommt man hier. Und wer Lust auf Pralinen, Nougat oder einfach Schokolade hat, wird hier ebenfalls glücklich.
▶ 36, Place de l'Europe, 73200 Albertville, Tel. +33 (0)4/79 89 62 41, www.carrenoir-chocolaterie.com

ALBERTVILLE

4 Albertville war Gastgeber der Olympischen Winterspiele von 1992, und auch heute steht der Ort im Zeichen des Alpinsports. Am Schnittpunkt von vier Tälern ist Albertville auch das Tor zum Naturpark Massif des Bauges. Oberhalb der Stadt befindet sich Conflans, wo es noch so aussieht wie im Mittelalter: Die Stadtmauer aus dem 14. Jh. umschließt das historische Viertel, sehenswert sind die Kirche aus der Barockzeit und das Kunst- und Geschichtsmuseum (www.pays-albertville.com). Der örtliche Campingplatz liegt direkt am Fluss Arly, der hinter dem Ort in die Isère mündet.

HÖHLE UND WASSERFALL VON SEYTHENEX

5 Einzigartig ist die in zwölf Kilometer Entfernung vom Lac d'Annecy liegende Seythenex-Höhle, bei der es sich um die einzige unterirdische Höhle der französischen Alpen handelt. Von dem Tunnelsystem sind rund 250 m für Besucher zugänglich. An dem nahen Wasserfall stürzt der Saint-Ruph fast 45 m in die Tiefe. Ganz besonderen Spaß bieten die 150 m langen Seilrutschen, mit denen man in 40 m Höhe über den Wasserfall schweben kann (www.grotte-cascade-seythenex.com).

ANNECY

6 Zu Recht wird Annecy als das Venedig der Alpen bezeichnet. Es gibt zwar nicht so viele Kanäle, doch die Atmosphäre am durch die Altstadt fließenden Thiou tröstet gut darüber hinweg. Das auf einer kleinen Insel im Fluss gelegene Palais de l'Isle diente erst als Münze, später als Gefängnis – nun ist es einer der meistfotografierten Orte der Stadt. Zum See hin erstrecken sich die 1864 angelegten Jardins de l'Europe, in denen fast 650 Bäume Schatten spenden. In Sichtweite der Marina überquert man den Canal du Vassé auf dem Pont des Amours, der Brücke der Liebe. Freunde historischer Kirchen wenden sich der Kathedrale Saint-Pierre oder der Basilique de la Visitation oberhalb der Stadt zu. Im Schloss sind mehrere Ausstellungen zu sehen – von der Regionalgeschichte über Kunst bis Archäologie ist für jeden Geschmack etwas dabei

Hoch, höher, am höchsten geht es mit der Tramway du Mont-Blanc.

(www.musees.annecy.fr). Einen Ausflug wert ist der vier Kilometer entfernte Ort Sévrier. Dort kann man im Glockenmuseum der Gießerei Paccard miterleben, wie Glocken gegossen werden (www.musee-paccard.com).

AIX-LES-BAINS

7 Für Wassersportler ist der größte Natursee Frankreichs ein Paradies.: Ob Segeln oder Tauchen, Surfen oder an einem der zehn Strände Baden: Der Lac d'Annecy bietet für jeden etwas.

Wer Aix-les-Bains, die größte Stadt am See, erleben will, begibt sich in die Oberstadt. Hier befindet sich der Stadtkern mit seinen historischen Gebäuden. Das Museum Faure zeigt auf drei Etagen zeitgenössische Kunst, Malerei und Skulpturen, darunter auch zahlreiche Werke von Rodin (www.musee faure.myportfolio.com). Die Tradition der alten Bäderstadt wird in den Thermalbädern fortgeführt (www.thermes-aixlesbains.com).

Die Berge im Norden der Stadt sind ein beliebtes Wandergebiet. Ein schöner Blick über den See ergibt sich beim Besuch der Feengrotte oberhalb von Brison-Saint-Innocent. Wer höher hinauswill, schlägt den Weg auf den Mont Le Revard ein. Von den drei in der Luft schwebenden Aussichtsplattformen überblickt man die gesamte Region.

OPINEL-MUSEUM IN SAINT-JEAN-DE-MAURIENNE

8 Was den Eidgenossen das Schweizer Messer ist den Franzosen ihr Opinel. Seit der Erfindung des klassischen Klappmessers mit rundem Holzgriff hat es sich zum Inbegriff des französischen Messers gemausert. Am ursprünglichen Standort in Saint-Jean wird auf 700 m² die Geschichte des Familienbetriebs vorgestellt (www.opinel.com). Das größte Opinel der Welt wird jedoch nicht im Museum ausgestellt, sondern ist als Statue im Skaterpark am Ortseingang zu sehen.

Camping International du Sierroz im Kurort Aix-les-Bains

CAMPING- & STELLPLÄTZE

CAMPINGPLÄTZE

Camping Saint-Disdille ★★★★★

1 Der Genfer See ist nur wenige Schritte entfernt, ganz in der Nähe befindet sich das Delta des Flüsschens Dranse. An Sport- und Freizeitanlagen gelegen, bietet Camping Saint-Disdille Urlaubsvergnügen mit Erlebnisfaktor. Der familienfreundliche Platz besticht mit einem umfangreichen Programm, das sowohl Aktivitäten für Kinder als auch für Teenager enthält. Kostenpflichtiges WLAN wird angeboten. Die 240 Parzellen à 80 bis 120 m² sind mit Strom (CEE, 10 A) und teilweise Frisch- und Abwasservorrichtungen versehen – eine separate Ver- und Entsorgung gibt es nicht. Fünf Sanitärblöcke und ein Waschsalon, Supermarkt und ein Restaurant sorgen für Wohlbefinden. Über die Rezeption können Sportangebote und Exkursionen gebucht werden.

▶ 117, Avenue de Saint-Disdille, 74200 Thonon-les-Bains, Tel. +33 (0)4/50 71 14 11, Mitte April–Sept., GPS: 46.39928333, 6.50416667

■ pincamp.de/ra350

Aktivitäten

Der Genfer See bietet Badestellen und ruhige Orte für Angler, Vogelbeobachter können sich ihrem Hobby widmen. Tretboote, Kanus und SUP-Boards können ausgeliehen werden; möglich sind auch Segeln und Wasserskifahren. Sogar Tauchkurse (www.leman-explorer.com) und Raftingtouren für Jugendliche werden angeboten.

Camping Europa ★★★★★

2 Zehn Kilometer entfernt von Annecy, das dem See seinen Namen gab, liegt der Campingplatz Europa. Die 141 Standflächen auf Wiesengrund sind

mit je 90 m² großzügig bemessen und verfügen über Strom (CEE, 6–10 A) sowie Abwasser- und Frischwasseranschlüsse. Herausragend ist die kinderfreundliche Badelandschaft, in der auch Planschbecken und Wasserspielplatz nicht fehlen. Das kleine Restaurant wird für seine Pizzen gerühmt; einkaufen kann man in der näheren Umgebung. WLAN hat man auf dem ganzen Gelände. Haustiere sind auf dem Platz nicht gestattet; Barzahlung wird nicht akzeptiert. Auf dem Platz werden Mieträder angeboten; der rund um den See führende Radweg ist nur 50 m entfernt.

▸ 1444, Route d'Albertville, 74410 Saint-Jorioz, Tel. +33 (0)4/50 68 51 01, Ende April–Mitte Sept., GPS: 45.83008333, 6.1817

■ pincamp.de/ra2250

Aktivitäten

Der Lac d'Annecy bietet sich zur Ausübung zahlreicher Wassersportaktivitäten an. An der Uferlinie können sowohl Kajaks und Windsurf-Ausrüstungen als auch SUP-Boards ausgeliehen werden – Letztere auch für bis zu acht Personen. Nur wenige Meter vom Campingplatz entfernt befindet sich ein Fahrradverleih (www.coolbicycle.fr).

Camping International du Sierroz ★★★½

3 Zwischen den beiden Jachthäfen von Aix-les-Bains verläuft die Flaniermeile Esplanade du Lac; Boote dümpeln auf dem Lac du Bourget. Nebenan erwartet der internationale Campingplatz von Sierroz seine Gäste mit einem gelungenen Rundumangebot. Die 100 zwischen 95 und 105 m² großen Parzellen sind mit Strom (CEE, 10 A), Wasser- und zum Teil auch mit TV-Anschlüssen ausgestattet. Hohe Bäume spenden auf dem mit Hecken aufgelockerten Platz Schatten. Möglichkeiten zum Baden im See gibt es 150 m entfernt an einem Privatstrand. Kostenfreies WLAN ist hier selbstverständlich; genutzt werden kann auch die Ver- und Entsorgungsstation für Wohnmobile. Hunde sind erlaubt. Lokale und Läden finden sich nicht weit entfernt in der Stadt.

▸ Boulevard Robert Barrier, 73100 Aix-les-Bains, Tel. +33 (0)4/79 61 89 89, Mitte März–Mitte Nov., GPS: 45.70076667, 5.88616667

■ pincamp.de/ra4100

Aktivitäten

Aix-les-Bains ist ein idealer Startpunkt für sportliche Aktivitäten am und im Wasser: Wakeboard und Wasserski, Canyoning- und Raftingtouren werden angeboten. In die Lüfte geht's bei Paragliding und Ballonfahrten oder beim Mitflug im Ultraleichtflieger (www.aixlesbains.takamaka.fr). Am Grand Port werden Kajaks, SUP-Boards und Tretboote ausgeliehen (www.aixlesbains.takamaka.fr). Nur wenige Meter entfernt starten täglich Schiffstouren zur Abtei von Hautecombe am Westufer des Sees (www.aixlesbains-rivieradesalpes.com).

STELLPLÄTZE

Camping du Lac, Talloires-Montmin

1 Am Ortsrand von Angon stehen am dortigen Campingplatz auch Plätze für Wohnmobile zur Verfügung. Am Ufer des Lac d'Annecy werden Strom, Ver- und Entsorgung geboten; die Einrichtungen des Camps können genutzt werden. Gebührenpflichtig.

▸ 558, Route d'Angon, 74210 Talloires-Montmin, Tel. +33 (0)4/50 60 73 16, www.du-lac.camp, Juni–Sept., GPS: 45.829926, 6.220345

Aire Camping-Car Park, Aix-les-Bains

2 Am Lac du Bourget finden 86 Mobile auf einem Stellplatz in Ufernähe ein ruhiges und sicheres Plätzchen. Alle relevanten Services sind vorhanden, Hunde sind erlaubt. Zur Nutzung des Platzes muss vorab beim Betreiber ein Pass'Étapes bestellt werden (5 €). Gebührenpflichtig.

▸ 5, Rue des Goélands, 73100 Aix-les-Bains, Tel. +33 (0)1/83 64 69 21, www.campingcarpark.com, ganzjährig, GPS: 45.696933, 5.88932

ISÈRE

Gewusst, wann …

Coupe Icare

Mehr als 90 000 Zuschauer und Flieger aus aller Welt treffen sich im September zum Hängegleiter-Festival. Heißluftballons, Drachenflieger, Paraglider – der Himmel ist voller bunter Punkte, die nach und nach größer werden, bis sie in Lumbin landen. Dazu gehören natürlich Ausstellungen, Filme und Wettbewerbe.

▸ www.coupe-icare.org

Wer auf der Autoroute du Soleil hinter Lyon nur einen Blick auf die linker Hand aufragenden Berge wirft und einfach weiterfährt, hat etwas verpasst. Vom Rhônetal aus geht es über die Ausläufer der französischen Alpen hinauf in die Hochalpen. In den lieblichen Tälern folgen die Straßen häufig dem Weg der Flussläufe; aus Gletschern gespeiste Bergseen laden zum Verweilen ein. In den hohen Gebirgszüge im Osten kann man die Outdoorausrüstung auf die Probe stellen. Eine überaus große landschaftliche Vielfalt ist die Stärke des Département Isère – von leichten Wanderungen oder Radtouren bis zur Bewältigung der reißenden Gebirgsflüsse in Kajak oder Schlauchboot werden alle Vorstellungen von einem gelungenen Urlaub erfüllt.

Wo ein Tal ist, gibt es auch einen Campingplatz. Erst recht, wenn ein See oder ein anderes Gewässer vorhanden ist. Das muss nicht zwangsläufig ein ausgewachsener Fluss sein – auch an Bächen oder den Oberläufen der Flüsse fällt es nicht schwer, einen schönen Platz zu finden. Unterhaltungsprogramme und Kinderanimation finden meist nur auf Französisch statt. Reisemobilisten müssen sich darauf einstellen, dass viele der Stellplätze einfache Übernachtungsgelegenheiten ohne Serviceeinrichtungen sind. Bei der Fahrt durch die von Schluchten durchzogenen Berge sollten die Höhenbegrenzungen im Blick behalten werden: Mit einem Alkovenmodell oder Liner kommen manche Durchfahrten wegen überhängender Felsen nicht in Betracht.

Die Häuser von Pont-en-Royans stehen direkt an der Felskante, die Balkone schweben über dem Fluss – eine Leistung aus dem 17. Jh.

SEHENSWERTES

VIENNE

1 In Vienne sind die Spuren der Vergangenheit überall sichtbar: Der große Tempel des Augustus und der Livia aus dem 1. Jh. v. Chr. beeindruckt noch heute; das antike Theater fasst 13 000 Zuschauer – jedes Jahr im Juli findet hier ein Jazzfestival statt (www.theatreantiquevienne.com). Viele Gebäude in der Altstadt stammen aus dem Mittelalter, die prächtigen Kirchen sollte man sich auch von innen ansehen. Vom Hügel Pipet aus hat man den besten Blick auf die Stadt und das Rhônetal. Einkaufen geht man am Samstagmorgen – beim zweitgrößten Markt Frankreichs reihen sich in der Innenstadt die Stände über fünf Kilometer aneinander.

LAC DE PALADRU

2 Am gut fünf Kilometer langen Gletschersee Lac de Paladru kommt neben Freizeitaktivitäten am Wasser auch die Geschichte nicht zu kurz: In Paladru befindet sich ein archäologisches Museum, das die im See gefundenen Schätze der Steinzeit ausstellt (www.isere-tourisme.com/patrimoine-culturel/musee-archeologique-du-lac-de-paladru). Ein schönes Ziel auf der Rundtour um den See ist die 18 m hohe Zehntscheune Grange Dîmière aus dem Jahr 1655. Im Juli und August werden dort zeitgenössische Keramikskulpturen gezeigt. Nur acht Kilometer entfernt kann das im Jahr 1010 erbaute Schloss Virieu besichtigt werden (www.chateau-de-virieu.com). Auf dem Areal befindet sich auch das Musée de la Galoche, in dem die Anfertigung von traditionellem Schuhwerk aus Leder und mit Holzsohle vorgeführt wird (www.museedelagaloche.fr).

PONT-EN-ROYANS

3 Wenn der Platz begrenzt ist, wird man erfinderisch – so ging es wohl auch den Baumeistern von Pont-en-Royans. Im frühen 17. Jh. ließ man die am Fluss Bourne errichteten Häuser den Felsen überragen, sodass die »Maisons Suspendues« über der Schlucht zu schweben scheinen. Von der Straße aus führen Treppen zum Fluss, der im Sommer gern zum Baden genutzt wird. Um das kühle Nass geht es auch im örtlichen Wassermuseum: Umweltschutz spielt in den Ausstellungen ebenso eine Rolle wie das Wasser in den Kulturen der Welt. In der Wasserbar lassen sich 1 500 Wasserflaschen aus aller Welt bestaunen (www.musee-eau.fr). Vorsicht: Auf der Anfahrt nach Pont-en-Royans durch die Bourne-Schlucht ist die Höhe auf 3,50 m begrenzt.

Auf der Weiterfahrt lohnt ein Abstecher zur Grotte von Choranche. Glanzpunkt der Tropfsteinhöhle ist der fast 25 m hohe Saal der Kathedrale (www.visites-nature-vercors.com).

GRENOBLE

4 Die Berge und das Wasser haben seit jeher das Leben der höchstgelegenen Großstadt der Alpen bestimmt. Die 3 000 m hohen Ausläufer der Westalpen wirken zum Greifen nahe; Isère und Drac umfließen die Stadt. Einen Überblick verschafft eine Fahrt in den kugelförmigen Glaskabinen der Seilbahn auf die Bastille; das dortige Fort beheimatet

Camping- & Stellplätze ▸ S. 136

ESSEN & TRINKEN

La Table du 20 Das Bistro mit viel Grün und großen Fensterfronten ist beliebt. Franck steht am Herd und bereitet Gerichte mit ungewöhnlichen Aromen zu, und Luc findet immer den passenden Wein.
▶ 20, Avenue Jean Jaurès, 38320 Eybens, Tel. +33 (0)4/76 24 76 93, www.latabledu20.fr

Café de la Table Ronde Im zweitältesten Café Frankreichs, gegründet im Jahr 1739, fühlen sich Künstler und Autoren wohl: Früher aßen hier Stendhal und Rousseau, heute kommen Schauspieler vom Théâtre de Grenoble. Die Küche ist regional, Fisch und Meeresfrüchte sind besonders gut.
▶ 7, Place Saint-André, 38000 Grenoble, Tel. +33 (0)4/76 44 51 41, www.restaurant-tableronde-grenoble.com

La Plage des Dauphins Die Küche bietet Fisch und viel Frittiertes und ist eher für einen Snack geeignet, die Lage aber ist toll: direkt am Ufer des Lac de Paladru, mit großer Terrasse und einem für Gäste reservierten Strand mit Badesteg.
▶ 340, Chemin des Plages, 38850 Charavines, Tel. +33 (0)4/76 06 61 78, www.plagedesdauphins.fr

EINKAUFEN

Les Halles Sainte-Claire Nach dem Vorbild der Pariser Markthallen wurden die von Grenoble erbaut: Schon die schöne Architektur ist einen Besuch wert, umso mehr die leckeren Dinge, die es drinnen gibt. Tipp: eine *Tourte matheysine* (Fleischpastete) für das Abendessen im Wohnmobil mitnehmen.
▶ 19, Place Sainte-Claire, 38000 Grenoble

das Museum der Gebirgstruppen (www.museedestroupesdemontagne.fr). Entlang der Schleifen der Isère zieht sich die Altstadt. Eine Besichtigungstour sollte mit der im 13. Jh. erbauten Kathedrale anfangen. Grenoble eignet sich darüber hinaus prima für eine Museumstour – allein das Musée de Grenoble besitzt die drittgrößte Kunstsammlung Frankreichs (www.museedegrenoble.fr). Oder man lässt sich in den Gassen und Straßen einfach treiben und genießt das Leben in einer der faszinierendsten Städte der Alpen.

VIZILLE UND LAFFREY

5 In der an der Romanche gelegenen Römerstadt Vizille wurde einst Weltgeschichte geschrieben: Im hiesigen Schloss wurde 1788 der Beginn der Französischen Revolution eingeläutet. Die ehemalige Residenz der Präsidenten der Französischen Republik ist heute das einzige Museum des Landes, das sich auf diese Epoche konzentriert. Der mit den politischen Umwälzungen einhergehende kulturelle Wandel in ganz Europa wird anhand von Kunstwerken, Möbeln sowie historischen Stücken wie Schwertern der Nationalgarde dokumentiert. Sehenswert ist auch der kostenlos zugängliche Park mit seinen Teichen und dem Rosarium. Angeschlossen ist ein kleiner Tierpark (www.musees.isere.fr).

Weltruhm kann auch der acht Kilometer entfernte Ort Laffrey für sich beanspruchen: Als Napoléon Bonaparte 1815 sein Exil auf Elba verließ, um gen Paris zu ziehen, kam er genau bis dorthin. Die königlichen Soldaten, die ihn dort aufhalten sollten, wechselten die Seite, liefen zu ihm über, und die Geschichte nahm ihren Lauf. Am Grand Lac de Laffrey erinnert eine Reiterstatue an die schicksalhafte Begegnung.

LA MURE

6 Aus dieser Perspektive sieht man die Gegend nur selten: Von La Mure aus fährt der Museumszug Le Petit Train regelmäßig durch die Berge bis nach La Côte du Crozet bei Monteynard. Vom Aussichtspunkt Belvédère du Grand Balcon hat man eine tolle Aussicht auf das türkisfarbene Wasser des Drac-Stausees und die Staumauer (www.lepetit

traindelamure.com). Auf dem Rückweg kann am Bergwerksmuseum La Mine Image ein Zwischenstopp eingelegt werden. Die 1,5-stündige Besichtigung führt durch die unterirdischen Minenstollen, in denen fast 200 Jahre lang Anthrazit abgebaut wurde. Das Museum in La Motte d'Aveillans lässt sich auch über die Straße erreichen (www.mine-image.com).

VALLÉE DE LA ROMANCHE

7 Outdoorfans werden sich wohlfühlen: Das Tal der Romanche lässt mit seinen umliegenden Bergen, Flüssen und Seen kaum Wünsche nach sportlicher Betätigung offen. Von Le Bourg-d'Oisans aus geht es ins Skiparadies Huez, Radsportler erfreuen sich an den anspruchsvollen Bergstraßen in der Umgebung. Wanderungen kann man unter der Leitung eines erfahrenen Bergführers unternehmen (www.albiezrandopatrimoine.com). Wer die alpine Bergwelt einmal von oben sehen möchte, bucht eine Fahrt mit dem Heißluftballon (www.hautesalpes montgolfiere.com).

Wen es immer schon interessiert hat, wie aus Wasser Strom gewonnen wird, sollte den Staudamm des nahen Lac du Verney ansteuern. Das dortige Wasserkraftmuseum zeigt auf drei Ebenen historische Technik, regelmäßig finden Sonderausstellungen statt (www.musee-edf-hydrelec.com).

Ein kleiner roter Farbtupfer ist der Petit Train vor dem Türkis des Drac-Stausees.

Seeblick garantiert: Camping de la Plage

CAMPING- & STELLPLÄTZE

CAMPINGPLÄTZE

Camping Le Calatrin

1 Sanfte Hügel umgeben den Gletschersee Lac de Paladru, im Volksmund »Blauer See« genannt. Der einfach gehaltene Campingplatz Le Calatrin weist 60 Standflächen auf, die je 100 m² groß sind. Der abschüssig gelegene Wiesenplatz ist terrassiert, einige hohe Bäume sorgen für Schatten. Im Bereich der Rezeption gibt es WLAN-Empfang; Stromanschlüsse (CEE, 10 A) sind ebenso vorhanden wie sanitäre Einrichtungen. Eine Ver- und Entsorgungsanlage für Wohnmobile steht nicht zur Verfügung. Zugang zum See gibt es über den schmalen Strand.

▸ 799, Rue de la Morgerie, 38850 Paladru, Tel. +33 (0)4/76 32 37 48, April–Sept., GPS: 45.47085, 5.54685

■ pincamp.de/ra_65160

Aktivitäten

Da der Platz unmittelbar am See liegt, bietet sich sowohl die Möglichkeit von Aktivitäten auf dem Wasser als auch in der Umgebung. Am knapp 500 m entfernten Nautilac-Strand werden Tretboote, Kanus und Kajaks verliehen sowie anfängertaugliche Tauchkurse angeboten. Als schöne Runde mit dem Fahrrad empfiehlt sich der 24 km lange Rundkurs um den See. Rund um den Lac de Paladru gibt es zudem 15 markierte Mountainbikestrecken, die es auf eine Gesamtlänge von 250 km bringen. Auch Wanderer gehen nicht leer aus – die Region bietet mehr als 500 km markierter Wanderwege.

Camping Ser Sirant ★★★½☆

2 Als einziger Campingplatz im Departement Isère ist Camping Ser Sirant mit dem Gütesiegel »Unterkunft für Angler« ausgezeichnet. Von Booten

und Ruten bis zu Räumlichkeiten für die Lagerung der Ausrüstung finden Angler hier alles, was sie für die Ausübung ihres Sports benötigen. Die 80 schattigen Parzellen weisen komfortable Größen zwischen 80 und 120 m² auf und verfügen über Stromanschlüsse (CEE, 10 A). Kostenfreies WLAN gibt es an der Rezeption; das Restaurant bietet auch einen Frühstücksservice an. Frischwasser kann gezapft werden und Entsorgungsvorrichtungen sind vorhanden. Auf dem Platz stehen zwei Sanitärbereiche zur Verfügung.

▶ Petichet Lac de Laffrey, 38119 Saint-Theoffrey, Tel. +33 (0)4/76 83 91 97, Mitte Mai–Ende Sept., GPS: 45.00039, 5.7778

■ pincamp.de/ra4470

Aktivitäten

Das Camp bietet Kanus und SUP-Boards zum Ausleihen an. Nur 50 m vor dem Eingang gibt es eine Segel- und Surfschule, die auch Kurse für Kinder und Jugendliche im Programm hat. Die Unterwasserwelt des Sees lässt sich bei einem Tauchgang erleben (www.plongee-en-matheysine.fr). Organisiert werden können außerdem Canyoning-, Rafting- und Klettertouren. Das Glück der Erde auf dem Rücken eines Pferdes erleben? Ausritte, auch für Kinder, können ebenfalls vom Platz aus organisiert werden. In der Region befinden sich neben Wanderrouten auch 800 km markierte Radwege. Um möglichst viel Strecke zu bewältigen, kann man Mountainbikes mit Elektrounterstützung ausleihen.

Camping de la Plage ★★★☆☆

3 Im Schatten des 1769 m hohen Berges Sénépy wird das Camping de la Plage nur durch einen Parkplatz und Liegewiesen vom Lac de Monteynard getrennt. Wanderer fühlen sich hier ebenso wohl wie Angler, SUP-Boards werden ausgeliehen; direkt auf dem Platz befindet sich auch eine Surfschule. Die 47 Stellplätze messen zwischen 60 und 110 m²; der Untergrund ist gekiest oder grasbewachsen. Strom (CEE, 10 A) und WLAN sind vorhanden, doch es gibt keine Entsorgungsstation. Im Sommer wird jeden Samstag Livemusik am Restaurant gespielt.

▶ Sous Jullières, 39650 Treffort, Tel. +33 (0)4/76 34 06 31, Mai–Mitte Okt., GPS: 44.909566, 5.670488

■ pincamp.de/ra4475

Aktivitäten

Kitesurfen und Windsurfen werden am Lac de Monteynard großgeschrieben; mehrere Surfschulen bieten sowohl Kurse als auch die nötige Ausrüstung an (www.teknikite.fr). 450 m vom Platz entfernt kann man Wakeboard oder Wasserski fahren (www.wsc-grenoble.fr). Will man es ruhiger angehen lassen, hat man die Möglichkeit, zu segeln oder Kanu zu fahren. Die flachen Uferbereiche laden zudem zum Angeln von Hecht, Zander oder Regenbogenforelle ein. Für Wanderungen empfiehlt sich die südlich gelegene Region rund um Villarnet. Die Flüsse Ébron und Drac kann man hier auf Hängebrücken überqueren.

STELLPLÄTZE

Aire camping car, Sassenage

1 Wo der Drac in die Isère mündet, liegt unweit eines kleinen Parks mit See der einzige Stellplatz im Raum Grenoble. Neun Standflächen werden geboten; Hunde sind erlaubt. Wasser und Entsorgung sind am Platz. Gebührenpflichtig, max. 2 Tage.

▶ 2 bis, Rue Pierre de Coubertin, 38360 Sassenage, Tel. +33 (0)4/76 42 41 41, www.grenoble-tourisme.com, ganzjährig, GPS: 45.213693, 5.668642

Aire d'accueil camping-car, Treffort

2 Am Ufer des Lac de Monteynard empfiehlt sich ein für 60 Mobile ausgelegter Stellplatz. Stromanschlüsse und eine Ver- und Entsorgungsanlage sind vorhanden; Hunde sind erlaubt. Gebührenpflichtig.

▶ La Salette, Treffort, 38650 Monestier-de-Clermont, Tel. +33 (0)4/76 34 14 48, www.trieves-vercors.fr, Mai–Sept., GPS: 44.905268, 5.67253

HAUTES ALPES

Gewusst, wann …

Outdoormix Festival

Outdoor- und Extremsportfans, Amateure wie Profis, treffen sich an Pfingsten zu Wettkämpfen in Disziplinen wie Klettern, Kitesurfen, Downhill-Mountainbiking oder Stand-Up-Paddeln an verschiedenen Orten des Départements Hautes Alpes. Die Winterversion des Festivals findet im Januar statt.

▸ www.outdoormixfestival.com

Das Département Hautes Alpes ist ein Feriengebiet, wie man es sich wünscht: Von den nahen Dauphiné-Alpen rauschen Flüsse durch die zahlreichen Täler; Gletscherseen und künstlich angelegte Stauseen laden dazu ein, längere Zeit an einem Ort zu bleiben. Herzstück ist der Nationalpark Écrins in der Gegend zwischen Gap, Briançon und Le Bourg-d'Oisans. Im Osten grenzt die Region an Italien, die südliche Lage bewirkt ein angenehmes Klima und eine reichliche Anzahl von Sonnenstunden. Zahlreiche Museen und mehrere Weltkulturerbestätten rücken die Region in den Fokus von Reisenden, für die der Kulturgenuss nicht zu kurz kommen soll.

Für Ferienaufenthalte in den Hautes Alpes bieten sich vor allem kleine und mittelgroße Campingplätze an. In Anlagen an Seen gibt es häufig Freizeitangebote, um die Stunden auf dem Wasser aktiv zu gestalten. Rund um die größeren Orte herrscht ebenfalls eine erfreuliche Auswahl an Camps. Auch Wohnmobilstellplätze stehen in größerer Anzahl zur Verfügung. Fährt man entlang der Flüsse, ziehen sich die Übernachtungsgelegenheiten wie Perlenketten an den Ufern entlang. Darüber hinaus wurden viele Plätze in Gegenden angesiedelt, die im Winter als Skigebiet bekannt sind und in der schneefreien Jahreszeit zu Wanderungen einladen. Die Mehrzahl der Stellplätze ist mit den nötigen Serviceeinrichtungen für die Ver- und Entsorgung ausgestattet.

In den Hautes Alpes gibt es unzählige Fotomotive, passionierte Motivjäger müssen sich geradezu zwingen, die Kamera sinken zu lassen und die Aussicht zu genießen.

SEHENSWERTES

LA GRAVE

1 Eines der schönsten Dörfer der Hautes Alpes liegt in 1500 m Höhe am Fuße des Meije-Massivs: La Grave besticht durch seine rustikal wirkenden Steinhäuser und die Ausflugsmöglichkeiten. Eine Seilbahn fährt das ganze Jahr über zum 3200 m hoch gelegenen Gletscher Girose, von der Bergstation aus führen Wanderwege zum Gipfel. In jedem Sommer gibt es dort eine künstliche Eishöhle, in der Künstler Skulpturen zur Popkultur anfertigen (www.grottedeglace.com).

Wenige Kilometer vom Dorf entfernt kann von Juni bis September der Botanische Garten Lautaret besucht werden. 2000 Bergpflanzenarten vermitteln einen guten Eindruck davon, wie vielfältig die Bergflora ist (www.jardinalpindulautaret.fr).

BRIANÇON

2 Die Alpen sind zwar reich an historischen Befestigungsanlagen, von vielen sind jedoch nur noch Ruinen erhalten geblieben. Die im 18. Jh. vom Baumeister Vauban erdachten Verteidigungsanlagen von Briançon sind jedoch so komplex, dass sie noch mehr als 200 Jahre später feindlichen Angriffen standhielten. Die überwältigende Anlage ist Teil des UNESCO-Weltkulturerbes (www.ville-briancon.fr). Unterhalb des Forts drängen sich die bunten Häuser der Altstadt; auch die an ihren Zwillingstürmen erkennbare Stiftskirche Notre-Dame-et-Saint-Nicolas aus dem 18. Jh. und die im 14. Jh. erbaute Église des Cordeliers mit ihren schönen Fresken sind hier zu finden. Auch am Springbrunnen aus dem 16. Jh. sollte man nicht achtlos vorbeigehen.

Unterhalb der Stadt liegt der Parc de la Schappe, an den zwei Erlebnisparks grenzen (www.grimpinforest.fr). Keine 15 km von der Grenze zu Italien entfernt, ist Briançon die am höchsten gelegene Stadt Frankreichs.

L'ARGENTIÈRE-LA-BESSÉE

3 Ob man das Erdreich erkunden, wilde Gewässer bezwingen oder in 200 m Höhe durch die Lüfte sausen möchte – L'Argentière-la-Bessée kann alles bieten: In der alten Silbermine führen Stollen bis zu den im Mittelalter angelegten Abbaugebieten; von einem Bergpfad aus geht es 100 m tief unter die Erde. Informationen zur Mine gibt es in der Dauerausstellung im Schloss Saint-Jean (www.mines-argent-fournel.com/en).

Auf der Wildwasseranlage im Fluss Durance gibt es unter anderem Möglichkeiten zum Rafting und Wildwasserpaddeln. Auf der Strecke wurden bereits die französischen Meisterschaften im Kajakslalom ausgetragen. Angeboten werden auch Kurse für Anfänger (www.canoe-Kajak-alpes.com).

Mehr als 2000 m Parcours erwarten Kletterer im Erlebnispark Roc Aventure in der nahen Durance-Schlucht. Unter den Klettersteigen befinden sich auch zwei Strecken für Kinder ab vier Jahren, sodass der Park sich auch für einen Familienausflug eignet. Frei wie ein Vogel fühlen kann man sich an den beiden Seilrutschen, welche die Schlucht über 500 m Länge in einer Höhe von 200 m überwinden (www.roc-aventure.com).

Camping- & Stellplätze ▸ S. 142

ESSEN & TRINKEN

Les Tables de Gaspard In einem Gewölbekeller aus dem 16. Jh. heißen Virginie und Sébastien, ehemaliger Sterne-Koch, ihre Gäste willkommen. Die Jahreszeiten bestimmen die Karte.
▸ Le Village, 05600 Saint-Crépin, Tel. +33 (0)4/92 24 85 28, www.lestablesdegaspard.com

Le Bouchon Die Preise sind gehoben, die Gerichte dafür aber auch schmackhaft und hervorragend: gebratenes Spanferkel und geschmorte Schulter, würziger Jus und in der Saison Wildhase königlicher Art – die Spezialität des Küchenchefs.
▸ 4, La Placette, 05000 Gap, Tel. +33 (0)4/92 46 02 43, www.lebouchon-gap.fr

Le Rustique Das kleine rustikale Restaurant hat nur 40 Plätze, die Speisekarte ist käselastig: Raclette- und vor allem Fondue-Freunde werden hier auf jeden Fall satt. Besondere Spezialität des Hauses ist *Fondue Briançonnaise aux morilles et champignons*, Käsefondue mit Morcheln und Steinpilzen.
▸ 36, Rue du Pont d'Asfeld, 05100 Briançon, Tel. +33 (0)4/92 21 00 10, www.restolerustique.fr

EINKAUFEN

Miellerie Der kleine Imkereibetrieb der Familie Guasco produziert und verkauft seit rund 35 Jahren Honig in zahlreichen Sorten (besonders empfehlenswert ist der Berghonig) und viele andere Honigprodukte wie Bonbons, Kerzen und Seifen.
▸ Le Grand Liou, 05200 Baratier, Tel. +33 (0)4/92 43 12 44, www.miellerie debaratier.fr

MONT-DAUPHIN

4 An der Mündung des Gebirgsflusses Guil in die Durance sollte man sich das Dorf Mont-Dauphin nicht entgehen lassen. Nicht zuletzt die ausgesprochen gut erhaltenen Festungsanlagen aus dem späten 17. Jh. haben dem Ort die Anerkennung als UNESCO-Weltkulturerbe eingebracht (www.place-forte-montdauphin.fr).

Sehenswert ist auch die gut zwei Kilometer westlich des Dorfes gelegene Thermalquelle Fontaine pétrificate de Réotier. Die Sinterablagerungen erwecken den Eindruck, als würde ein Drache Wasser speien. Zwischen dem Fluss Durance und dem kleinen Lac Eygliers öffnet im Sommer der Vergnügungspark Troll Aventure, in dem sich auch ein kindgerechter Seilgarten befindet.

LAC DE SERRE-PONÇON

5 Der Anblick von Seglern und Surfern auf dem Lac de Serre-Ponçon erweckt schnell den Eindruck, der Stausee sei eine reine Freizeitregion. Dabei stellt das 20 km lange Bassin das wichtigste Wasserreservoir Frankreichs dar und dient zudem der Stromerzeugung. Wer mehr über die Entstehung der Talsperre erfahren möchte, wird nahe der am Fuß bis zu 123 m dicken Staumauer fündig: Das Museum Muséoscope du Lac widmet sich der Geschichte und Gegenwart des Damms (www.museoscope-du-lac.com). Auf der anderen Seite des Dammes hat die Betreibergesellschaft ein Kraftwerksmuseum eingerichtet, in dem die Technik der Anlage vorgestellt wird (www.edf.fr/hydraulique-durance-verdon). Ein Blick hinter jahrhundertelang für die Öffentlichkeit fest verschlossene Kirchentüren lässt sich 13 km entfernt im Kloster von Boscodon werfen. Teile der Abtei aus dem 12. Jh. können besichtigt werden (www.abbayedeboscodon.eu).

GAP

6 Wenn der Wind günstig steht, weht ein Hauch der nahen Provence durch Gap. Am Hauptplatz Jean Marcellin leuchten die Häuser in Pastellfarben; um den Brunnen herum laden Lokale dazu ein, bei einem Café au lait das bunte Treiben zu beobachten. Beim Gang durch die Altstadt liegt die Kathedrale

Vielseitiges Wassersportangebot gibt es auf dem Lac de Serre-Ponçon, beispielsweise auch Segelkurse.

Notre-Dame-et-Saint-Arnoux mit ihrem 70 m hohen Glockenturm auf dem Weg. Hineinzugehen lohnt sich – vor allem, wenn die Orgeln gespielt werden. Einen Eindruck von historischem Badevergnügen bekommt man im 1924 eröffneten Schwimmbad Piscine de la République an der Place de la République. Weiter zurück in die Geschichte geht es im Museum für Archäologie, Geschichte und Kunst, wo unter anderem das aus schwarz-weißem Marmor bestehende Mausoleum des Herzogs von Lesdiguières ausgestellt wird.

Nachdem Gap mehrfach Etappenziel der Tour de France und der Rallye Monte Carlo war, wurde ihm der Titel »Sportlichste Stadt Frankreichs« zuteil. Steht einem der Sinn danach, selbst aktiv zu werden, bieten die Dauphiné-Alpen viele Möglichkeiten.

SERRES

7 Seine Lage an der Kreuzung wichtiger Handelswege ließ Serres einst erblühen, dann lief ihm Sisteron den Rang ab. Geblieben ist die Altstadt mit ihren Renaissancebauten, die sich malerisch vor den steilen Felswänden der Pignolette den Berg hinaufzieht. Die polychromen Gipsverzierungen am Haus des Connétable Lesdiguières gelten als in Frankreich einzigartig. An vielen Häusern entdeckt man die typischen geschnitzten Türen, herausragend ist der Eingang zum Rathaus. Im Dorf haben sich zudem Künstler und Kunsthandwerker angesiedelt, die in der permanenten Ausstellung Hang'Art ihre Werke präsentieren (www.lehangartdeserres.fr). Am Flüsschen Buëch lädt der Freizeitpark La Germanette zum Baden, Paddeln und Angeln ein.

Huttopia Camping La Clarée am Flusslauf der Clarée

CAMPING- & STELLPLÄTZE

CAMPINGPLÄTZE

Camping Huttopia La Clarée ★★★☆☆

1 Der Platz liegt in einem Waldstück unmittelbar am Flusslauf der Clarée. Der Untergrund der 138 Stellplätze (50–100 m²) ist gekiest oder grasbewachsen. Strom (Schuko, 10 A) und WLAN sind vorhanden, für Reisemobile gibt es eine Ver- und Entsorgungsstation. Im Juli und August hat ein Restaurant mit Café geöffnet, ein Frühstücksservice wird angeboten. Für den kleinen Einkauf gibt es einen Minimarkt; das Schwimmbad ist beheizt. Im Sommer finden Livemusik sowie Unterhaltungsshows mit Theater oder Magie statt.

▸ 8, Route des Alberts, 05100 Val-des-Prés, Tel. +33 (0)4/ 92 21 06 01, Mitte Mai–Mitte Sept. und Mitte Dez.–Mitte März, GPS: 44.94, 6.6823

■ pincamp.de/po100

Aktivitäten

Obwohl die Clarée nicht tief ist, kann darin gebadet werden; Angelscheine sind erhältlich. Auf dem Platz gibt es ein Mehrzwecksportfeld, Tischtennis sowie eine Pétanque-Bahn. Fahrräder und E-Bikes können am Camp ausgeliehen werden, für Mountainbiketouren und zum Wandern bieten sich das Val-des-Prés und das Tal von Névache an. Vorschläge für Klettertouren können bei der Rezeption erfragt werden. Im Winter beginnt eine Loipe direkt am Platz, der nächste Skilift ist zehn Kilometer entfernt.

Camping Saint-James Les Pins ★★★☆☆

2 Auf Familien ausgerichtet ist der am Ufer des Flüsschens Chagne gelegene Campingplatz Saint-James Les Pins. Auf einem leicht abschüssigen Wiesengelände verteilen sich 89 Stellflächen unter zuweilen dicht zusammenstehenden Bäumen; pro

Einheit stehen zwischen 80 und 120 m² zur Verfügung. Die Stromkästen (CEE, 6–10 A) liegen zentral; die Ver- und Entsorgung für Wohnmobile und Caravans ist gesichert. Kostenpflichtiges WLAN wird angeboten. Ein großer Spielbereich mit Bolzplatz, Rutschen und Schaukeln freut den Nachwuchs, in der Saison werden Sportturniere organisiert. Ein kleines Restaurant mit Außenanlagen klärt die Frage, wer kocht. Hunde sind erlaubt.

▶ Route des Campings, 05600 Guillestre,
Tel. +33 (0)4/92 45 08 24, ganzjährig,
GPS: 44.65681667, 6.63275

■ pincamp.de/po350

Aktivitäten

Ob man mit dem Kajak durchs Wildwasser rauschen, eine Raftingtour mitmachen oder sich mit dem Hydrospeed versuchen möchte – das Umland bietet alle Voraussetzungen dazu. Professionelle Anbieter sorgen für die Ausrüstung und bieten Touren an (www.lavaguerafting.com). Wer lieber an Land bleibt, findet mit dem Mountainbike rund um Guillestre mehrere Trails unterschiedlicher Schwierigkeitsgrade. Möglichkeiten zum Paragliden und zum Tandemsprung bieten sich nur 1,5 km vom Campingplatz (www.parapente05.com).

Camping Le Roustou ★★★

3 Vor der Kulisse der Alpen erinnert fast nur der übers Jahr variierende Wasserstand daran, dass es sich beim Lac de Serre-Ponçon um einen künstlich angelegten Stausee handelt. Gegenüber der bei Niedrigwasser zu Fuß erreichbaren Kapelle Saint-Michel nimmt der elf Hektar große Campingplatz Le Roustou eine Halbinsel ein. Auf dem terrassierten Wiesengelände befinden sich insgesamt 197 parzellierte Stellflächen – auch die weiter oben gelegenen Stellplätze in Größen zwischen 80 und 150 m² haben einen schönen Seeblick. Der Platz bietet eine gute Ausstattung für Bootssportler; Hunde sind erlaubt. Der Strom kommt aus der Steckdose (CEE, Schuko, 6 A); für Frisch- und Abwasser ist gesorgt. WLAN-Empfang ist auf einigen Teilen des Platzes verfügbar.

▶ Le Roustourias, 05230 Prunières,
Tel. +33 (0)4/92 50 62 63, Ende Mai–Ende Sept.,
GPS: 44.52315, 6.34085

■ pincamp.de/po770

Aktivitäten

Der Stausee ist ein beliebtes Naherholungsgebiet, in den letzten Jahren wurde eine gute Infrastruktur für Wassersportler geschaffen. Segler und Surfer können für die erforderliche Ausrüstung zwischen mehreren Verleihern wählen; es werden auch Canyoning- und Kajaktouren angeboten. Boote können ausgeliehen werden; es gibt die Möglichkeit zum Wasserskifahren. Die Region bietet sich auch für Wanderungen und Touren mit dem Mountainbike an. In den nahen Bergen kommen Kletterer auf ihre Kosten.

STELLPLÄTZE

Aire de camping-cars, Briançon

1 Zwischen der Durance und der Eissporthalle gelegen, ist der Stellplatz ein guter Ausgangspunkt für Stadtbesichtigungen. Ver- und Entsorgungseinrichtungen sind vorhanden, Hunde sind erlaubt. Gebührenpflichtig.

▶ Rue Georges Bermond-Gonnet, 05100 Briançon,
Tel. +33 (0)4/92 21 08 50, ganzjährig,
GPS: 44.890097, 6.629395

Aire camping, Savines-le-Lac

2 Begrenzt von einem Wäldchen und nahe der Marina gibt es hier eine Übernachtungsgelegenheit für 18 Mobile. Zufahrt nur mit einem Pass'Étapes, der online bestellt werden muss. Einrichtungen für die Ver- und Entsorgung sind vorhanden.

▶ 1, Avenue du Faubourg, 05160 Savines-le-Lac,
Tel. +33 (0)1/83 64 69 21, www.campingcarpark.com,
ganzjährig, GPS: 44.523243, 6.40097

SEEALPEN UND PROVENZALISCHE ALPEN

Gewusst, wann ...

Fête du jasmin

In Grasse feiert man, wie sollte es anders sein, den Duft. Am ersten Augustwochenende steigt das Jasminfest mit Musik und Tanz, als Auftakt zur Ernte der weißen Blüten. Es gibt Umzüge, Blumen werden verteilt, Musik und Tanz gehören dazu, und ein Boules-Wettkampf darf in der Provence natürlich auch nicht fehlen.

▸ www.ville-grasse.fr.

Soll es im nächsten Urlaub in die Berge gehen oder doch lieber ans Meer? Die Provenzalischen Alpen und die Seealpen im Süden Frankreichs stellen eine gelungene Kombination aus beidem dar. Bis auf knapp 3 500 m aufragende Berggipfel und auch im Sommer für den Fremdenverkehr erschlossene Skiregionen erfüllen die Wünsche der Bergfraktion, die schönen Strände der Côte d'Azur locken die Meerfans. Dazu gibt es die großen Stauseen des Verdon, der auch den wohl schönsten Canyon Europas aufweist. Entlang der Flüsse führen landschaftlich reizvolle Strecken. Auf den teils schmalen Straßen muss mit Tunneln und überragenden Felsen gerechnet werden.

In der Provence und in den Seealpen bieten sich Campern eine Vielzahl von schönen und gut ausgestatteten Camps an. Selbst auf Plätzen, die schwerpunktmäßig auf Mobilheime setzen, gibt es Areale, die eindeutig Besuchern mit Reisemobilen und Caravans vorbehalten sind. Auch das Netz von Stellplätzen ist sehr dicht. Bei mit *Parking* bezeichneten Stellplätzen handelt es sich meist um reine Übernachtungsplätze ohne Extras. Ver- und Entsorgung darf man fast durchgängig auf einer *Aire de camping-cars* erwarten.

Wer »Provence« denkt, denkt an Lavendel. Um die Felder in so prachtvoller Blüte zu sehen, muss man in den heißen Sommermonaten kommen.

SEHENSWERTES

VALLÉE DE L'UBAYE

1 Ursprünglich hat sich das Tal der Ubaye einen Namen als Wintersportregion gemacht. Das Skigebiet Pra Loup ist nah; die Berge ringsum bringen es auf Gipfelhöhen von über 3000 m. Im Sommer konkurrieren Fahrrad- und Motorradfahrer um die kurvenreichen Straßen, die gen Osten in Richtung Italien führen.

Aus dem Hauptort Barcelonnette zogen im 19. Jh. viele Einwohner nach Mittelamerika, um dort ihr Glück zu machen. Nach der Rückkehr bauten sie im Ort Villen nach mexikanischem Vorbild. Einer der Prachtbauten, die Villa La Sapinière, fungiert heute als Museum und zeichnet Geschichte und Traditionen des Ubaye-Tals nach (www.museedelavallee.fr).

Folgt man dem Tal bis zum Oberlauf des Flusses, gelangt man kurz hinter La Condamine-Châtelard zum Fort de Tournoux aus dem 19. Jh., das teilweise besichtigt werden kann. Noch höher in den Bergen hält die Natur eine Überraschung bereit: Der auf 2841 m Höhe gelegene Lac des Neufs Couleurs erscheint wirklich mehrfarbig und kann auf Wanderwegen erreicht werden.

DIGNE-LES-BAINS

2 Zwischen Juni und August färben blühende Lavendelfelder die ganze Region violett. Die Hauptstadt des Lavendels ist der Kurort Digne-les-Bains. Die Altstadt umschließt die Kathedrale Saint-Jérôme; seine lange Geschichte als Bad setzt der Ort mit seinen Thermen und einem Spaßbad fort (www.thermesdignelesbains.com). Im Lavendelmuseum erfährt man alles zu der schon den Römern bekannten Heilpflanze und ihren Anwendungsmöglichkeiten (www.musee-lavande-digne.fr). Nur ein paar Hundert Meter entfernt befindet sich in einem ehemaligen Pflegeheim aus dem 16. Jh. das Museum Gassendi, das neben zeitgenössischer Kunst auch wissenschaftliche Instrumente und Tierpräparate ausstellt (www.musee-gassendi.org). Beide Museen sind Teil des von der UNESCO gegründeten Géoparc de Haute-Provence, der sich bis in die Hochalpen erstreckt und das Erbe von Natur, Kultur und Bräuchen wahrt.

GRÉOUX-LES-BAINS

3 Waren es nun die Tempelritter oder doch die Malteser, die das imposante Schloss oberhalb von Gréoux-les-Bains erbaut haben? Die Meinungen gehen auseinander, doch lohnt es sich auf jeden Fall, die steilen Gassen im Dorf zu erklimmen, um das im 12. Jh. errichtete Bauwerk in Augenschein zu nehmen. Knapp 100 Jahre älter ist der Glockenturm der Kirche Notre-Dame-des-Ormeaux im Zentrum des

Camping- & Stellplätze ▸ S. 148

Dorfes. Berühmt geworden ist der vom Schriftsteller Jean Giono als »romantische Oase des Verdon« bezeichnete Luftkurort auch durch sein gesundes Heilwasser. Ein Besuch der Thermen empfiehlt sich nicht nur wegen der historischen Architektur – das Thermalbad bietet neben Kuren auch Wellness an (www.chainethermale.fr).

Nur gut fünf Kilometer von der Stadt entfernt liegt der Lac d'Esparron. Der Stausee eignet sich wegen seiner Steilufer nur bedingt als Badesee. Zum Paddeln ist man hier aber genau richtig. Boote werden in Esparron-de-Verdon verliehen.

GRAND CANYON DU VERDON

4 Die steilen Felswände der Schluchten sind ein beliebtes Ziel für Kletterer; Fahrradfahrer lieben die Herausforderung der Höhenunterschiede, Motorradfahrer die kurvenreichen Strecken: Den Grand Canyon du Verdon, einen der größten Canyons Europas, kann man auf vielerlei Arten erleben – natürlich auch als Kanute auf dem an die Karibik erinnernden türkisblauen Wasser. Der reizvollste Abschnitt befindet sich zwischen Castellane und der Galetas-Brücke am Lac de Sainte-Croix. Auf der Strecke liegt La-Palud-sur-Verdon, wo das Museum Maison des Gorges du Verdon über die Vegetation und die Geschichte des Canyons informiert (www.lapaludsurverdon.com).

Als nächster Stopp bietet sich Moustiers-Sainte-Marie an, das als eines der schönsten Dörfer Frankreichs ausgezeichnet ist. Zu Berühmtheit brachte es der Ort für seine Tradition der Fertigung feinster Keramik. Das Fayencen-Museum verfügt über eine bemerkenswerte Sammlung vom Ende des 17. Jh. bis in die Gegenwart (www.musee-moustiers.fr). Souvenirs findet man in den verwinkelten Gassen des Ortes, wo sich die Ateliers angesiedelt haben.

Für die Weiterfahrt zum südlichen Teil des Sees stellt die östlich verlaufende Hauptstraße D 257 die landschaftlich schönere Variante dar. Höhepunkte sind der Staudamm und die Brücke von Sainte-Croix am Südende des gleichnamigen Sees.

Der Grand Canyon du Verdon ist nicht nur ein berauschendes Naturerlebnis, sondern auch ein Riesenfahrspaß.

ENTREVAUX

5 Im Tal strömt der Fluss Var in weiten Schleifen der Küste zu, hoch oben auf dem Berg ragt die Zitadelle in den Himmel. Dazwischen liegt das mittelalterliche Entrevaux.

Nur wenige Meter vom Fluss entfernt entpuppt sich die Kathedrale als Überraschung: Äußerlich unscheinbar, offenbart sie ihre inneren Werte beim Öffnen der Tür. Altar und Decke sind kunstvoll gearbeitet, die Einrichtung stammt aus dem frühen 18. Jh. (www.verdontourisme.com). Auf dem Weg zur Festungsruine ist ein Höhenunterschied von gut 150 m zu überwinden, man sollte mit einer halben Stunde Fußweg rechnen – doch der fantastische Ausblick lohnt den Weg. Beim Abstieg in die Altstadt spricht viel dafür, den Schildern zum privaten Motorradmuseum zu folgen. Die von Vater und Sohn betriebene Ausstellung von *Motos* vorrangig der 1930er-Jahre kann begeistern.

Auf der anderen Seite des Var lagen einst die Mühlen der Stadt. Während die Kornmühle seit den 1950er-Jahren außer Betrieb ist, wird in der Ölmühle daneben bis heute produziert (www.secrets-de-fabriques.fr/patrimoines/moulins-a-farine-Entrevaux).

GRASSE

6 Die Suche nach dem perfekten Duft hat schon viele Reisende nach Grasse geführt. Nur 20 km von der Côte d'Azur entfernt ist die Welthauptstadt des Parfüms eine lebendige Legende.

Der Weg durch die bergauf, bergab führenden Sträßchen ist mit Kirchen und Museen gespickt; in der aus dem 12. Jh. stammenden Kathedrale Notre-Dame-du-Puy sind unter anderem Gemälde von Rubens zu sehen, das Museum für provenzalische Kunst und Geschichte vermittelt einen lebendigen Eindruck des einstigen Lebens in der östlichen Provence. Ein Besuchermagnet ist das Internationale Museum der Parfümerie, das auch eine Kollektion von Parfümflakons enthält. Mehrere ortsansässige Hersteller der edlen Duftstoffe bieten übrigens kostenlose Führungen an. Wer danach frische Luft braucht, sollte den Jardin des Plantes ansteuern. Von dort aus überblickt man die Altstadt und kann sogar das Mittelmeer sehen.

ESSEN & TRINKEN

Le Petit Prince Von außen wirkt es eher unscheinbar, aber man sollte an diesem Restaurant auf keinen Fall vorbeigehen. Serviert wird provenzalische Küche, im Sommer auf der schattigen Terrasse.

▸ 15, Rue Frédéric Mistral, 06530 Cabris, Tel. +33 (0)4/93 60 63 14, www.lepetitprince-cabris.fr

L'Ambassade Das kleine traditionelle Restaurant befindet sich im mittelalterlichen Dorfkern. Unbedingt probieren sollte man *Secca* (Dörrfleisch), eine Spezialität in Entrevaux.

▸ Place du Marché, 04320 Entrevaux, Tel. +33 (0)4/93 05 49 98

Ferme Sainte-Cécile Auf Catherine und Patrick Crespins Speisekarte stehen sehr gute Fischgerichte, täglich selbst gebackenes Brot und regionale Produkte von lokalen Bauern. Für ein Verdauungsnickerchen gibt es im Garten gemütliche Hängematten.

▸ Route des Gorges du Verdon, 04360 Moustiers-Sainte-Marie, Tel. +33 (0)4/92 74 64 18, www.ferme-ste-cecile.com

EINKAUFEN

La Maison de Pays du Verdon Ob kandierte Früchte und Pasteten oder Schmuck und Töpferarbeiten, hier gibt es alles und das in ausgezeichneter Qualität. Tipp: Lavendelhonig der Familie Mouret, die ihre derzeit 300 Bienenvölker schon seit 1930 pflegt.

▸ Route de Riez, 04500 Allemagne-en-Provence, Tel. +33 (0)4/92 77 40 24, www.produits-artisans-verdon.fr/la-maison-de-pays-du-verdon

Camping La Farigoulette inmitten eines kleinen Wäldchens

CAMPING- & STELLPLÄTZE

CAMPINGPLÄTZE

Camping Le Soleil ★★★☆☆

1 Ursprünglicher kann Campen kaum sein: Am Ufer des Lac d'Esparron zieht sich das terrassierte Areal den Hang hoch; das naturbelassene Gelände wird von Pinien beschattet. Die 79 Parzellen sind 70 bis 90 m² groß. Frischwasser, Strom (CEE, 6 A) und Entsorgung sind vorhanden. Beim Aufstellen des Vorzeltes muss mit felsigem Untergrund gerechnet werden. Der Platz hat einen eigenen Zugang zum See; es herrscht generelles Hundeverbot. Ein Spielplatz ist vorhanden – ebenso ein Restaurant und ein kleiner Laden. Das WLAN ist frei.

▸ 1000, Chemin de la Tuilière, 04800 Esparron-de-Verdon, Tel. +33 (0)4/92 77 13 78,
Mitte April–Anfang Okt., GPS: 43.734253, 5.970502
■ pincamp.de/po2550

Aktivitäten

In Fußnähe befindet sich ein Verleih für Kanus und SUP-Boards (www.location-canoe-verdon.fr); im nahen Ort Esparron gibt es ein Wassersportzentrum, das sowohl Boote verleiht als auch Windsurfkurse offeriert (www.cnev.free.fr). Bei der Suche nach Elektrobooten, die auch ohne Führerschein bewegt werden dürfen, ist die Rezeption behilflich. Das Hinterland ist ein ideales Terrain für Wanderer und Mountainbiker, die Straßenqualität genügt den Ansprüchen von Rennradlern.

Camping La Farigoulette – Ciela Village ★★★★☆

2 Man sollte sich von der schmalen Zufahrtsstraße nicht irritieren lassen – mit einer Fläche von 14 ha nimmt der Campingplatz die ganze Bucht am Lac de Montpezat ein. Neben den 161 Mietunter-

künften ist mit 96 Parzellen (90–110 m²) genug Platz für Camper. Strom (CEE, 10 A), Wasser und Entsorgung sind vorhanden. In dem bewaldeten Gelände gibt es viele Möglichkeiten, die Hängematte zu spannen. Für das leibliche Wohl sorgt das Restaurant, wo es auch WLAN gibt. Ein Mini-Shop ist vorhanden – größere Einkäufe werden im sechs Kilometer entfernten Quinson erledigt. Für Wasserspaß sorgt der kinderfreundlich gestaltete Pool; zudem gibt es einen direkten Zugang zum See, wo sich neben dem Kieselstrand auch ein Bootssteg befindet.

▶ 1029, Route de Montpezat, 04500 Saint-Laurent-du-Verdon, Tel. +33 (0)4/92 74 41 62, April–Okt., GPS: 47.84024, 12.373665

■ pincamp.de/po2500

Aktivitäten

Sportfelder und ein Minigolfplatz befinden sich auf dem Gelände. Am Strand gibt es eine Wassersportstation, die alles für eine Tour durch die Schluchten von Baudinard bereithält: Angemietet werden können Kanus und Kajaks, aber auch Tret- und Elektroboote. Nicht nur für Kinder ein Erlebnis ist der Besuch des Museums für Vorgeschichte in Quinson. Zu sehen gibt es hier die Rekonstruktion eines prähistorischen Dorfes sowie eine ganze Tierherde in Lebensgröße (www.museeprehistoire.com).

Camping La Source ★★★½

3 Campingplätze, die nicht gleichzeitig auf Mobilheime setzen, stellen eher eine Ausnahme dar. Das Camping La Source jedoch konzentriert sich auf mobile Camper mit Bewegungsdrang. Am Lac de Sainte-Croix werden 89 Standflächen (80–130 m²) geboten; die Komfortplätze verfügen über Stromanschluss (CEE, 10 A), Frischwasser und Kanalisation. Teilweise gibt es WLAN. Kindern steht ein Spielplatz zur Verfügung. Das Restaurant bietet kleine Gerichte an; im Ort finden sich weitere Lokale und Läden. Hunde sind auf dem gut beschatteten Platz erlaubt; der Kiesstrand ist 100 m entfernt.

▶ Margaridon, 83630 Les Salles-sur-Verdon, Tel. +33 (0)4/94 70 20 40, Mitte Mai–Mitte Okt., GPS: 43.77535, 6.2069

■ pincamp.de/po2210

Aktivitäten

Auf dem Stausee herrschen sehr gute Bedingungen für alle Wassersportler. Am Campingplatz können Kanus, Kajaks und Ruderboote ausgeliehen werden, 200 m weiter gibt es ein Surfzentrum (www.surfcenter.fr). Die in der Nähe gelegene Verdonschlucht bietet sich zum Wandern und Klettern an – Routenvorschläge gibt es an der Rezeption. Wer sich am Berg versuchen möchte, sollte sich an das Büro für Bergführer wenden, das auch Touren anbietet (www.verdontourisme.com).

STELLPLÄTZE

Aire de Camping-Car, Gréoux-les-Bains

1 Mit 80 Stellflächen großzügig angelegt präsentiert sich dieser Stellplatz in Flussnähe. Strom, Wasser und Entsorgung werden geboten. Auf dem zentrumsnahen Platz am Rande eines Sportplatzes sind Toiletten vorhanden. Gebührenpflichtig.

▶ Chemin de la Barque, 04800 Gréoux-les-Bains, Tel. +33 (0)6/15 55 40 13, www.mairie-greouxlesbains.fr, ganzjährig, GPS: 43.7553, 5.88944

Aire de service et de stationnement camping-cars de Sainte-Croix-du-Verdon

2 Der am See gelegene Stellplatz ist für 25 Wohnmobile ausgelegt. Tagsüber rauscht auf der Hauptstraße der Verkehr, nachts ist es ruhig. Der Platz ist asphaltiert und bietet Frischwasser und Entsorgung; eine öffentliche Toilette befindet sich 100 m entfernt. Gebührenpflichtig, max. 2 Nächte.

▶ Le Village, 04500 Sainte-Croix-du-Verdon, Tel. +33 (0)4/92 77 84 10, www.stecroixduverdon-tourisme.fr, April–Nov., GPS: 43.760718, 6.15104

Italien

Frühstück mit Ausblick – das erleben nur Camper.

Mit den Zielen ...

DOLOMITEN

Gewusst, wann …

Schlittenhunderennen

Vorausgesetzt, es liegt genügend Schnee, findet Ende Januar im Hochpustertal (u. a. Prags, Toblach, Sexten) ein Schlittenhunderennen statt. Teams aus aller Welt nehmen an dem in sieben Etappen à rund 60 km aufgeteilten Alpentrail teil.

▸ www.alpentrail.de

Die Dolomiten sind so nah: Nur 140 km trennen Garmisch von Brixen im äußersten Norden Italiens. Zwischen den schneebedeckten Gipfeln und von Flüssen durchzogenen Tälern laden weite Ebenen zum Wandern ein. Von besonderem Reiz sind die klaren Gebirgsseen, in denen sich die Berge spiegeln. Beliebte Ziele sind auch die Städte, die häufig als gelungene Mischung aus historischer Substanz und moderner Lebensart empfunden werden. Und auf den Wegen durch entlegene Täler entdeckt man vielfältige Spuren der Vergangenheit. Die bewegte Geschichte der Region hat auch dazu geführt, dass – zumindest im Norden – sowohl Italienisch als auch Deutsch gesprochen wird. Das beste Eis Italiens gibt es als Dreingabe.

Nur wenige Regionen Italiens können mit einem so flächendeckenden Angebot an Campingplätzen aufwarten wie die Dolomiten. Wo sich ein See oder ein Wasserlauf befindet, gibt es auch Camps, die sich sehen lassen können. Die hochwertige Ausstattung und der gute Service der meisten Plätze drücken sich nicht nur in Sternen aus – die große Zufriedenheit bei den Gästen sorgt dafür, dass die Region immer wieder gern angesteuert wird. Ein umfassendes Netz von Stellplätzen ermöglicht auch spontane Übernachtungen, wo es dem Reisenden gerade gefällt. Häufig sind Ver- und Entsorgungsanlagen am Platz vorhanden. Dennoch gilt es, sich in der Hauptsaison zeitig nach einer Übernachtungsgelegenheit umzuschauen.

Dieses bezaubernde Panorama auf den Peitlerkofel, Wiesen und Wälder bietet sich vom Passo delle Erbe, dem Würzjoch.

SEHENSWERTES

BRIXEN

1 Der 2875 m hohe Peitlerkofel ist nah, im Nordosten beginnt das Pustertal. Brixen ist eine Stadt der Berge ... und des Wassers. Am Zusammenfluss von Rienz und Eisack kennt man seine Kraft und veranstaltet jedes Jahr im Mai das Water Light Festival mit Lichtinstallationen internationaler Künstler. An der Eisack liegt auch die Altstadt; wer sich auf die Suche macht, entdeckt dort 20 Brunnen, von denen die meisten das Prädikat »künstlerisch wertvoll« verdienen. Nicht verpassen sollte man den Dom, der Kreuzgang ist mit Fresken aus dem 14. und 15. Jh. verziert. Nur wenige Meter entfernt befindet sich die Hofburg, die inzwischen Sitz des 1901 gegründeten Diözesanmuseums ist. In über 70 Sälen werden der Brixner Domschatz und Kunstwerke aus dem Mittelalter bis ins 20. Jh. ausgestellt (www.hofburg.it/museum). Klein, aber fein ist das Apothekenmuseum, in dem 400 Jahre Arzneigeschichte geschildert werden (www.pharmaziemuseum.it).

Brixen wird jährlich mit 2000 Sonnenstunden verwöhnt, bei einem Ausflug auf den nur sieben Kilometer entfernten Berg Plose darf man also mit schönem Wetter rechnen. Die Kabinenbahn, die im Winter Skifahrer zu den Pisten bringt, ist auch im Sommer in Betrieb. Am Anfang des Dolomiten-Panoramawegs gibt es den WoodyWalk, einen familientauglichen Rundweg mit vielen Spielmöglichkeiten (www.plose.org).

BRUNECK

2 An der Nordflanke der Dolomiten wartet Bruneck mit vielfältigen Möglichkeiten auf: Dort, wo die Ahr zur Rienz wird, lohnt der Gang durch die Altstadt, deren Häuser häufig mit Erkern und Malereien versehen sind. Im Schloss Bruneck befindet sich eines der sechs Museen von Reinhold Messner, MMM Ripa. Hier werden die Bergvölker der Welt vorgestellt. Wer mehr Interesse an der historischen Lebensweise der Südtiroler Bevölkerung hat, wird sommers im Freilichtmuseum des Landesmuseums für Volkskunde im Ortsteil Dietenheim fündig (www.volkskundemuseum.it). Etwas weiter lassen sich die Rittener Erdpyramiden entdecken – ein Wanderweg führt von Lengmoos aus zu den »Stalagmiten aus Lehm« (www.erdpyramiden.it).

PRAGSER WILDSEE

3 Die »Perle der Dolomiten« hat sich vom einstigen Geheimtipp zum Besuchermagneten entwickelt – so sehr, dass Shuttlebusse eingesetzt und, wenn es zu voll wird, sogar Zugangsbeschränkungen eingeleitet werden. Doch wer nicht in Spitzenzeiten kommt, kann den Zauber des Sees in Ruhe erleben. 1496 m hoch im Naturpark Fanes-Sennes-Prags gelegen, fasziniert das Farbenspiel des Gewässers. Vom Wanderweg entlang der 3,5 km langen Uferlinie lassen sich immer neue Perspektiven entdecken, handgefertigte Ruderboote können ausgeliehen werden. Die Tarife entsprechen allerdings dem durch eine TV-Serie und Influencer verursachten

ESSEN & TRINKEN

Adler Cafè und Apero Am Nachmittag trifft Brixen sich hier, zum Kaffee (mit wunderbaren Kuchen) oder auf einen Aperitif.

▸ Adlerbrückengasse 9, 39042 Brixen, Tel. +39 04 72/20 06 21, www.goldener-adler.com

Malga Giau Hoch oben am Giau-Pass steht ein altes Steinhaus. Von seiner Terrasse hat man einen traumhaften Blick, in der Stube knistert an kalten Tagen ein Feuer im Holzofen ... und um das Glück vollkommen zu machen, gibt es auch noch wunderbares Essen wie Gnocchi oder Rind mit Löwenzahn – einfach perfekt.

▸ Loc. Passo Giau, Prà d'Adamo, 32046 San Vito di Cadore, Tel. +39 320/915 25 75, www.malgagiau.it

L'Insonnia Etwas abseits gelegen und trotzdem eine Institution: Im Insonnia gibt es keine Karte, gegessen wird, was auf den Tisch kommt. Das ist meist deftige regionale Küche: Polenta, Gulasch, dazu der Hauswein oder Quellwasser. Eine atemberaubende Aussicht gibt's dazu.

▸ Via Canale 7, 32012 Forno di Zoldo, Tel. +39 04 37/78 72 43

EINKAUFEN

La capra Hausgemachter Ziegenkäse, Würste, Schinken und vor allem die berühmte porchetta (gebratenes Spanferkel) der Azienda agricola La capra gibt es nahe dem Lago Santa Croce, auch Honig und Süßes werden angeboten. Alles von ausgezeichneter Qualität.

▸ Via Alemagna, 32016 Santa Croce del Lago, Tel. +39 349/716 01 09

Besucheransturm. Sich stattdessen kopfüber in den See zu stürzen, sollte jedoch gut überlegt sein: Wärmer als 14 °C wird das Wasser nicht.

TOBLACHER SEE

4 Der Toblacher See stellt einen guten Ausgangspunkt zur Erkundung der Region dar: Von Neutoblach aus führt ein Wanderweg durch das Toblacher Feld zur Quelle der Drau. Nur 1,5 km von dort thematisiert das Toblacher Bunkermuseum die Geschichte des ab 1938 errichteten Alpenwalls – während einer Führung bekommt man einen Eindruck von den im Berg versteckten Giganten aus Stahlbeton, die erst in den 1990er-Jahren aufgegeben wurden (www.bunkermuseum.net). Für eine Wanderung in die Zeit des Mittelalters bietet sich das 1140 erbaute Schloss Welsperg an; in direkter Nähe befindet sich die Ruine der Burg Thurn. Als bevorzugtes Ziel für Alpinisten empfiehlt sich der von der UNESCO zum Weltkulturerbe erhobene Naturpark Drei Zinnen an der Grenze zu Österreich. Auf dem Weg dorthin lohnt ein Stopp in Innichen, wo man im ganzjährig geöffneten Dolomitenmuseum Dolomythos eine Reise in die Welt der Saurier unternehmen kann (www.dolomythos.com).

CORTINA D'AMPEZZO

5 Bereits 1956 hat sich Cortina d'Ampezzo einen Namen als erstklassige Wintersportdestination gemacht, als dort die Olympischen Winterspiele veranstaltet wurden. Auch 2026 wird der Ort – gemeinsam mit Mailand – Austragungsort der Winterspiele sein. Im Tal der Boite gelegen und von den Ampezzaner Dolomiten umgeben, empfehlen sich Ort und Region jedoch auch zu schneefreien Zeiten.

Die Flaniermeile ist der Corso Italia, an dem auch die im 18. Jh. erbaute Basilika der Heiligen Philippus und Jakobus liegt. Durch ihren fast 70 m hohen Turm ist sie nicht zu verfehlen, das Glockenspiel ertönt mit der Melodie des Big Ben in London. Im Innenraum beeindrucken die prachtvollen Altäre und die Fresken. Nicht weit von der Kirche entfernt befindet sich das Museum für moderne Kunst Mario Rimoldi, das nicht nur die Sammlung des Mäzens enthält, sondern sich auch den großen italienischen

So erfrischend der Pragser Wildsee auch aussieht: Der Sprung ins höchstens 14 °C kalte Wasser ist nur was für Mutige.

Malern des 20. Jh. widmet. Etwas außerhalb des Zentrums zeigt das Paläontologische Museum Fossilien und führt in die Gesteinswelt der Dolomiten ein. Gleich nebenan informiert das in einer ehemaligen Sägemühle befindliche Ethnografische Museum über die Geschichte der Region.

VAL DI ZOLDO UND LONGARONE

6 Obwohl das italienische Eis ursprünglich aus Sizilien stammt, haben die Eismacher aus den Dolomiten das Beste daraus gemacht. Seit Jahrzehnten werden die meisten Eissalons in Deutschland von Menschen betrieben, die ursprünglich aus dem Val di Zoldo stammen. Auch heute noch ist es als das Tal der Eismacher bekannt. Die Gegend ist rau, die aus Holz und Bruchstein erbauten Häuser stammen häufig aus einer Zeit, in der die Not die Menschen zum Broterwerb ins Ausland trieb. Das kleine Eisen- und Nagelmuseum in Zoldo di Forno beschäftigt sich mit der Geschichte des Tals vor der Fabrikation von Speiseeis, als in den Bergen Eisen gewonnen wurde und das Geräusch der Schmiedehämmer durch das Tal schallte.

Der Abzweig ins Zoldotal ist in Longarone, wo jährlich auf der Internationalen Eismesse die neuesten Kreationen vorgestellt werden (Zugang leider nur für Fachbesucher). Folgt man dem Piave von dort aus sechs Kilometer flussaufwärts, gelangt man zum mächtigen Vajont-Staudamm, der 1963 durch einen Erdrutsch überspült wurde. Im wiederaufgebauten Longarone erinnert ein kleines Museum an die Katastrophe, die damals die gesamte Stadt vernichtete.

CAMPING- & STELLPLÄTZE

CAMPINGPLÄTZE

Camping Toblacher See ★★★★☆

1 Je nach Kategorie sind die 125 Standplätze dieses Platzes zwischen 50 und 130 m² groß; alle haben Stromanschluss (CEE, 16 A), einige Parzellen sind mit Wasser und Kanalisation ausgestattet. Zusätzlich können eine Ver- und Entsorgungsanlage für Wohnmobile und der Gasflaschenservice genutzt werden. In einigen Bereichen des Platzes ist WLAN verfügbar. Das leicht abfallende Hanggelände ist terrassiert, die Standplätze sind gekiest. Ein Restaurant und Sportangebote runden die Ausstattung ab; neben dem modernen Sanitärhaus werden Mietbäder angeboten. Zwei Badestellen mit Sandstrand gehören zum Platz. Die Infrastruktur ist ausgesprochen hundefreundlich gestaltet.

▸ Toblacher See 3, 39034 Toblach, Tel. +39 04 74/ 97 31 38, Ende Dez.–Okt., GPS: 46.70646667, 12.2181
■ pincamp.de/st3420

Aktivitäten

Die Temperatur des Toblacher Sees beträgt maximal 16 °C – da leiht man sich lieber ein Tretboot aus. Zum Schwimmen empfiehlt sich eher der Naturteich in Toblach. Familientauglich ist der interaktive Entdeckungspfad, der in elf Stationen rund um den See führt. Im Ort können Räder ausgeliehen werden, geführte MTB-Touren werden vom Platz angeboten. Die Wander- und Bergsteigregionen der Umgegend sind das Toblacher Pfannhorn und der Naturpark Drei Zinnen. Für kürzere Ausflüge mit Erlebnischarakter bietet sich der drei Kilometer vom Camp entfernte Hochseilgarten an (www.abenteuerpark.it).

Camping Rocchetta ★★★★★

2 Am Oberlauf des Flusses Boite hat Camping Rocchetta sommers wie winters geöffnet. Auf dem teils stark beschatteten und meist ebenen Gelände gibt es 196 Standplätze von 80 bis 90 m², jede Parzelle verfügt über Strom (CEE, 3 A); Frischwasser kann zentral gezapft werden. Auf dem Platz gibt es eine Ver- und Entsorgungsstation, und der Gasvorrat kann aufgefüllt werden. WLAN ist kostenpflichtig. Der Lebensmittelladen und ein Jacuzzi sowie ein Hundebereich komplettieren das Angebot.

▶ Frazione Campo di Sopra 1, 32043 Cortina d'Ampezzo, Tel. +39 04 36/50 63, Anfang Dez.–März/ Juni–Mitte Sept., GPS: 46.52241667, 12.13421667

■ pincamp.de/ve1200

Aktivitäten

Im Winter bietet der Platz eine gute Infrastruktur für Skifahrer. Auch im Sommer sind sportlichen Ambitionen kaum Grenzen gesetzt. Auf dem Platz befindet sich eine Minigolfanlage. Nur eine halbe Stunde zu Fuß benötigen Bergsteiger, um zur Kletterfelswand der Volpera-Grotten zu gelangen. 800 m vom Campingplatz entfernt verläuft der Dolomiten-Radweg, über den auch Cortina d'Ampezzo zu erreichen ist. Hier kann man im Olympiastadion eine Runde auf Schlittschuhen drehen. Auf der Kunsteisbahn finden regelmäßig Eis-Discos statt (www.serviziampezzo.it).

Camping Sarathei

3 »Nur keine Langeweile!« ist das Motto von Camping Sarathei, wo es viele Möglichkeiten zur sportlichen Betätigung gibt. Kinder streben dem Spielplatz zu. Die 176 Standplätze messen 70 m²; Strom (CEE, 3–5 A) und Frischwasser sind ebenso wie eine Ver- und Entsorgungsstation vorhanden. Das Wiesengelände wird durch Bäume aufgelockert; in der Nähe mündet der Wildbach Tesa in den See. Im Restaurant kochen die Betreiber selbst, im Sommer öffnet auch eine Strandbar. Haustiere sind auf dem Platz tabu. WLAN wird nicht angeboten.

▶ Viale Al Lago 13, 32016 Farra d'Alpago, Tel. +39 04 37/45 49 37, April–Sept., GPS: 46.119117, 12.353334

■ pincamp.de/ve_63233

Aktivitäten

Bei Sportlern, die den Wind als Kompagnon nutzen, gilt der Lago di Santa Croce als Geheimtipp: Segler, Kite- und Windsurfer kommen hier ebenso auf ihre Kosten wie Wakeboarder. Eine Kiteschule bietet Ausrüstung und Kurse an (www.scuolakitevkc.it). Wanderer können zwischen verschiedenen Routen wählen – eine schöne Tour führt zur Wallfahrtskirche Madonna del Runal. Der Berg Dolada im Norden ist ein großartiger Absprungpunkt für Paraglider und Drachenflieger (www.deltaclubdolada.it). An den Campingplatz grenzen Sportstätten, auf denen Tennis, Basketball und Beachvolleyball gespielt werden kann.

STELLPLÄTZE

Stellplatz am Pragser Wildsee, Braies

1 Auf einem Parkplatz am Pragser Wildsee darf man mit dem Reisemobil übernachten. Strom, Frischwasser und Entsorgung werden nicht angeboten; die öffentlichen Toiletten sind nachts verschlossen. Gebührenpflichtig.

▶ St. Veith 27, 39030 Braies, Tel. +39 392/821 55 96, www.pragsparking.com, ganzjährig, GPS: 46.700025, 12.085418

Area Sosta Camper, Vallesella di Cadore

2 Vor dem Eingang des Campingplatzes in Vallesella dürfen zehn Wohnmobile stehen. Strom sowie Ver- und Entsorgung sind gesichert. Hunde sind erlaubt. Gebührenpflichtig, max. 3 Nächte.

▶ Località Cologna, 32040 Vallesella di Cadore, Tel. +39 04 35/721 35, Mai–Sept., GPS: 46.445561, 12.406030

ETSCHTAL

Gewusst, wann …

Weinstraßenwochen
Von Ende April bis Anfang Juni werden in den 16 Dörfern entlang der Südtiroler Weinstraße die Weinstraßenwochen veranstaltet – mit Führungen, Kellereibesuchen, Weinfesten und natürlich Verkostungen.
▶ www.weinstrasse.com

Die Etsch verbindet Südtirol mit dem nördlichen Trentino, und das weite Tal des Flusses ist wie geschaffen dafür, auf Entdeckungsreisen zu gehen. Immer in Sichtweite sind die Höhenzüge der Alpen. Die Seen sind zwar von überschaubarer Größe, bieten aber oftmals Möglichkeiten zur aktiven Betätigung. Inmitten klassischer Weinanbaugebiete gelegen, ziehen in der Umgebung häufig Burgen und Festungen die Aufmerksamkeit auf sich. Die oft jahrhundertealte Geschichte der Orte findet nicht nur in den sehenswerten Altstädten ihren Ausdruck: Auch die Zweisprachigkeit hat historische Hintergründe. Der praktische Nebeneffekt für Reisende ist, dass die Ausschilderung zumeist sowohl in Italienisch als auch in Deutsch gehalten ist.

Wer das Etschtal als Reiseziel ins Auge fasst, wird von den dortigen Campingplätzen nicht enttäuscht sein. Entlang der Flüsse sind vor allem in Südtirol Übernachtungsgelegenheiten keine Mangelware. Im nördlichen Trentino ist das Angebot zwar nicht ganz so üppig – lange suchen muss man jedoch auch hier nicht. Das gilt selbst für kleinere Seen, an denen sich mindestens ein Platz befindet. Die Qualität ist überdurchschnittlich. Auch die Suche nach Stellplätzen ist keine zeitraubende Angelegenheit: Größere Städte verfügen über mindestens ein, teilweise auch zwei für Reisemobile reservierte Areale. Mitunter handelt es sich dabei um einfache Parkflächen; auch manche Weingüter und Restaurants stellen Übernachtungsplätze zur Verfügung.

Die Kurstadt Meran ist der Ort, an dem der Norden auf den Süden trifft: hohe Berge und mediterranes Klima, deutsche und italienische Sprache und Lebensart.

SEHENSWERTES

MERAN

1 Vor der Kulisse der Alpen wachsen Palmen und Bananenstauden, durch die Stadt zieht sich die Passer, um dann in die Etsch zu münden. Meran tut gut – auch dank des Klimas, des Kurhauses und der Promenaden.

Rund um die Stadt lohnt der Weg zu den zahlreichen Burgen und Schlössern. Das Schloss Tirol gilt als die Wiege des Landes und beherbergt das Landesmuseum für Kultur- und Landesgeschichte (www.schlosstirol.it). Um das Schloss Trauttmansdorff locken über 80 verschiedene Gartenlandschaften; in dem einstigen Feriendomizil von Österreichs Kaiserin Elisabeth residiert nun das Landesmuseum für Tourismus, kurz: Touriseum (www.trauttmansdorff.it). Ausgesprochen reizvolle Ziele sind die 16 rund um Meran gelegenen Waalwege: Die einstigen Inspektionswege entlang der ab dem 13. Jh. angelegten Bewässerungskanäle bieten sich für Spaziergänge und Wanderungen an (www.meranerland.org). Empfehlenswert ist auch das Weinbaumuseum im Schloss Rametz (www.rametz.com). Geht das Interesse mehr in Richtung Grappa und Liköre, sollte man der Brennerei Unterthurner im nahen Marling einen Besuch abstatten (www.unterthurner.it/de).

DIE SÜDTIROLER WEINSTRASSE

2 Gourmets werden sich diese Strecke nicht entgehen lassen: Seit rund 1000 Jahren ist das Etschtal für seine Weine berühmt, von hier aus begann der Siegeszug des Gewürztraminers in alle Welt. Die Südtiroler Weinstraße führt von Nals über Bozen durch Überetsch-Unterland bis nach Salurn am Naturpark Trudener Horn. Sowohl die Fahrt über die schönste der 140 italienischen Weinstraßen ist ein Genuss als auch der abendliche Tropfen. Mehr als 100 Weinkellereien können besichtigt werden, einige bieten Führungen durch ihre Gewölbe an (www.suedtiroler-weinstrasse.it). Im Dorf Tramin führt der Gewürztraminer-Wanderweg durch die Weinberge (www.suedtirols-sueden.info), in Kaltern am Kalterer See hat das Südtiroler Weinmuseum im Schloss Wolfsthurn von April bis November geöffnet (www.weinmuseum.it).

BOZEN

3 Zwischen Sarntaler Alpen, Reggelberg und Mendelkamm liegt die Südtiroler Landeshauptstadt Bozen in einem Talkessel; mit Etsch und Eisack vereinigen sich hinter der Stadt die beiden größten Flüsse der Region. Bozen ist ein Schmelztiegel von Kultur und Geschichte.

Seit Jahrhunderten werden in den Bozner Lauben Geschäfte abgeschlossen und Einkäufe getätigt – es liegt nahe, das Museum zur Handelsgeschichte der Stadt hier anzusiedeln (www.handelskammer.bz.it/de/dienstleistungen/merkantilmuseum). Folgt man der Straße nach Westen, erreicht man das Südtiroler Archäologiemuseum, wo der vor 5300 Jahren in den Alpen umgekommene »Ötzi« seine letzte Heimat gefunden hat (www.iceman.it/de).

Camping- & Stellplätze ▶ S. 162

ESSEN & TRINKEN

Café Wandelhalle Die im Jugendstil errichtete Wandelhalle entlang der Passer ist für sich schon einen Besuch wert. Im Café sitzt man bei Apfelstrudel, Maronentorte und Cappuccino ganz wunderbar und kann die Zeit verstreichen lassen.
▶ Winterpromenade 25, 39012 Meran, Tel. +39 338/123 62 41

Batzen Häusl Woher hat das Batzen Häusl seinen Namen? Ganz klar: Im 18. Jh. kostete die Maß Bier hier einen Batzen. Heute ist das Batzen Häusl ein Stadtbrauhaus mit großem Biergarten. Ausgeschenkt werden hauseigene Bier-Kreationen, dazu gibt's Gröstl, Haxen oder Burger.
▶ Andreas-Hofer-Str. 30, 39100 Bozen, Tel. +39 04 71/05 09 50, www.batzen.it

Caffè Portici Wir sind in Italien, und da hat der *aperitivo* Tradition. Und wo könnte man in Trient stilvoller einen Aperol Spritz trinken als im Portici, direkt gegenüber der Kathedrale? Im Licht der letzten warmen Sonnenstrahlen sitzt man draußen und beobachtet das Leben auf der Piazza.
▶ Piazza del Duomo 40, 38122 Trient, Tel. +39 04 61/09 26 22, www.caffetteriaportici.it

EINKAUFEN

Salewa World In Bozen befindet sich das beeindruckende Headquarter der Outdoormarke Salewa. Hier bietet ein Concept Store auf 500 m² Fläche alles, was das Herz begehrt – sogar eine Kletterhalle.
▶ Via Waltraud Gebert Deeg 4, 39100 Bozen, Tel. +39 04 71/188 14 32, www.salewa.com/de-de/salewa-world-bozen

Rund um den Berg geht es auch in dem im Schloss Sigmundskron befindlichen Teil des Messner Mountain Museum. Dieses Museum ist nur eines der insgesamt sechs von Reinhold Messner initiierten Museen mit unterschiedlichen Schwerpunkten.

LAGO DI SANTA GIUSTINA

4 Über Jahrtausende hat der Wildbach Noce einen malerisch wirkenden Canyon geschaffen, der inzwischen als größter Stausee im Trentino genutzt wird. Der acht Kilometer lange Lago di Santa Giustina ist ein schönes Erholungsgebiet. Die Weinberge ziehen sich fast bis zum Ufer hinunter, der den See mit Wasser speisende Wildbach ist wegen seiner Schluchten und Steilhänge bei Kanuten beliebt. Zu Fuß lässt sich der Flusspark Novella erkunden: Die 3,5 km lange Route führt zum Teil über Laufstege; nimmt man an einer geführten Wanderung teil, werden auch die geologischen Besonderheiten thematisiert.

Das Castel Cles, auf einem Hügel oberhalb des Stausees von Santa Giustina gelegen, ist nicht zu übersehen, kann jedoch nicht besichtigt werden. Zumindest von Mitte Juni bis Mitte September ist das Museo Retico geöffnet und bietet Einblicke in die 3000-jährige Geschichte der rätischen Völker, die vor den Römern die Region besiedelten. Beheimatet ist das Museum in Sanzeno, wo die bedeutendsten archäologischen Ausgrabungen des gesamten Alpenraumes gemacht wurden (www.trentino.com). Vom Ort führt ein Naturwanderweg zur Wallfahrtskirche San Romedio.

TRIENT

5 Von den Kelten gegründet, von den Römern erobert, von den Besuchern geliebt: Trient, auf Italienisch Trento, macht keinen Hehl aus seiner vielfältigen Geschichte, von der heute noch die Fresken auf den Palazzi der Altstadt erzählen. Im Schatten des 2090 m hohen Hausberges Monte Bondone vereinigt die Hauptstadt von Trentino-Südtirol die Vorzüge der geschützten Tallage mit den Möglichkeiten der sie umgebenden Berge. Auf dem Domplatz mit der 1145 geweihten Kathedrale San Vigilio, dem Palazzo Pretorio und dem Neptunbrunnen

herrscht eine entspannte Atmosphäre. Die weitläufige Burganlage des Castello del Buonconsiglio lohnt ebenso den Besuch wie der Dante-Brunnen.

Auf der anderen Seite der Etsch liegt eines der außergewöhnlicheren Museen der Stadt: In zwei stillgelegten Röhren eines Straßentunnels befindet sich ein Museum für Stadtgeschichte, Le Gallerie di Piedicastello. Am Flugplatz von Trient gibt es ein kleines Museum, das sich mit den Anfängen der Aeronautik beschäftigt (beide Museen: www.museostorico.it).

LAGO DI CALDONAZZO UND LAGO DI LEVICO

6 Nur zwei Kilometer liegen Lago di Caldonazzo und Lago di Levico auseinander; ihre Eignung als Urlaubsziele haben sie schon längst bewiesen. Neben den zahlreichen Gästen der dortigen Campingplätze verbringen jährlich bis zu 1400 Kinder aus SOS-Kinderdörfern ihre Ferien in einer separaten Zeltstadt am Westufer des Lago di Caldonazzo.

Am Lago di Levico geht es etwas ruhiger zu. Sehenswert ist der alte Badeort Levico Terme – das Kurhaus und viele Häuser erinnern an die Blütezeit des Thermalstädtchens. Als Wanderziel empfiehlt sich das Werk Colle delle Benne – das restaurierte österreichische Fort kann besichtigt werden, vom Dach aus hat man eine sehr gute Aussicht auf die umliegende Landschaft und den Levicosee.

Moderne Kunst präsentiert das Freilichtmuseum Arte Sella, wo seit über 30 Jahren Kunst und Natur eine Verbindung eingehen. Dazu gehört auch, dass alle Exponate aus natürlichen Materialien angefertigt wurden. Die Anfahrt über Burg im Suganertal ist etwas umständlich, doch lohnt sich der Weg (www.artesella.it). Die Strecke führt auch über das Dorf Marter, wo es ein kleines Mühlenmuseum gibt (www.lacasadeglispaventapasseri.net)

Nördlich von Trient ist das Nonstal ein guter Ausgangspunkt, um die Umgebung zu entdecken.

Paradies für Familien – Lago Levico Camping Village

CAMPING- & STELLPLÄTZE

CAMPINGPLÄTZE

Camping Spiaggia Lago di Molveno

★★★½☆

1 Camping Spiaggia setzt im Winter wie im Sommer auf Sportangebote – und Entspannung. Der 300 m lange platzeigene Strand am Lago di Molveno wird durch eine Liegewiese ergänzt. Ein Wellnessbereich bietet Sauna, Dampfbad und Beautyabteilung. Die 149 Parzellen für Camper (80–120 m²) sind mit Strom (CEE, 6 A) sowie Frisch- und Abwasser ausgestattet. Zum Teil werden TV-Anschlüsse geboten. Auf dem leicht geneigten Wiesengelände sorgen Bäume für etwas Schatten. Für Wohnmobile steht eine Ver- und Entsorgungsanlage zur Verfügung. Auf dem Platz befindet sich ein Minimarkt, nur wenige Meter entfernt hält ein Supermarkt ein größeres Angebot bereit.

▸ Via Lungolago 27, 38018 Molveno, Tel. +39 04 61/ 58 69 78, ganzjährig, GPS: 46.138207, 10.958388
■ pincamp.de/tn4400

Aktivitäten

Sportliche Naturen gehen auf dem See surfen oder leihen sich ein SUP-Board aus. Dazu gibt es auf dem Platz oder in unmittelbarer Nähe Möglichkeiten zum Tennisspielen, eine Minigolfanlage und Boule-Bahnen sind vorhanden. Angler gehen am See auf Saibling, Barsch oder Hecht – kostenlose Permits werden ausgestellt.

Camping Punta Indiani ★★½☆☆

2 Am westlichen Ufer des Lago di Caldonazzo, nahe dem Dorf Valcanover, hat der Campingplatz Punta Indiani seine Pforten geöffnet. Seine 115 Parzellen weisen Größen zwischen 60 und 80 m²

auf, die Strombuchsen (CEE, 6 A) sind zentral aufgestellt. Die gekiesten Rasenplätze liegen zum Teil im Uferbereich, andere Plätze befinden sich hinter einer tagsüber befahrenen Bahntrasse. Die Infrastruktur wirkt etwas in die Jahre gekommen, ein Spielplatz ist vorhanden, WLAN wird angeboten. Einkaufen lässt sich außerhalb des Geländes in einem Supermarkt. Eine Ver- und Entsorgungsanlage für Wohnmobile ist nicht vorhanden; es herrscht generelles Hundeverbot. Die Abreise muss bis 10 Uhr erfolgen.

▶ Via di Mezzolago 2, 38057 Pergine Valsugana, Tel. +39 04 61/54 80 62, Mitte Mai–Sept., GPS: 46.02776666, 11.23158332

■ pincamp.de/tn6110

Aktivitäten

400 m Privatstrand laden zum Baden ein; Angler können unter anderem auf Karpfen und Forellen gehen. Auf dem Camp werden Fahrräder, Mountainbikes und E-Bikes ausgeliehen. Mountainbikern sei der 80 km lange Radweg Valsugana ans Herz gelegt, der den Caldonazzosee mit Bassano del Grappa verbindet. Für einen kurzen Ausflug empfiehlt sich die vier Kilometer entfernte Pyritmine am Rand von Calceranica. Das einstige Bergwerk ist heute ein Minenpark mit Museum (www.visittrentino.info).

Lago Levico Camping Village ★★★★½

3 Am unteren Ende des Lago di Levico erfüllt das Camping Village fast alle Camperwünsche. In einer geschützten Bucht werden 399 Parzellen in unterschiedlicher Lage und Ausstattung offeriert. Die Fläche der Standplätze beträgt 70 bis 120 m², von der großen Liegewiese am Privatstrand gelangt man über einen Kiesstreifen an den See. Strom (CEE, 6–10 A) ist selbstverständlich; auf vielen Plätzen finden sich Frisch- und Abwasseranschlüsse. Auf dem Gelände stehen vier Toilettenhäuser zur Verfügung, private Sanitäreinheiten können zugebucht werden. Dazu kommen drei Schwimmbecken, Sportplätze sowie Restaurant und Minimarkt. An Auslauf für Hunde wurde gedacht, WLAN ist verfügbar. In der Hochsaison beträgt der Mindestaufenthalt sieben Nächte.

▶ Località Pleina 5, 38056 Levico Terme, Tel. +39 04 61/70 64 91, Mitte April–Sept., GPS: 46.008087, 11.284622

■ pincamp.de/tn6200

Aktivitäten

Am Strand werden Kanus, Tretboote und SUP-Boards ausgeliehen. Outdooraktivitäten wie Rafting- und Canyoningtouren sowie Paragliding und Reiten können über die Rezeption gebucht werden. Hier gibt es auch Erlaubnisscheine fürs Angeln. Über eine Partnerfirma können Trekkingräder und Mountainbikes angemietet werden, erhältlich sind auch Junior-MTB und Babywagen (www.inbikevalsugana.it). Geführte Trekking- und MTB-Touren finden je nach Anzahl der Reservierungen statt.

STELLPLÄTZE

Caravan Park am Kalterer See, Kaltern

1 Der Caravan Park bietet eine umfangreiche Ausstattung. Neben Strom, Wasser und Entsorgung gibt es ein Sanitärhaus mit Dusche und WC sowie kostenloses WLAN. Ein Seebad liegt in unmittelbarer Nachbarschaft. Gebührenpflichtig.

▶ St. Josef am See 18a, 39052 Kaltern am See, Tel. +39 04 71/96 00 86, www.caravanpark-kalterersee.it, März–Mitte Nov., GPS: 46.383247, 11.257007

Area Sosta Camper, Trient

2 Der Stellplatz bietet Raum für 33 Mobile. Strom, Ver- und Entsorgung gibt es ebenso wie ein Sanitärhaus mit WC und Dusche. Anreise spätestens bis 22 Uhr. Vom Platz führt ein Radweg in die Stadt. Gebührenpflichtig, max. 2 Nächte.

▶ Via Fersina 72, 38123 Trient, Tel. +39 335/787 77 47, www.trentinomobilita.it, ganzjährig, GPS: 46.048440, 11.119651

ZWISCHEN GARDA-SEE UND ISEOSEE

Gewusst, wann …

Carnevale Bagosso
Kostümierte und maskierte *Balarì* (Tänzer) tanzen an den Tagen vor Aschermittwoch begleitet von Melodien der *Sonadur* (Geiger) durch Bagolino, *Maschèr* (Maskierte) stellen das bäuerliche Leben dar und ziehen Spottlieder singend durch den Ort.
▸ www.bagolinoinfo.it

Der Gardasee ist ein Traumziel vieler Urlauber. Von Frühling bis Herbst ist die Region am Rande der Alpen von mildem Klima verwöhnt; neben dem Badespaß stehen Wind- und Wassersportarten wie Segeln oder Windsurfing hoch im Kurs. Der kleine Ledrosee im Norden zieht ebenso wie der Idrosee Kletterer und Outdoorurlauber an; Mountainbiker finden in den nahen Bergen anspruchsvolle Strecken mit verschiedenen Schwierigkeitsgraden. Am Iseosee herrscht eine Mischung aus Ferienstimmung und Aktivurlaub. Die meisten Orte entlang der Seen haben malerisch schöne Altstädte und Strandpromenaden. Eine Vielzahl von Burgen und Museen deckt das Bedürfnis nach kulturellen Erlebnissen ab. In den Höhenlagen sind häufiger die Überreste alter Verteidigungsanlagen zu finden.

Um den Gardasee herum haben Reisende die Wahl zwischen zahlreichen Campingplätzen. Ausgenommen ist die bergige Westküste, die nur selten Besiedlung zulässt. Auch an Idrosee, Iseosee und Ledrosee gibt es jeweils mehrere Plätze. In den italienischen Sommerferien zwischen Mitte Juli und Mitte August bekommt man jedoch nur schwer ein freies Plätzchen. Die Anzahl der Wohnmobilstellplätze ist hoch, mitunter gibt es sogar mehrere Möglichkeiten an einem Ort.

Wenn man nach langer Fahrt Riva del Garda an der nördlichen Spitze des Sees erreicht hat, kann der Urlaub am Lago di Garda endlich beginnen.

SEHENSWERTES

RIVA DEL GARDA

1 Das nördliche Ufer des Gardasees wird vollständig von der Stadt Riva del Garda eingenommen. Der am alten Hafen gelegenen Altstadt mangelt es nicht an Atmosphäre, an der Piazza Tre Novembre ragt seit 1220 der 35 m hohe Stadtturm Torre Apponale empor. Er kann über schmale Treppen bestiegen werden, doch sollte man auf die Zeit achten – die alle 15 Minuten läutenden Glocken klingen im Inneren besonders laut. In der mittelalterlichen Festung bietet das Museo Alto Garda neben Stadtgeschichte und Archäologie auch eine ständige Ausstellung von Malern, die diese Region auf Bilder gebannt haben (www.museoaltogarda.it).

Nur vier Kilometer entfernt befindet sich der Wasserfall von Varone. Könige und Künstler ließen sich von seiner Schönheit verzaubern; der Schriftsteller Thomas Mann machte ihn zur Vorlage für Szenen seines Romans »Der Zauberberg«. In dem 1874 eingeweihten Park kann die in einer Grotte gelegene Kaskade von mehreren Ebenen aus besichtigt werden (www.cascata-varone.com).

Als schönes Ziel für eine Wanderung empfiehlt sich die Kapelle Santa Barbara, die hoch am Berg errichtet wurde. Für den Auf- und Abstieg sollte man mit zwei bis drei Stunden rechnen; weit über den Dächern der Stadt ist die Aussicht überwältigend.

LEDROSEE

2 Vom nördlichen Gardasee nur sieben Kilometer Luftlinie entfernt befindet sich der Ledrosee, der als Badeparadies mit Outdoormöglichkeiten bekannt ist. Die im Jahr 1929 entdeckten Reste einer 4 000 Jahre alten Pfahlbausiedlung bei Molina brachten die Anerkennung als Weltkulturerbe ein; im Pfahlbaumuseum wird ein 3 600 Jahre altes Kanu aus Tannenholz ausgestellt (www.palafitteledro.it).

Bei Pur schafft das Projekt »Ledro Land Art« eine Verbindung von Natur und Kunst – am Bach Assat entlang verläuft ein Kunstpfad mit 17 Stationen (www.ledrolandart.eu). Am oberen Ende des Sees kann man in Pieve di Ledro auf Anfrage ein kleines Apothekermuseum besuchen. Gezeigt werden traditionelle Arbeitsmittel, im Sommer werden Kurse angeboten (www.gardasee.de/ledrosee).

Camping- & Stellplätze ▸ S. 168

MALCESINE

3 Dichterfürst Goethe wurde beim Besuch der Scaligerburg in Malcesine für einen Spion gehalten und fast verhaftet. So etwas passiert heute nicht mehr. Die im 13. Jh. fertiggestellte Burg hat sich zum Besuchermagneten entwickelt. Auch sonst ist der Ort am östlichen Ufer auf Urlauber eingestellt: Eine Seilbahn fährt zum 1760 m hohen Tratto Spino, einem Gipfel des Monte Baldo. Das Bergmassiv ist ein hervorragendes Terrain für Mountainbiketouren oder Wanderungen (www.visitmalcesine.com). Von oben bietet sich ein toller Blick auf den Gardasee.

SALÒ UND GARDONE RIVIERA

4 In einer Bucht ganz im Westen des Gardasees hat sich das Städtchen Salò seine Ursprünglichkeit bewahrt. Der Sonnenuntergang taucht die Hafenpromenade mit ihren Cafés und der malerischen Marina in ein warmes Licht. Äußerlich eher unscheinbar, offenbart die Kirche Duomo di Santa Maria Annunziata drinnen ihre Schönheit – der Innenraum ist so kunstvoll gearbeitet, dass Bilder und Reliefs kaum voneinander zu unterscheiden sind.

Gardone Riviera beeindruckt mit seinen botanischen Gärten (www.hellergarden.com). Einen Kilometer entfernt liegt die einstige Residenz des Autors Gabriele D'Annunzio. Auf dem Gelände befindet sich ein Museumskomplex, der unter anderem ein Amphitheater und ein Mausoleum, aber auch ein Torpedoboot umfasst (www.vittoriale.it). Dass der aus Salò stammende Geigenbauer Gasparo da Salò die Violine in Brescia erfunden hat, wurde ihm längst verziehen. Ihm zu Ehren findet jedes Jahr im Sommer ein internationales Streicherfestival statt.

ESSEN & TRINKEN

Locanda agli Angeli Lauschiges familiengeführtes Lokal mitten in der Altstadt von Gardone, in dem Fisch die Hauptrolle spielt. Außerdem steht hausgemachte Pasta in diversen Variationen auf der Karte. Auf der Terrasse sitzt man an lauen Sommerabenden besonders schön.

▸ Via dell'Albera 7, 25083 Gardone Riviera, Tel. 0039 365/209 91, www.agliangelilocanda.it

Trattoria al Porto 1862 gründete die Familie Bosio diese Osteria, die, wie der Name schon sagt, direkt am kleinen Hafen von Clusane liegt. Sie verköstigt bis heute ihre Gäste mit vorzüglicher Fischküche und Weinen aus der Franciacorta.

▸ Piazza Porto dei Pescatori 12, 25049 Clusane sul Lago, Tel. +39 030/98 90 14, www.alportoclusane.it

Osteria al Bianchi Alteingesessenes, sehr beliebtes Lokal im Zentrum der Altstadt von Brescia, das sich praktisch zu jeder Uhrzeit anbietet: Ob mittags für einen Snack, am späten Nachmittag zum *aperitivo* oder zum Abendessen.

▸ Via Gasparo da Salò 32, 25100 Brescia, Tel. +39 030/29 23 28, www.osteriaalbianchi.it

EINKAUFEN

Azienda Agricola Righetti Seit Generationen widmet sich Familie Righetti dem Weinanbau. Auf rund neun Hektar gedeihen im Hinterland des Gardasees die Trauben für einen wunderbaren Bardolino Classico. Diesen und andere Weine kann man vor Ort verkosten – und anschließend käuflich erwerben.

▸ Località Pozzoi 2, 37010 Cavaion Veronese, Tel. +39 348/748 06 23, www.righettienzo.it

BRESCIA

5 Auf halber Strecke zwischen Gardasee und Iseosee lockt Brescia mit Zeugnissen jüngerer und alter Geschichte. Die Vielzahl historischer Gebäude lässt die Altstadt als eine bunte Mischung verschiedener Epochen erscheinen. Gleich zwei Kathedralen an einem Platz findet man an der Piazza Paolo IV. Zum von der UNESCO als Weltkulturerbe anerkannten Areal gehört sowohl der klösterliche Museumskomplex Santa Giulia als auch das Forum Romanum. Durch den ältesten innerstädtischen Weinberg Europas gelangt man zur Burg von Brescia oberhalb der Stadt. Das dortige Waffenmuseum birgt eine Sammlung an historischen Rüstungen (www.bresciamusei.com).

Ab 1927 führte Italiens berühmtestes Autorennen, die Mille Miglia, 30 Jahre lang von Brescia nach Rom und zurück. Für die 1600 km über öffentliche Straßen brauchten die Sieger weniger als zehneinhalb Stunden. Nach einem schweren Unfall wurde der Lauf zur Sportwagen-Weltmeisterschaft jedoch verboten; seit 1977 erlebt er eine Renaissance. In jedem Mai starten die Boliden nun ohne Zeitdruck über die gleiche Distanz zur jetzigen Mille Miglia für Oldtimer. Die historischen Fahrzeuge sind im Mille-Miglia-Museum zu bewundern (www.museomillemiglia.it).

ISEOSEE

6 Nur 40 km von Bergamo entfernt ist der Iseosee das Naherholungsgebiet und zuweilen auch die Partymeile der Stadt – zumindest im unteren Teil des 25 km langen Sees. Südlich schließt sich die Region Franciacorta an, die für ihre Schaum- und Weißweine bekannt ist.

Im Iseosee liegt die größte Binneninsel Europas; Linienschiffe steuern die autofreie Monte Isola von mehreren Anlegern aus an. Besucher nutzen dort die öffentlichen Busse oder wandern. Beliebt ist Peschiera Maraglio an der Südspitze der Insel – mit seinen mittelalterlichen Häusern am Berghang einer der schönsten Orte Italiens. Den besten Blick auf den See verdient man sich durch eine Wanderung zur Kirche Santuario della Madonna della Ceriola auf dem Gipfel des Berges. 2016 brachte das Projekt »The Floating Piers« des Verhüllungskünstlers Christo dem See mit 1,2 Mio. Besuchern in 16 Tagen anhaltende Aufmerksamkeit ein.

Nicht für hohe Absätze geeignet ist das Steinpflaster in den engen Gassen von Cassone di Malcesine.

IDROSEE

7 Der große Bonus der Region rund um den Idrosee ist die intakte Natur, welche die Gegend zu einem Paradies für Klettersportler macht. An der Ostseite des Sees wurden Klettersteige eingerichtet: Während die Via Ferrata Sasse auch für Anfänger geeignet ist, sind die Steige Ginestre und Fregio ab Vesta wie auch der in Crone startende Cima Crench nur etwas für erfahrene Kletterer (www.via-ferrata.de).

Die bekannteste Sehenswürdigkeit am Idrosee ist die Festung Rocca d'Anfo aus dem 15. Jh. Umgeben von venezianischen Mauern, scheint die Burg hoch oben an einer Bergflanke zu kleben. Führungen finden sogar nachts statt, ein Museum widmet sich der kriegerischen Vergangenheit der Bastion (www.roccadanfo.eu).

Camping Europa Silvella am Westufer des Gardasees

CAMPING- & STELLPLÄTZE

CAMPINGPLÄTZE

Camping Al Sole ★★★★☆

1 Am Ostufer des Ledrosees liegt Camping Al Sole. Neben vielen Möglichkeiten zum Wassersport legt man den Schwerpunkt auf Wellness, mit Dampfbad, Sauna und Beautyabteilung. Die 174 parzellierten Plätze (70–100 m²) verfügen alle über Strom (CEE, 6 A). Einige sind darüber hinaus mit Frisch- und Abwasseranschlüssen sowie Gas versehen. Für Wohnmobile steht eine Ver- und Entsorgungsstation zur Verfügung. Der Platz beherbergt ein Restaurant und einen Minishop und verfügt über einen eigenen Strand.

▸ Via Maffei 127, 38060 Ledro,
Tel. +39 04 64/50 84 96, Mitte April–Anfang Nov.,
GPS: 45.87813333, 10.76776667

■ pincamp.de/tn4780

Aktivitäten

Kanuten, Surfer und Segler kommen am Ledrosee voll auf ihre Kosten, Angler finden ein ruhiges Plätzchen. Im Nachbardorf Pur gibt es eine Wakeboardanlage (www.bewake.it). Im Umland verlaufen 200 km Mountainbiketrails, für Genussradler bietet sich eine Umrundung des Sees an. Auf der zwölf Kilometer langen Tour kann man auf halber Strecke in Pieve di Ledro Pause machen. Eine reizvolle Wanderung über Waldwege führt zur knapp 365 m über dem See gelegenen Statue Madonnina di Besta. Wenn der Sonnenuntergang den See in warme Farben taucht, ist es dort oben am schönsten (www.vallediledro.com).

Camping Europa Silvella ★★★★½

2 Das Westufer des Gardasees gilt als etwas ruhiger als der belebte Süden – ein guter Ort für den Campingplatz Europa Village. Neben seinen

Festunterkünften bietet der Platz 178 Parzellen zwischen 45 und 130 m² für Urlauber. Auf Bootssportler ist der Platz ebenso eingerichtet wie auf Familien mit kleineren Kindern. Je nach Areal sind die Standflächen mit Strom (CEE, 6–10 A) sowie Ver- und Entsorgung ausgestattet; eine separate VE-Anlage für Wohnmobile gibt es dagegen nicht. In einigen Bereichen gibt es WLAN-Empfang. Auf verschiedenen Sportplätzen und in der Sporthalle helfen Animateure, die Fitness zu verbessern. Rettungsschwimmer sorgen an den Pools für Sicherheit. Auf einem separaten Areal können Hunde ausgeführt werden. Ein Supermarkt befindet sich am Platz; das Restaurant bietet auch einen Mitnahmeservice an.

▶ Via Silvella 10, 25010 San Felice del Benaco, Tel. +39 03 65/65 10 95, Mitte April–Mitte Okt., GPS: 45.574575, 10.548664

■ pincamp.de/gs2550

Aktivitäten

Kanus und Surfbretter, aber auch Segelboote können vor Ort ausgeliehen werden. Auf dem Platz gibt es eine Badelandschaft, die sich auch zum Bahnenschwimmen eignet. Zum Angebot gehören Wassergymnastik sowie Kurse für Yoga und Zumba; es werden Tennis- und Beachvolleyball-Turniere veranstaltet. Auf dem Gelände befindet sich ein Fußballplatz, für Indooraktivitäten bietet sich die Sporthalle an. Fahrräder werden ausgeliehen – ausgearbeitete Touren für Straßen- und Mountainbiker liegen ebenso bereit wie Streckenvorschläge fürs Trekking.

Lago Idro Camping Boutique

3 Der Massentourismus hat am Idrosee noch nicht Einzug gehalten, aber richtig still ist der See nicht. Familien mit einem Faible für den Wassersport kommen gern auf den Lago Idro Camping Boutique. Die 58 Standplätze (80–90 m²) befinden sich in Ufernähe; am Wasser gibt es eine lange Liegewiese. Spielplätze und Planschbecken, eine Wasserrutsche am Pool und Animation erfüllen die Wünsche vor allem kleinerer Kinder. Für Wohnmobile steht eine Ver- und Entsorgung zur Verfügung; je nach Areal können sechs bis 16 Ampere (CEE) in Anspruch genommen werden. Auch Hunde sind gern gesehene Gäste.

▶ Via Carlo Alberto dalla Chiesa, 25070 Anfo, Tel. +39 03 65/38 81 06, Ende April–Sept., GPS: 45.764292, 10.493474

■ pincamp.de/lb6660

Aktivitäten

Der Campingplatz vermittelt Motorboote. Die am Ufer liegenden Dörfer verfügen über Anlegestellen. Gleich neben dem Platz befindet sich ein Verleih für die Ausrüstung diverser Wassersportaktivitäten. Neben Surf- und Kitekursen werden auch Wandertouren sowie Camps für Mountainbiker organisiert (www.surfpoint.it).

STELLPLÄTZE

Parcheggio Gerolo, Sulzano

1 400 m oberhalb des Iseosees bietet der privat geführte Stellplatz Platz für 30 Wohnmobile. Neben Strom und Ver- und Entsorgung sind auch Toiletten, Duschen und ein Waschraum vorhanden. Gebührenpflichtig.

▶ Via Tassano 10, 25058 Sulzano, Tel. +39 030/98 52 62, www.gerolo.com, ganzjährig, GPS: 45.688640, 10.103180

Area di Camping La Tartufaia, Razanico Lago

2 Der Campingplatz La Tartufaia bietet am Lago di Endine 20 Stellplätze für Reisemobile. Wasser sowie Ver- und Entsorgung sind im Preis inbegriffen. Die sanitären Anlage und der Pool des Platzes können mitbenutzt werden. Gebührenpflichtig.

▶ Via Nazionale 2519, 24060 Ranzanico Lago, Tel. +39 03 58/192 59, www.latartufaia.com, Anfang Mai–Sept., GPS: 45.78813, 9.94694

COMER SEE

Gewusst, wann …

Concorso d'Eleganza

Seit 1929 lockt diese Veranstaltung zahlreiche Autofreunde zur Villa d'Este am Comer See. Hier präsentieren alljährlich am dritten Maiwochenende Liebhaber von Oldtimern die Objekte ihrer Begierde.
▸ www.concorsodeleganzavilladeste.com

Der Comer See ist zwar nur der drittgrößte See Italiens, doch gemessen an der Länge des Uferstreifens nimmt er klar den Spitzenplatz ein. Die breite Landzunge teilt den See, den die Italiener auch Lario nennen, in einen oberen Abschnitt und zwei südlich verlaufende Arme. Südlich des Sees liegen zudem die Briantei-Seen, die sich wie eine Perlenschnur zwischen Como und Lecco aneinanderreihen. Der See ist von hohen Gebirgszügen umgeben. In dieser Region hatte der italienische Alpinsport seine Anfänge, und noch heute stellt vor allem der Südosten eine beliebte Kletterregion dar. Kastelle und Festungen erinnern daran, dass dieser Teil der Lombardei schon immer begehrt war; prunkvolle Paläste und Kirchen zeugen von den reichen Erträgen der einstigen Seidenspinnereien und des Erfindergeistes.

Campingplätze gibt es konzentriert am Westufer des oberen Sees. Entlang der beiden unteren Ausläufer ist das Angebot überschaubarer – erst recht an der Ostküste. Die Qualität der Plätze umfasst die ganze Bandbreite des Möglichen: Zum Teil handelt es sich um Campingplätze mit hochwertiger Ausstattung auf internationalem Niveau, andere Camps zielen eher auf die einfacher ausfallenden Wünsche der einheimischen Wochenendurlauber ab. Wohnmobilstellplätze in direkter Seelage stellen eher eine Ausnahme dar. Dafür gibt es eine recht gute Abdeckung in oder bei Städten, die wegen ihrer Sehenswürdigkeiten bei Besuchern hoch im Kurs stehen.

Ja, Mandello del Lario ist das Ziel vieler Motorradfans. Doch die Kleinstadt ist auch sonst einen Besuch wert, allein schon wegen ihrer Lage direkt am Comer See.

SEHENSWERTES

FORTE MONTECCHIO NORD

1 Aus der Zeit gefallen erscheint die vermutlich besterhaltene Festung Europas aus dem Ersten Weltkrieg: Das Forte Montecchio Nord wurde ab 1912 aus Sorge vor einem Angriff in den Fels gebaut und stellte ein strategisch wichtiges Bollwerk dar. Schnell aber erkannte man, dass zwar die Außenmauern stabil waren, die Decken jedoch zu dünn berechnet wurden, um etwaigen Mörsereinschlägen zu widerstehen. Der befürchtete Angriff blieb jedoch aus, der gesamte Komplex blieb mit Kaserne, Waffenkammer und Tunnelsystem unbeschadet. Im Zweiten Weltkrieg übernahmen Partisanen die Festung und stoppten von dort aus die Flucht des italienischen Diktators Benito Mussolini. Das Forte Montecchio Nord wurde nie umkämpft und präsentiert sich heute so, wie es einst errichtet wurde (www.fortemontecchionord.it).

MANDELLO DEL LARIO

2 Die Kleinstadt am Comer See unterscheidet sich auf den ersten Blick kaum von anderen Orten der Region: Die Häuser machen durch ihre Patina einen hübschen Eindruck, die Kirche San Lorenzo verfügt über einen kunstvoll gestalteten goldenen Altar, und die lombardische Küche ist ein Genuss.

Doch in Mandello del Lario steht auch die älteste Motorradfabrik Italiens – Moto Guzzi. Das Logo des Seeadlers prangte auf Behördenmaschinen zwischen Berlin, Kalifornien und Havanna, Rennmaschinen fuhren Rekorde ein. Die Leibgarde des italienischen Präsidenten fährt Guzzi, und die Hauptstadt der »Guzzisti« heißt Mandello. Das Werksmuseum spiegelt die über 100-jährige Geschichte. Es kann auch ein Blick auf die Produktion geworfen werden. Der 1950 errichtete einzige Windkanal für Motorräder kann besichtigt werden, betrieben werden darf er jedoch nicht mehr – das Geräusch der Turbinen wäre bis Lecco im Süden des Comer Sees zu hören (www.motoguzzi.com/de_DE/tradition/museum).

LECCO

3 Wo der Fluss Adda den Comer See verlässt, liegt die Provinzhauptstadt Lecco; allein für die Kirchen und Museen sollte man einen ganzen Tag einplanen. Auf den Straßen und Plätzen der sehenswerten Altstadt lässt sich italienische Lebensart genießen; ein Wahrzeichen ist die Basilika San Nicolò, deren 96 m hoher Glockenturm einer der höchsten Kirchtürme Italiens ist. Über 380 Stufen führt der Weg zum neun Glocken umfassenden Geläut. Wo einst der Dichter Alessandro Manzoni lebte, gibt ein Museum Einblicke in sein Leben und Schaffen (www.museilecco.org). Das alles vor der Kulisse der Südwand der Corna di Medale, wo die ersten Alpinisten Italiens Geschichte schrieben. In der Bevölkerung waren die Bergsteiger als die »Spinnen von Lecco« bekannt, weil sie scheinbar schwerelos die Berge erklommen. Das Bergmassiv der Grigna ist noch heute ein bevorzugtes Areal für Sportkletterer.

Camping- & Stellplätze ▸ S. 174

Wer die Berge rund um den Comer See erklimmt, wird mit einem schier unglaublichen Blick belohnt.

BELLAGIO

4 Wie ein Keil ragt die Halbinsel zwischen den beiden südlichen Armen des Sees nach Norden. An der Spitze empfängt Bellagio seine Besucher mit einer Kulisse aus Villen und Palästen; die höher gelegene Altstadt ist ein guter Ort zum Einkaufen italienischer Mode. Voraussetzung für eine Erkundung der Stadt sind bequeme Schuhe – zwischen den Geschäftsstraßen und dem Ufer gilt es, zahlreiche Treppen zu überwinden.

An der Piazza della Chiesa steht die zwischen dem 11. und 12. Jh. erbaute Basilika San Giacomo mit ihrer grandiosen Innenarchitektur. Am Westufer der Halbinsel lohnt die Besichtigung der gut 200 Jahre alten Villa Melzi, erbaut zur Zeit der napoleonischen Italienischen Republik. In der Orangerie des Gartens finden sich Kunstwerke und Fresken aus der Renaissance (www.giardinidivillamelzi.it). Von Bellagio gibt es regelmäßige Fährverbindungen zum westlichen und zum östlichen Ufer des Comer Sees.

MURO DI SORMANO

5 Bergetappen gehören bei Radrennen zu den Attraktionen. Als der Muro di Sormano 1960 erstmals in die Route des Giro di Lombardia aufgenommen wurde, galt die Passstrecke als ultimative Herausforderung: Der 1900 m lange Anstieg wies eine durchschnittliche Steigung von 16 Prozent auf, die Spitzenwerte lagen bei 25 Prozent, 344 Höhenmeter mussten überwunden werden. Kaum ein Fahrer bewältigte die damals noch unasphaltierte Rampe, ohne die letzten Meter zu schieben. Schnell wurde die Mauer von Sormano zur Legende. Die heute geteerte Strecke ist für den Autoverkehr gesperrt, kann aber zu Fuß oder mit dem Rad erklommen werden. Jeder Höhenmeter ist auf dem Asphalt beschriftet – an den steilsten Abschnitten haben die Markierungen nur noch Abstände von unter vier Metern (www.murodisormano.it). Auf der Passhöhe befindet sich ein Planetarium, das einmal monatlich sonntags geöffnet hat (www.osservatoriosormano.it).

COMO

6 Die 3000 Jahre alte Stadt am südwestlichen Ende des Comer Sees bietet sich vor allem an heißen Tagen als willkommenes Reiseziel an. Der kühle Wind der Bora sorgt stets für frische Luft und macht hohe Temperaturen erträglich. Nähert man sich Como mit der Fähre, fällt unter den historischen Häusern an der Uferlinie sofort ein Gebäude ins Auge, das wie ein Tempel wirkt. Gewidmet ist es dem Mann, der die Welt elektrisierte: Der Physiker Alessandro Volta wurde in Como geboren und war einer der Begründer der Elektrizitätslehre. Im Museum werden seine wissenschaftlichen Aufzeichnungen und Werkzeuge ausgestellt. Für Como sollte man sich Zeit nehmen, hat die Stadt doch nicht nur klassische Architektur zu bieten, sondern auch viele Stätten der Kunst und Kultur – allen voran der Dom und die Basilika San Fedele. Ein großartiger Auftakt für eine Tagestour ist die Fahrt mit der 1894 eröffneten Standseilbahn, die auf einer Strecke von knapp 1100 m einen Höhenunterschied von 493 m überwindet (www.funicolarecomo.it). Der Zielbahnhof befindet sich im Dörfchen Brunate; vom Brunnen am äußeren Straßenring aus hat man einen tollen Blick über die zu Füßen liegende Stadt. Für den Rückweg bietet sich einer der Wanderwege an, die wieder hinunter zum See führen.

DIE BRIANTEI-SEEN

7 Südlich der gebirgigen Halbinsel reihen sich zwischen Como und Lecco die sechs Briantei-Seen aneinander. Der Montorfano-See befindet sich in einem Naturreservat und wartet im Uferbereich mit einem Golfplatz auf. Am Lago di Alserio wachsen verschiedene Röhrichtarten, weshalb hier ein kleiner ökologischer Park eingerichtet wurde. Im Pusiano-See gibt es eine kleine Insel, auf der 130 Zypressen wachsen. Durch die Halbinseln Isella und Annone ist der Lago di Annone fast zweigeteilt – einst gab es an der Engstelle eine römische Brücke. Ein Campingplatz bietet Zugang zu beiden Teilen des Sees. Hinter Lecco befindet sich der Garlate-See; in Garlate gibt es ein Museum, das an die Tradition der Seidenspinnerei in der Region erinnert (www.museosetagarlate.it).

ESSEN & TRINKEN

Sant'Anna 1907 Das traditionelle Fleisch- und Fischlokal ist eine echte Institution in Como. Ab und an kommen Stars und Sternchen der Film-, Mode- und Kulturbranche vorbei. Alle sechs Wochen wechselt die Speisekarte, auf der vor allem saisonale und regionale Produkte stehen.
▶ Via F. Turati 3, 22100 Como, Tel. +39 031/50 52 66, www.ristorantesantanna1907.com

Mella Das direkt am Wasser gelegene Fischlokal wird familiär geführt. Auf den Teller kommt, was Chef und Berufsfischer Alessandro morgens frisch im See fängt. Außerdem ist die Auswahl an Antipasti reich, die hausgemachten Süßspeisen sind sehr empfehlenswert.
▶ Piazza S. Giovanni Battista 6, 22021 Bellagio, Tel. +39 031/95 02 05, www.ristorantemella.it

Pontile-Orestino Das Restaurant direkt am See bietet schmackhafte Küche an. Spezialität sind die *Missoltini*, an der Luft getrocknete Alse, eine Heringsart.
▶ Lungolario Cesare Battisti 5, 23900 Lecco, Tel. +39 03 41/36 23 80, www.orestino.it

EINKAUFEN

Oleificio Vanini Osvaldo An der Westseite des Comer Sees befindet sich in Lenno eine der ältesten und letzten Ölmühlen der Region. Das kaltgepresste native Olivenöl, das besonders mild, säurearm und fruchtig ist, wird im Betrieb der Familie Vanini produziert und abgefüllt und kann direkt vor Ort gekauft werden.
▶ Via Silvio Pellico 10, 22016 Lenno, Tel. +39 03 44/551 27, www.oliovanini.it

Zwei Gehminuten vom Comer See entfernt: Camping Le Vele

CAMPING- & STELLPLÄTZE

CAMPINGPLÄTZE

Camping La Riva ★★★½

1 Wer die Wahl zwischen zwei beieinander liegenden Seen hat, kann auch einfach die goldene Mitte wählen: Am Flüsschen Mera, das den Comer See mit dem Lago di Mezzola verbindet, bietet Camping La Riva 80 Standflächen à 65 bis 80 m² an. Frischwasser, Strom (CEE, 6 A) und Entsorgung sind gesichert. Es gibt ein Schwimmbad sowie ein Solarium; am Ufer des Wiesengeländes laden zwei Liegewiesen zum Entspannen ein. Neben Fahrrädern werden auch Kanus und Tretboote verliehen. Kinder freuen sich über den Spielplatz. WLAN ist am platzeigenen Lokal verfügbar. Hunde sind willkommen.

▸ Via Poncione 3, 22010 Sorico, Tel. +39 03 44/945 71, April–Okt., GPS: 46.17061667, 9.3925

■ pincamp.de/lb2360

Aktivitäten

Am Platz werden Tretboote sowie Kanus ausgeliehen, mit denen man Touren auf der Mera paddeln kann. Am Jachthafen Gera Lario gibt es mehrere Anbieter für Surfkurse – auch für Kinder. Angeboten werden auch Kurse bzw. die Ausrüstung zum Wind- oder Kitesurfen, zum Wakeboarden und Segeln. In die Lüfte schwingen kann man sich bei einem Tandemsprung mit dem Gleitschirm (www.comolakeparagliding.com). Die Region ist durchzogen von Fahrradwegen. Eine Route führt die Mera aufwärts in das Naturschutzgebiet Pian di Spagna e Lago di Mezzola – ein Paradies für Tierfotografen und Vogelbeobachter.

Camping Le Vele ★★★★

2 Nördlich der Mündung des Flusses Livo in den Comer See reiht sich ein Campingplatz an den anderen. Was das Camping Le Vele besonders macht,

ist sein Komfort, wovon sowohl das angeschlossene Hotel als auch die 26 Stellplätze profitieren. Die Standflächen haben 45 bis 90 m²; zentrale Stromkästen (CEE, 6 A) sorgen für Energie. WLAN gibt es an der Rezeption. Die Sanitäranlagen sind modern, der Wellnessbereich umfasst neben einer Sauna auch ein Türkisches Bad. Das Schwimmbad kann für längere Bahnen genutzt werden. Der Fitnessraum ist qualitativ hochwertig ausgestattet. Für lange Fahrzeuge oder Gespanne ist die Einfahrt etwas eng geraten.

▸ Via Case Sparse 244, 22013 Domaso,
Tel. +39 03 44/96 50 49, Ende März–Mitte Okt.,
GPS: 46.15433333, 9.33673333

■ pincamp.de/lb2380

Aktivitäten

Segel- und Kitesurfschulen bieten Kurse für Anfänger und Fortgeschrittene an, an den Windsurfstationen kann auch die notwendige Ausrüstung ausgeliehen werden. Auch Freunde des Wasserskis können hier ihrem Hobby nachgehen. Der obere Lario ist zudem ein beliebtes Kanugebiet. Ein besonderes Erlebnis ist ein Segeltörn auf dem Comer See. Auf dem Zweimaster »La Vela Rossa« geht es mit einem deutschen Skipper-Ehepaar raus auf den See. Besonders schön: die Tour, bei der in den Sonnenuntergang gesegelt wird (www.sail-with-me.eu).

Campeggio Rivabella ★★☆☆☆

3 Auf den ersten Blick wirkt es, als sei der Lago di Garlate nur das südlich gelegene Anhängsel des Comer Sees. Doch hat das Gewässer seinen eigenen Reiz, ebenso wie die daran liegenden Orte. In Höhe von Maggianico bietet der Campeggio Rivabella 80 Standflächen für Wasserratten – der 200 m lange Strand mit Liegewiese lockt, Boote können vertäut werden. In einigen Bereichen spenden Laubbäume Schatten über dem Wiesenareal. Die Stromversorgung (CEE, 3–16 A) ist teilweise etwas dürftig, der WLAN-Empfang ist an der Rezeption am besten. Die angrenzende Bahnlinie wird nachts nicht befahren.

▸ Via alla Spiaggia 35, 23900 Lecco,
Tel. +39 03 41/ 42 11 43, Ende April–Ende Sept.,
GPS: 45.82231667, 9.41476667

■ pincamp.de/lb3850

Aktivitäten

An der Uferlinie ist das Wasser flach – ideal für die ersten Schwimmübungen kleinerer Kinder. Wer direkt ins tiefere Wasser will, kann dies vom Sprungturm aus tun. Vom Platz aus werden Kanus und Tretboote vermietet; auf dem Gelände gibt es eine Surf- und Segelschule. Im kleinen Hafen ist Platz für mitgebrachte Boote, eine Slipanlage ist vorhanden. In 30 Minuten kommt man zu Fuß zum Castello dell'Innominato, einer Burgruine, von der man einen tollen Blick auf den See hat (www.eccolecco.it).

STELLPLÄTZE

Area Sosta Camper, Colico

1 Ein Eiscafé am Stellplatz? In Italien ist auch das möglich. Am Ortsrand von Colico befindet sich an einem Restaurant am Ufer des Comer Sees ein sehr gepflegter Reisemobilstellplatz, der sogar Überdachungen für die Mobile bietet. 25 Parzellen auf Rasengittersteinen, dazu komplette Ver- und Entsorgung sowie Strom. Hunde sind willkommen. Gebührenpflichtig.

▸ Via Montecchio Nord 27, 23823 Colico,
Tel. +39 03 41/94 17 82, www.ontano.net,
April–Mitte Okt., GPS: 46.142181, 9.374812

Area Comunale per Camper, Lecco

2 Nur eine Hauptstraße trennt den Stellplatz in Lecco vom Grünstreifen am Ufer des Lago di Garlate. Auf befestigtem Untergrund gibt es Platz für zehn Mobile, Wasser und Entsorgung sind vorhanden. Hunde sind erlaubt. Gebührenfrei.

▸ Via Don Giovanni Ticozzi, 23900 Lecco, Tel. +39 03 41/48 11 11, ganzjährig, GPS: 45.831115, 9.408088

RUND UM DEN LAGO MAGGIORE

Gewusst, wann …

Stresa Festival

Künstlerinnen, Künstler und Musikgruppen von Weltrang treten zwischen Ende Juli und Anfang September bei diesem Festival für klassische Musik und Jazz auf. Spielorte sind in verschiedenen Städten rund um den Lago Maggiore.

▶ www.stresafestival.eu

Nur eben über die Alpen fahren … und schon kommt man in Norditalien in eines der schönsten Seengebiete Europas. Immerhin – der Lago Maggiore ist nur gute 250 km von Lindau entfernt. Das Piemont und der westliche Teil der Lombardei locken darüber hinaus mit schönen Orten im bergigen Hinterland. An den Uferlinien dominieren vielfältige Freizeitangebote; sehenswerte Ausflugsziele sind nie weit entfernt. In den nahen Bergen treffen Wanderer auf geschichtsträchtige Bauten und Ruinen. Zudem laden viele Wallfahrtsorte zu einer spontanen Pilgertour ein – mehrere Heilige Berge der Region wurden als UNESCO-Weltkulturerbe anerkannt. Als Zugabe lockt das angenehme Klima, in dem der Frühling früher einsetzt als nördlich der Alpen.

Die Region Lago Maggiore erfüllt alle Erwartungen an Campingplätze. Die Bandbreite reicht vom kleineren Platz, auf dem es eher familiär zugeht, bis zu großflächigen Campingparks, auf denen Hunderte von Standplätzen angeboten werden. Die Qualität ist meist überdurchschnittlich hoch; das Engagement für die Gäste drückt sich in durchweg positiven Bewertungen aus. Wer nur nach einem Stellplatz für eine Übernachtung sucht, wird am und um den Lago Maggiore herum ebenfalls fündig. Die Stellplätze in der Region verfügen oftmals über Stromanschlüsse sowie Ver- und Entsorgungseinrichtungen.

Dass die Isola Bella, die »schöne Insel«, ihren Namen zu Recht trägt, zeigt schon dieser Ausblick über Garten, Ufer und Lago Maggiore.

SEHENSWERTES

LAVENO

1 Der schnellste Weg vom Westufer des Sees auf die östliche Seite führt über die Fähre von Intra nach Laveno. Wer sich die Zeit nimmt, kann dort tief in die Geschichte der Region eintauchen: Am nördlichen Ende der Bucht liegt Fort Castello, einst Teil der Grenzbefestigungen Österreichs, zu dem die Region bis 1859 gehörte. Vom einstigen Glanz ist nicht mehr viel geblieben, doch in Verbindung mit dem weitläufigen Park und der Aussicht über den ganzen See und bis zum Gotthard lohnt der Besuch (www.fondoambiente.it/luoghi/parco-forte-castello).

Im Süden der Stadt wird an die mehr als 165-jährige Tradition der Produktion von Steingut in Laveno angeknüpft; die dort gefertigten Erzeugnisse gehören zu den berühmtesten Keramiken Europas. Die Ausstellung des Internationalen Museums für keramisches Design enthält rund 500 Exponate und umfasst sowohl feines Geschirr als auch Vasen und Skulpturen (www.midec.org).

VERBANIA

2 Auf Landkarten ist Verbania leicht zu finden – zentral an der Westküste des Lago Maggiore gelegen, ist die Provinzhauptstadt nicht zu verfehlen. Im wahren Leben hat sich noch nicht überall durchgesetzt, dass die Stadt bereits seit 1939 die beiden Orte Intra und Pallanza vereinigt. So fahren die Linienschiffe auf dem See noch immer zum einen oder zum anderen Ort – nicht aber nach Verbania.

Für Urlauber bringt der Zusammenschluss Vorteile mit sich: Jeder der beiden Ortsteile verfügt über ein sehenswertes historisches Zentrum. Sehr reizvoll erscheint die zwischen den Wildbächen San Bernardino und San Giovanni gelegene Altstadt von Intra mit der auf einem kleinen Hügel stehenden Basilica di San Vittore. Nur 1,5 km entfernt befinden sich in Pallanza die 16 ha großen Botanischen Gärten der Villa Taranto. Neben den rund 20 000 Pflanzenarten beeindruckt auch die architektonische Gestaltung der seit mehr als 90 Jahren bestehenden Anlage (www.villataranto.it).

BORROMÄISCHE INSELN

3 Eine der Hauptattraktionen des Sees sind die fünf Borromäischen Inseln – kaum ein Anleger, von dem aus die drei fürs Publikum offenen Inseln nicht angesteuert werden. Besucher müssen sich allerdings darauf einstellen, dass sich zum Preis für die Bootstour noch die Eintrittsgelder für den Besuch der Inseln addieren (www.navigazionelaghi.it).

Der barocke Palast auf der Isola Bella ist mit seiner prächtigen Ausstattung, den Galerien und seinem italienischen Garten eine wirkliche Sehenswürdigkeit, die man nicht versäumen sollte.

Das Flair einer Fischerinsel ist auf der Isola Superiore zu verspüren – die Insel ist seit dem 14. Jh. dauerhaft bewohnt, die Einwohner leben seit jeher vom Fischfang und heute auch vom Tourismus. Mehrere Restaurants laden zur Einkehr ein.

In der Mitte der Bucht liegt die Isola Madre, deren botanischer Garten bereits im 16. Jh. angelegt wurde

Camping- & Stellplätze ▸ S. 180

ESSEN & TRINKEN

Ristorante La Tavernetta Kleines Restaurant in einem ehemaligen Kloster in der Altstadt von Intra. Rustikale Fischgerichte und Meeresfrüchte, aber auch Fleischgerichte wie Rindertatar mit Feigen gehören zu den Spezialitäten des Hauses.
▶ Via San Vittore, 28921 Intra, Tel. +39 03 23/40 26 35, www.latavernetta.verbania.it

Level Ristorante Dieses junge Restaurant mit Barbetrieb befindet sich in einem vom Architekturbüro Wespi, de Meuron & Romeo renovierten Palazzo. Sehr beliebt sind die Pizzen, die mit besonderen Teigen gebacken werden. Pasta und andere Klassiker werden neu interpretiert.
▶ Piazza Libertà, 21016 Luino, Tel. +39 03 32/185 10 76, www.instagram.com/level_concept

Osteria degli Specchi Typisch italienische Gerichte stehen auf der abwechslungsreichen Speisekarte der Osteria, mehr Fleisch als Fisch, für Vegetarier ist aber auch immer etwas dabei. Besonders schön sitzt man im Sommer im säulenumstandenen Innenhof aus dem 18. Jh.
▶ Via Luigi Cadorna 20, 28922 Pallanza, Tel. +39 03 23/50 37 50, www.osteriadeglispecchi.com

EINKAUFEN

Wochenmarkt in Luino Der Markt in Luino ist einer der ältesten der Region. Seit 1541 werden hier jeden Mittwoch (8–17 Uhr) unter bunten Sonnenschirmen Obst und Gemüse, aber auch Haushaltsartikel und Lederwaren angeboten.
▶ Via Monsignor Comi, 21016 Luino, www.facebook.com/ilmercatodiluino

und der heute zu den ältesten Parkanlagen Italiens zählt. Dort gibt es im Palazzo Borromeo unter anderem eine einzigartige Sammlung von Marionetten und Puppentheatern (www.isoleborromee.it).

ARONA

4 Am südlichen Ausläufer des Lago Maggiore hat sich die Kleinstadt Arona zu einem beliebten Reiseziel entwickelt. Ein Ausflug in den Ort bietet sich vor allem dienstags an, wenn der Wochenmarkt stattfindet.

Im Norden der Stadt sind auf einem Berg die Ruinen der Burg Rocca Borromea zu sehen. Zusammen mit ihrer für ihre Fresken berühmten Zwillingsburg bei Angera auf der anderen Seeseite hat sie 800 Jahre lang die Bucht kontrolliert – bis der Bau von napoleonischen Truppen zerstört wurde.

Nur wenige Hundert Meter weiter befindet sich auf dem Sacro Monte di Arona die 35 m hohe Statue San Carlone. Bis zum Bau der Freiheitsstatue in New York war sie fast 200 Jahre die größte innen begehbare Statue der Welt. Besucher gelangen über eine enge Wendeltreppe und eine steile Leiter bis zu den Sichtschlitzen im Kopf. Den besseren Ausblick hat man jedoch von der Aussichtplattform etwas weiter unten (www.comune.arona.no.it).

LAGO DI COMABBIO UND LAGO DI MONATE

5 Auf der Suche nach Ursprünglichkeit wird man zwischen dem Lago Maggiore und dem Vareser See fündig. Die beiden kleinen Seen Lago di Comabbio und Lago di Monate werden bei der Reiseplanung schnell übersehen – doch wer weniger touristische Regionen schätzt, sollte die Gegend ins Auge fassen. Von den dortigen Campingplätzen aus kann man mit dem Boot in See stechen, die ausgedehnten Schilfgürtel laden zu Wanderungen und Radtouren ein. Im historischen Stadtkern von Travedona-Monate gefällt die spätromanische Kirche Madonna della Neve aus dem 14. Jh. mit schön geschnitztem Portal; innen gibt es alte Fresken.

Als hübsches Städtchen mit historischen Elementen erweist sich Comabbio. Bei der Erkundung des Ortes sollte man nicht achtlos an der Wallfahrtskirche Beata Vergine del Rosario di Comabbio vorbeigehen – der Altar ist ebenso wie die geschnitzten Säulen sehenswert.

Mercallo am Südende des Lago di Comabbio ist das Dorf der Steine: Die Umgebung wird von Findlingen geprägt, die vor 60 000 Jahren von den Gletschern der Alpen bis hierhin gelangten.

VARESE

6 Einst ein Zentrum der Leder- und Textilindustrie, macht sich Varese seit Jahrzehnten einen Namen in der Luft- und Raumfahrt wie im Fahrzeugbau: Aermacchi baute Flugzeuge, Agusta Hubschrauber, Cagiva Motorräder. Nach der Verlagerung der Produktion von MV Agusta nach Varese wurde im Stadtteil Samarate ein Agusta-Museum eröffnet. Auf das Engagement in der Luftfahrt wird dort ebenso eingegangen wie auf die legendären Rennmaschinen, die der Firma im Laufe der Jahre 75 Weltmeistertitel eingebracht haben (www.museoagusta.it).

Acht Kilometer vom Zentrum entfernt befindet sich der Sacro Monte di Varese. Der Berg zählt als Wallfahrtsort zum UNESCO-Weltkulturerbe, entlang der Via Sacra stehen 14 Kapellen. Die älteste von ihnen wurde bereits 1604 errichtet. Auf dem Gipfel kann im Dorf Santa Maria del Monte die Wallfahrtskirche besichtigt werden. Von den Parkplätzen an der untersten Kapelle fährt eine Standseilbahn den Berg hinauf (www.sacromontedivarese.it).

Einen Blick auf die Lebensverhältnisse in der Jungsteinzeit kann man am nahen Lago di Varese werfen. Nachdem auf dem Inselchen Isolino Virginia prähistorische Pfahlbauten entdeckt wurden, hat man dort ein kleines Museum nebst Lehrpfad eingerichtet. Von Biandronno aus werden Bootstouren zur Insel angeboten (www.isolinovirginia.it).

Varese erstreckt sich am Hang eines der neun Sacri Monti, der Heiligen Berge, im Piemont und in der Lombardei.

Lagocamp – Parkcamping Maccagno

CAMPING- & STELLPLÄTZE

CAMPINGPLÄTZE

Lagocamp – Parkcamping Maccagno

★★★½

1 Zwischen einem Bach und der Strandpromenade am Ostufer des Lago Maggiore verteilen sich auf leicht geneigtem Gelände mit hohen Laubbäumen 90 Standplätze (50–75 m²). WLAN, Frischwasser und Entsorgung sind vorhanden, Haustiere sind gestattet. Im Sommer werden Themenabende mit Livemusik veranstaltet. Eine italienische Bar und ein Minimarkt befinden sich auf dem Gelände, weitere Lokale und Einkaufsmöglichkeiten gibt es wenige Gehminuten entfernt in Maccagno.

▸ Via Corsini 3, 21061 Maccagno con Pino e Veddasca, Tel. +39 03 32/56 02 03, April–Anfang Nov., GPS: 46.0388, 8.73465

■ pincamp.de/lm3200

Aktivitäten

Der weitläufige Strand lädt dazu ein, zwischendurch einen Badetag einzulegen. Wer weiter auf den See hinaus will, als er schwimmen mag, hat im Sommer die Gelegenheit, SUP-Boards auszuleihen. Zudem sind Kanus in verschiedenen Größen im Angebot. Lust auf Serpentinen? Optimalerweise motorisiert auf zwei Rädern, zumindest akkuunterstützt, ist die Strecke über Veddasca und Forcora zurück zum Camp ein Erlebnis zwischen Panorama und Kurvenrausch – 30 km, auf denen allerdings ein Höhenunterschied von 1000 m zu bewältigen ist.

Camping Village Conca D'Oro ★★★★

2 An der Westseite des Lago Maggiore liegt, geschützt in einer weiten Bucht, das Camping Village Conca D'Oro mit seinem 600 m langen Sandstrand. Für die Gäste auf den 250 Parzellen bietet der Platz Vollausstattung, die Stellflächen sind zwischen 70 und 90 m² groß. Das überwiegend ebene Wiesengelände wird teils von Bäumen beschattet; am Rand der Anlage gibt es weitere Plätze an der Mündung des Flusses Stronetta. Strom (CEE, 6 A), WLAN auf dem ganzen Platz sowie Ver- und Entsorgung sind selbstverständlich. Fünf Sanitäranlagen stehen zur Verfügung; der Mini-Markt und ein Restaurant werden gern in Anspruch genommen.

▸ Via 42 Martiri 26, 28835 Feriolo di Baveno, Tel. +39 03 23/281 16, April–Anfang Okt., GPS: 45.93605, 8.48665

■ pincamp.de/lm1600

Aktivitäten

Unmittelbar am Platz lassen sich Kajaks ausleihen; wird das eigene Boot mitgebracht, kann eine Boje gebucht werden. Die Rezeption stellt Kontakte zu Anbietern von Canyoning- und Raftingtouren her und vermittelt Gleitschirmflüge. In knapp drei Kilometern Entfernung befindet sich der Aquadventure Park von Baveno, in dem sich unter anderem ein Schwimmbad und ein Seilgarten sowie eine Paintball-Anlage und ein Kletterfelsen befinden (www.lagomaggioreadventure.com). Oberhalb von Verbania kann man an einer Zipline in einer Höhe von 350 m ins Tal fliegen (www.maggioreseezipline.it).

Camping Lago Azzurro ★★★★

3 Fast an der Südspitze des Lago Maggiore stellt das Camping Lago Azzurro einen guten Ausgangspunkt für Touren dar. Die Größe der 110 Standplätze variiert zwischen 30 und 100 m², zentrale Stromkästen (CEE) sorgen für frische Energie. Die Absicherung mit drei bis sechs Ampere fällt jedoch mager aus. WLAN gibt es auf dem gesamten Gelände. Bäume spenden Schatten, für den Naturstrand sind Badeschuhe empfehlenswert. Brötchenservice und Pizzabäcker lassen keinen Hunger aufkommen. Sportmöglichkeiten und Kinderprogramm vertreiben etwaige Langeweile. Hunde sind gestattet.

▸ Via Enrico Fermi 2, 28040 Dormelletto, Tel. +39 03 22/49 71 97, Mitte März–Okt., GPS: 45.73741667, 8.57651667

■ pincamp.de/lm2100

Aktivitäten

Im halbolympischen Schwimmbecken des Platzes werden im Juli und August kostenlose Aquagymkurse abgehalten. Zur Verfügung stehen auch zwei Tennisanlagen, Fußballplätze und ein Beachvolleyball-Feld. Zwei Kilometer nördlich befindet sich eine Segelschule (www.lniarona.it). Nur einen Kilometer von der Anlage entfernt liegt der Parco Naturale dei Lagoni di Mercurago, der zum UNESCO-Welterbe zählt. Wanderwege führen durch die einzigartige Schilflandschaft, in der bereits archäologische Funde geborgen wurden (www.derlagomaggiore.de).

STELLPLÄTZE

Area Sosta Camper, Gavirate

1 Am Nordufer des Lago di Varese stehen 20 Stellflächen auf Rasengittersteinen zur Verfügung. Der nachts beleuchtete Platz bietet Ver- und Entsorgung sowie Strom; das Zentrum von Gavirate ist zu Fuß erreichbar. Gebührenpflichtig.

▸ Via Cavour 51, 21026 Gavirate, Tel. +39 03 32/74 47 07, www.progavirate.com, ganzjährig, GPS: 45.839692, 8.720846

Agricampeggio, Ranco

2 Ein ungewöhnlich gut ausgestatteter Stellplatz fast direkt am Lago Maggiore. Neben genügend Platz für 25 Mobile gibt es hier eine Ver- und Entsorgungsstation, Strom sowie ein Sanitärhaus. WLAN ist im Preis enthalten, Hunde sind ebenfalls willkommen. Gebührenpflichtig.

▸ Via Quassa, 21020 Ranco, Tel. +39 338/829 53 63, www.agricamperlagomaggiore.it, ganzjährig, GPS: 45.794104, 8.58974

RUND UM DEN ORTASEE

Gewusst, wann …

Festa di San Vito

Ab 18. August findet in Omegna am nördlichen Ende des Ortasees zehn Tage lang das große Fest für den Ortsheiligen San Vito statt. Es wird von Prozessionen, Turnieren und Musikprogramm begleitet und endet mit einem spektakulären Feuerwerk.

▸ www.sanvito-omegna.it

Der Ortasee wird mitunter als das »Aschenputtel des Piemont« bezeichnet. Im Schatten des knapp zwölfmal so großen und nur 15 km entfernten Lago Maggiore lässt sich die Region zwischen dem Ossolatal im Norden und dem Ortasee im Süden tatsächlich fast übersehen. Doch der Eindruck trügt: Auch hier gibt es Fremdenverkehr, Campingplätze und Freizeitattraktionen – nur fällt alles eine Spur kleiner aus. Wer Freude daran hat, die durchaus vorhandenen Perlen zu finden, wird mit vielfältigen Erlebnissen und Begegnungen belohnt. Es ist halt wie im Märchen: Wenn der Schuh passt, wird das Aschenputtel doch zur Prinzessin.

Rund um den Ortasee und den Lago di Mergozzo ist die Auswahl an Campingplätzen zufriedenstellend. Die meisten Camps liegen direkt an der Uferlinie, die Ausstattung befindet sich auf einem hohen Niveau. Abseits der Seen wird das Angebot merklich dünner und konzentriert sich auf größere Orte, die Sehenswürdigkeiten zu bieten haben. Obwohl die Region nicht zu den Hauptreisezielen gehört, gibt es ein gutes Angebot an Reisemobilstellplätzen. In aller Regel befinden sich sie sich in direkter Nähe zu Ortschaften. Bis auf wenige Plätze ist überall eine Grundversorgung mit Frischwasser gesichert, aber nicht alle Stellplätze bieten Entsorgungsmöglichkeiten.

Farbenfroh sind die Häuser von Mergozzo am Ufer des gleichnamigen Sees. Die Altstadt hat sich ihre mittelalterliche Struktur mit kleinen Gässchen bewahrt.

SEHENSWERTES

DOMODOSSOLA

1 Seine Lage im Zentrum von sieben Alpentälern hat Domodossola früh zu einem wichtigen Handelsplatz der Region werden lassen. Rund um die Stadt münden die Gebirgsflüsse Bogna, Melezzo, Isorno und Diveria in den Toce, der damit zum größten Wasserlieferanten des Lago Maggiore wird. Die malerische Stadt stellt einen guten Ausgangspunkt zur Erkundung des gesamten Ossolatals dar.

Das Herzstück der Stadt ist die Piazza Mercato mit ihren im 15. und 16. Jh. erbauten Herrenhäusern, die mit Balkonen, Loggien und Säulengängen verziert sind. In den Kapitellen der Säulen sind die Wappen der großen Familien des Ossolatals verewigt. Ein Ort, der gut als Filmkulisse taugt und in dem man so manch nettes Café findet. Von der alten Stadtmauer sind einige Abschnitte erhalten geblieben. Am Fuße des antiken Turms legte man ein Amphitheater frei, in dem nun Ausstellungen und Veranstaltungen stattfinden. Seit 1000 Jahren findet jeden Samstag der historische Markt statt. Nahe dem Zentrum befindet sich der zusammen mit acht weiteren Heiligen Bergen Italiens zum Weltkulturerbe der UNESCO gehörende Sacro Monte Calvario. Der durch einen Wald verlaufende Weg zum Gipfel führt an 15 Kapellen entlang (www.visitossola.it).

MERGOZZO

2 Am Rande des Nationalparks Val Grande ist der Lago Mergozzo immer noch ein Geheimtipp. Der namensgebende Ort Mergozzo am Nordufer gilt als einer der schönsten Seeorte der Region und wird auch als »Tor zum Ossolatal« bezeichnet. Schmale Gassen durchziehen das am Hang erbaute Städtchen; die alten Steinhäuser wirken, als lehnten sie sich aneinander. Auf dem Hauptplatz im Zentrum steht eine über 400 Jahre alte Ulme, die auch Wahrzeichen des Ortes ist. Mergozzo ist durch den in der Region abgebauten Stein berühmt geworden – bei Montorfano wurde weißer Granit aus dem Berg gebrochen und im Ortsteil Candoglia jener rosafarbene Marmor abgebaut, der auch für den Bau des Mailänder Doms verwendet wurde. Für Ausbesserungen der Kathedrale bedient man sich immer noch desselben Steinbruchs. Dem kostbaren Baumaterial wurden in der Stadt gleich zwei Museen gewidmet: Zum im Ort befindlichen Archäologischen Museum gehört auch das frei zugängliche Granit-Freilichtmuseum Montorfano (www.ecomuseogranitomontorfano.it).

OMEGNA

3 Auf den ersten Blick sieht man es dem Ort nicht an, doch wurde von hier aus die Kaffeekultur Italiens revolutioniert. In Omegna-Crusinallo erfand der aus Omegna stammende Alfonso Bialetti im Jahr 1933 die »Moka Express«. Seitdem sorgt in Millionen Haushalten der allmorgendliche Espresso aus der *caffettiera* für einen guten Start in den Tag. Die Firma Alessi griff die Idee auf und produziert noch heute vor Ort edle Ausführungen des Kaffeezubereiters. Neben der Produktion gibt es einen

Camping- & Stellplätze ▶ S. 186

Die kleine und einzige Insel im Ortasee, Isola San Giulio, ist per Fähre erreichbar.

Werksverkauf; auf Anfrage kann auch das Firmenmuseum besichtigt werden (www.eu.alessi.com/de/pages/museo). Wie sehr die italienische Haushaltsindustrie die Küchen geprägt hat, lässt sich im Museumskomplex Forum Omegna in der Innenstadt in Erfahrung bringen (www.ortasee-info.de).

Mehr über die Stadtgeschichte erfährt man auf einem Rundgang durch den Ort: Die Porta Romana ist das einzig verbliebene von fünf Toren, die im Mittelalter die Stadt sicherten. In der Kirche Sant'Ambrogio aus dem 12. Jh. befinden sich ein Altarbild von Caravaggio und die letzte Ruhestätte des Märtyrers Sankt Veit, des Schutzpatrons der Stadt.

AUSSERGEWÖHNLICHE MUSEEN RUND UM DEN ORTASEE

4 Rund um den Ortasee haben sich einige kleine Museen zu außergewöhnlichen Spezialthemen entwickelt: Schon als das Dorf Quarna nur über einen Saumpfad erreicht werden konnte, wurden dort Instrumente gebaut. Heute gibt es im Sommer ein Museum für Blasinstrumente und Volkskunde (www.museodellequarne.it).

In Armeno erinnert das Museo degli Alberghieri, das Hotelier-Museum, an all die Köche und Kellner, die in den letzten 400 Jahren von dort aus in die Welt zogen, um im Gastgewerbe zu arbeiten. Die Sammlung besteht aus den Geschichten und Mitbringseln derer, die den Ruf Armenos als Stadt der Köche begründeten (www.alberghieriarmeno.it).

Das Museum des Wasserhahns und seiner Technologie in San Maurizio d'Opaglio zeigt, welche Bedeutung die Erfindung für die Menschen und die Geschichte der Körperhygiene hat. Gozzano im unteren Cusio ist ein Zentrum der Armaturenindustrie (www.museodelrubinetto.it).

PELLA

5 Auf einem schroffen Kalkfelsen thront oberhalb von Pella die Wallfahrtskirche Madonna del Sasso. Nachdem die im Vorgängerbau aufbewahrte Statuette der Madonna del Rosario einige Wunder bewirkt haben soll, baute man in der ersten Hälfte des 18. Jh. am gleichen Ort eine größere Kirche. Die Fresken in dem spätbarocken Bau sind das Werk des Malers Lorenzo Peracino. Vom Vorplatz auf dem Felsvorsprung aus genießt man eine der besten Aussichten über den Ortasee. Den schönsten Blick auf die bei Nacht angestrahlte Kirche hat man jedoch von Orta San Giulio am Seeufer gegenüber. Nur 200 m entfernt befindet sich ein Reisemobilstellplatz (www.santuariomadonnadelsasso.it).

ORTA SAN GIULIO

6 Mittelalterliches Ambiente mit historischen Patrizierhäusern und moderner Infrastruktur vereinigt Orta San Giulio, der auf einer Halbinsel am Ostufer gelegene Hauptort des Sees. Der Palazzotto della Comunità aus dem 16. Jh. ist bekannt für seine Wandmalereien. Tausende von Pilgern strömen jedes Jahr in den kleinen Ort, um von hier aus den Heiligen Berg oberhalb der Stadt zu erwandern. Zu Ehren des heiligen Franziskus wurden auf dem Sacro Monte d'Orta 100 Kapellen und Kirchen errichtet. 376 lebensgroße, farbig bemalte Terrakottafiguren stellen Lebensstationen des Franz von Assisi nach (www.sacrimonti.org/sacro-monte-di-orta).

Mit dem Boot erreichbar ist die vorgelagerte Insel San Giulio, die der heilige Julius der Legende nach von Drachen befreite. Rund um eine Abtei der Benediktinerinnen verläuft ein schöner Meditationsweg (www.benedettineisolasangiulio.org).

ESSEN & TRINKEN

Ristorante San Giulio Auf der Isola San Giulio gelegenes feines Restaurant. Hier diniert man im Speisesaal aus dem 18. Jh. oder auf der Terrasse. Der Blick über den See ist fantastisch. Abends bringt ein privater Fährservice die Gäste wieder ans Festland.

▸ Via Basilica 4, 28016 Orta San Giulio, Tel. +39 03 22/902 34, www.ristorantesangiulio.com

Il Cucchiaio di Legno In diesem stilvollen Agriturismo werden nicht nur Zimmer vermietet, man isst auch gut und günstig Gerichte, die mit Produkten aus eigenem Anbau kreiert werden. Reservierung ist unbedingt notwendig.

▸ Via Prisciola 10, 28016 Legro, Tel. +39 339/577 53 85, www.ilcucchiaiodilegno.com

Piccolo Lago In diesem Restaurant wird innovative Gourmetküche serviert. Chefkoch Marco kann man bei der Arbeit praktisch über die Schulter schauen, denn seine Wirkungsstätte befindet sich hinter einer Glaswand. Der Keller hält eine große Auswahl an Weinen bereit.

▸ Via Filippo Turati 87, 28924 Fondotoce, Tel. +39 03 23/58 67 92, www.piccololago.it

EINKAUFEN

Alessi Die beliebte italienische Designmarke hat hier ihren Hauptsitz. Im Outlet-Shop gibt es alles, was das Herz begehrt: Kunterbunte Salz- und Pfefferstreuer, Wasserkessel als Kunstwerke, Kaffeemaschinen, Schüsseln etc. zu reduzierten Preisen.

▸ Via Privata Alessi 6, 28887 Omegna, Tel. +39 03 23/86 86 11, www.alessi.com

Camping Orta ist ideal für Familien mit Kindern.

CAMPING- & STELLPLÄTZE

CAMPINGPLÄTZE

Continental Camping Village ★★★★★

1 Die 309 parzellierten Stellplätze (70–105 m²) des Camping Village unterteilen sich in vier Kategorien; alle Plätze sind mit Strom (CEE, 6 A), SAT-TV sowie Frisch- und Abwasseranschluss ausgestattet. Eine Ver- und Entsorgungsstation ist vorhanden. Im Campingdorf findet man neben einem Supermarkt auch ein Restaurant. Das Schwimmbad ist mit Strömungskanal und Wellenbad ausgestattet. Für den Nachwuchs stehen ein großzügig angelegter Spielplatz und Animation zur Verfügung. Kostenfreies WLAN ist auf großen Teilen des Areals verfügbar.

▸ Via 42 Martiri 156, 28924 Fondotoce di Verbania, Tel. +39 03 23/49 63 00, Anfang April–Ende Sept., GPS: 45.94985, 8.48123333

■ pincamp.de/lm1510

Aktivitäten

Auf dem Lago di Mergozzo sind Motorboote untersagt. Dafür erfreut er sich bei Schwimmern, Paddlern und Anglern umso größerer Beliebtheit. Am Strand lädt der große Wasserpark zu Aktivitäten ein. Im Sommer können Kanus, Tretboote und SUP-Boards gemietet werden, es werden Bootsausflüge organisiert. Der Campingplatz ist mit mehreren Sportplätzen ausgestattet, Tennisschläger und Fahrräder können ausgeliehen werden. In der Nähe kann man reiten. Neben der Anlage befindet sich ein Golfplatz (www.golfcontinentalverbania.it), und direkt am Camp führt ein Radweg vorbei.

Camping Punta di Crabbia

2 Still ruht der See, die Häuser des Dorfes ziehen sich den Hang hinauf, und an der Uferlinie lädt das Camping Punta di Crabbia zum Entspannen ein.

Neben den 90 Parzellen für Dauercamper sind 18 Stellplätze für Touristen vorhanden. Für den Zugang zum Ortasee, an dem ein eigener Strandabschnitt für die Gäste reserviert ist, muss erst eine Straße überquert werden. Der Campingplatz verfügt über ein Lokal und einen Kinderspielplatz. Für den Stromanschluss (3–6 A) werden CEE-Stecker benötigt. Auf einem Teil des Geländes gibt es WLAN-Empfang. Frischwasser kann gezapft werden, Entsorgungsmöglichkeiten sind vorhanden. Hunde sind erlaubt.

▶ Via Crabbia 2a, 28028 Pettenasco, Tel. +39 03 23/891 17, Feb.–Anfang Nov., GPS: 45.83145, 8.396871

■ pincamp.de/pin_104851

Aktivitäten

Am Ufer können Tretboote, Kanus und sogar Wasserscooter ausgeliehen werden. Die umliegenden Berge laden zu Wanderungen ein. Für einen Tagesausflug bietet sich die Fahrt zum Mottarone an, von wo der Ligurische Apennin und die Poebene zu erkennen sind. Wer mehr Action möchte, sollte den Alpypark ansteuern. Wie auf einer Achterbahn fährt man dort 1200 m weit auf einer fest installierten Schlittenbahn den Berg hinab (www.alpyland.com). Der benachbarte Adventure Park wartet mit einem Baumwipfelpfad und Trails für Mountainbiker auf (www.mottarone.it).

Camping Orta ★★★½

3 Vom terrassierten Gelände des Campingplatzes haben Besucher einen guten Blick auf den Ort Orta, der dem glitzernden See den Namen gab. Die 80 weitgehend ebenen Standplätze (70–120 m²) sind über den Hang verteilt, dazu gibt es Stellflächen direkt im Uferbereich. Wassersportler schätzen Camping Orta wegen seiner vielfältigen Möglichkeiten, Kinder freuen sich auf den Spielplatz. Ein kleiner Laden und ein Restaurant befinden sich auf dem Areal. WLAN gibt es auf dem ganzen Gelände, für Strom (CEE, 6 A), Frischwasser und Abflussmöglichkeiten ist gesorgt. Hunde sind erlaubt. Die Haltestelle des öffentlichen Busses ist nur 100 m entfernt.

▶ Via Domodossola 28, 28016 Orta San Giulio, Tel. +39 03 22/902 67, Mitte März–Mitte Dez., GPS: 45.80185, 8.4209

■ pincamp.de/pm4800

Aktivitäten

Das stille Wasser des Ortasees wird nicht nur von Sportruderern geschätzt. Wer mit Kanu, Tretboot oder SUP-Board auf den See hinaus möchte, findet wenige Meter vom Campingplatz einen Verleih. Der See ist für Motorboote freigegeben, was auch Möglichkeiten zum Wasserskifahren und Wakeboarden mit sich bringt – Kurse werden angeboten. Knapp fünf Kilometer entfernt befindet sich ein Hochseilgarten mit Angeboten für die ganze Familie (www.lepigne.it/en). Tourenradler finden unter den zahlreichen Radwegen ebenso eine schöne Strecke wie Mountainbiker.

STELLPLÄTZE

Parking comunale per camper, Mergozzo

1 An der Ausfallstraße oberhalb von Mergozzo befinden sich auf einem öffentlichen Parkplatz sechs Stellflächen für Reisemobile. Am Platz gibt es Frischwasser, Strom und eine Entsorgungsanlage, Hunde sind erlaubt. Bis zum See sind es nicht mehr als 500 m. Gebührenpflichtig.

▶ Via Sempione 51, 28802 Mergozzo, Tel. +39 03 23/801 01, ganzjährig, GPS: 45.961947, 8.44315

Area Camper Lago d'Orta, Omegna

2 Dieser Stellplatz bietet Übernachtungsgelegenheiten für 36 Mobile; für die Ver- und Entsorgung sowie Strom ist gesorgt. WC, Dusche und WLAN sind vorhanden; neben der Anlage befinden sich ein Schwimmbad und ein Beachvolleyball-Feld sowie ein Spielplatz. Gebührenpflichtig, max. 3 Nächte.

▶ Via Caduti di Bologna, 28887 Omegna, Tel. +39 335/839 43 50, www.camperlagodorta.it, ganzjährig, GPS: 45.863456, 8.398424

AOSTATAL

Gewusst, wann …

Fiera di Sant'Orso

Ende Januar findet alljährlich in Aosta eine große Kunsthandwerksmesse statt, bei der sich alles um traditionelle Produkte dreht, z. B. bunte Stoffe aus dem Valgrisenche, Steinmetzarbeiten, Holzschnitzereien, Korbwaren … Dazu gibt es Weinverkostungen und kulinarische Spezialitäten aus der Region.

▸ www.aostalife.it

Nur wenige Fahrminuten vom Montblanc-Tunnel entfernt liegt das westliche Aostatal eindeutig in Italien – und ist doch durch Ortsnamen und landschaftliche Bezeichnungen ein wenig französisch geprägt. Die autonome Region im äußersten Nordwesten Italiens geizt nicht mit ihren Reizen: An der Südseite von Matterhorn und Montblanc beeindruckt das überall präsente Alpenpanorama, die Täler des Gran Paradiso bilden den ältesten Nationalpark des Landes. Die Dora Baltea durchzieht die Region als reißender Fluss und lädt zu Wildwassersport ein. Ruhiger geht es an den vielen Gletscherseen zu, die oft Teil von Freizeitgebieten sind. Wo im Winter Ski gefahren wird, erstrecken sich im Sommer ausgedehnte Wandergebiete. Zeugnisse der jüngeren und älteren Geschichte sind allgegenwärtig – die Römer haben ebenso ihre Spuren hinterlassen wie mancher Burgherr aus dem Mittelalter.

Selbst an kleinen Seen sowie in der Nähe von Sehenswürdigkeiten gibt es gute Chancen auf einen sicheren Übernachtungsplatz. Viele Campingplätze bieten ihre Dienste sowohl im Sommer als auch für Wintercamper an. Stellplätze finden sich häufig in der Nähe des großen Flusses. Auch in einigen Tälern wird man auf der Suche nach einer »area sosta« oder »sosta di camper« fündig. Für Strom und Wasser ist meist gesorgt, oft gibt es auch Entsorgungsmöglichkeiten. Eine Besonderheit auf italienischen Stellplätzen ist, dass die Fahrzeugräder am Boden sein müssen – Keile sind nicht zulässig.

Der Nationalpark Gran Paradiso verdankt seinen Namen einem der mit 4061 m Höhe höchsten Berge Italiens. Am besten lässt er sich aus dem Aostatal besteigen.

SEHENSWERTES

MONTBLANC

1 Näher kann man dem Montblanc nicht kommen: Der Skyway Monte Bianco bringt Besucher von der auf 1600 m Höhe gelegenen Talstation bis auf 3466 m zur Punta Helbronner hinauf – ganz knapp vor der französischen Grenze (www.montebianco.com). Während der Fahrt dreht sich die Gondel um sich selbst und erlaubt so einen Blick zu allen Seiten. Auf dem Gipfel erwarten die Besucher zudem eine Kristallausstellung und ein Bistro mit atemberaubendem Ausblick. Auf gut halber Höhe gibt es an der Zwischenstation einen Spielplatz mit Kletterfelsen sowie den Alpinen Botanischen Garten Saussurea (www.saussurea.it).

COGNE AN DER GRAND EYVIA

2 Schon in vorrömischen Zeiten sorgten die Minen des Monte Creya für Wohlstand; der Abbau von Magneteisen wurde erst 1979 eingestellt. Das Bergbaukapitel war damit für das Dorf Cogne nicht abgeschlossen: Die historischen Anlagen des Stollens Costa del Pino können besichtigt werden. Mit einem Oldtimerzug geht es 1,5 km tief in das Herz des Berges. Zu den Außenanlagen gehören die alten Seilbahnen für den Materialtransport und die Personenseilbahn von Cogne nach Colonna. Offen für Besucher ist auch das alte Bergarbeiterdorf. In den Sommermonaten werden Führungen angeboten, das neue Museum ist ganzjährig außer dienstags geöffnet (www.minieredicogne.it).

NATIONALPARK GRAN PARADISO

3 Am höchsten Berg des Landes, dem 4061 m hohen Gran Paradiso, erstreckt sich der älteste Nationalpark Italiens. In den sechs Seitentälern der Dora Baltea kann man eine vielfältige Naturlandschaft bewundern, die weite Nadelwälder sowie Fels- und Gletscherformationen zeigt. Wahrzeichen des Parks ist der Steinbock, der mit Glück in freier Wildbahn beobachtet werden kann. Doch auch so manches Murmeltier kann einem dort begegnen. Im Winter wird die Region zum Skilanglauf genutzt, in der schneefreien Zeit finden Wanderer ausgezeichnete Routen vor.

Bei Valnontey liegt auf 1700 m Höhe der Botanische Alpengarten Paradisia, auf 10000 m² wird dort Alpenflora angebaut. Zwei botanische Wanderpfade führen durch den Park, der auch eine gesteinskundliche Ausstellung und eine Sammlung von Flechten

enthält. Sehenswert ist der Schmetterlingsgarten. Von Mitte Juni bis Anfang September ist der Park geöffnet; während der Blütezeit zwischen Mitte Juni und Mitte Juli wirkt die Anlage besonders farbenprächtig. In der direkten Umgebung stehen zwei Campingplätze zur Verfügung (www.pngp.it).

AOSTA

4 Die Wege sind kurz in der Regionshauptstadt Aosta: Vom Stellplatz aus sind es keine 1 000 m bis zum römischen Stadttor; das Theater ist nur unwesentlich weiter entfernt. Aosta verbirgt seine historischen Wurzeln keinesfalls – das Erbe aus der Zeit des Römischen Reiches ist allgegenwärtig und wird bei Stadtführungen unterhaltsam erklärt. In einigen Gassen der Altstadt könnte man sich ins Mittelalter zurückversetzt fühlen, wären da nicht die charmanten Cafés und Läden. Beim Besuch der Cattedrale di Santa Maria sollte das Domschatzmuseum nicht ausgelassen werden. In unmittelbarer Nähe befindet sich der Criptoportico Forense, ein Gewölbe aus römischer Zeit. Noch mehr Geschichte lässt sich im Vorort Saint-Martin-de-Corléans erleben: Dort beherbergt ein großzügig angelegtes Museum die Ausgrabungsstätte eines der größten Megalithareale Italiens (www.regione.vda.it/cultura).

CHÂTILLON

5 Wo der Gebirgsfluss Marmore in die Dora Baltea fließt, markiert der Ort Châtillon den Beginn des Valtournenche-Tals. Die Höhenburg Castello di Ussel ist zwar weithin sichtbar, kann aber

ESSEN & TRINKEN

La Clotze Hier kann man die kräftigen Spezialitäten der Region kosten, die Nonna Clara einst in ihre Sammlung köstlicher Rezepte aufnahm: *Mocetta, Lardo di Arnad, Polenta Concia* sowie gute Wildgerichte, alles frisch und hausgemacht. Und als Digestif gibt es einen guten Kräuterlikör.
▶ Planpincieux 21, 11013 Courmayeur, Tel. +39 01 65/86 97 20, www.ristorantelaclotze.it

Osteria da Nando Hervorragende regionale und saisonale Speisen, darunter allein 16 verschiedene Polentagerichte. Besondere Aufmerksamkeit lassen Franca und Michel in der Küche den Desserts zukommen, z. B. der *Panna alla Cannella e Liquirizia su Crema Inglese allo Zafferano*, einer Zimt-Lakritz-Creme auf Crema Inglese mit Safran.
▶ Via Sant'Anselmo 99, 11100 Aosta, Tel. +39 01 65/444 55, www.osterianando.com

Tanpì Kürzlich renoviertes und stylish-schlicht eingerichtetes Restaurant mit bunter moderner Kunst an den Wänden. Gäste werden herzlich empfangen und mit mediterraner Küche bekocht, dazu gibt es eine große Auswahl an Weinen und Cocktails. Im Sommer sitzt man draußen besonders schön.
▶ Via Jean Baptiste Barrel, 30, 11029 Verrès, Tel. +39 345/224 01 51, www.tanpi.it

EINKAUFEN

La Valdôtaine Mit dem türkisfarbenen Wasser der Quelle »Acqueverdi« stellt die kleine Destillerie ihre Produkte her. Aus den Bergen der Umgebung stammen Kräuter, Wurzeln, Beeren und Früchte für Grappa und andere Spirituosen, Liköre, Kräuterbitter, Konfitüren … Eine Besichtigung umfasst den Besuch der Brennerei, der Produktionsstätten sowie eine Verkostung.
▶ Località Surpian, 11020 Saint-Marcel, Tel. +39 01 65/768919, www.lavaldotaine.it

nur im Rahmen von Ausstellungen besichtigt werden. Anders das Castello Gamba, das als Museum für moderne Kunst zugänglich ist und die Pinakothek beherbergt. Bei einem Besuch sollte man sich auch den großen Park anschauen – Prunkstück ist ein über 130 Jahre alter Riesenmammutbaum, dessen Stamm einen Durchmesser von 2,30 m aufweist (www.castellogamba.vda.it).

Ein Erlebnis ist es, vom Ort aus das weite Tal zu erkunden – folgt man der Straße entlang des Marmore, fährt man stets auf das Matterhorn zu. Nach zehn Kilometern gibt es in Antey-Saint-André einen Reiterhof und einen Kletterpark (www.parcoavventurantey.it). Ein paar Kilometer weiter lockt der kleine Lago di Maen mit einem Campingplatz (www.campingglair.it)

BURG VERRÈS UND GOLDMINE BRUSSON

6 Stolz und abweisend erhebt sich die mittelalterliche Burg Verrès über dem gleichnamigen Ort im östlichen Aostatal. Die günstige Verkehrsanbindung dürfte ihren Anteil daran haben, dass das Kastell zu den meistbesuchten Denkmälern im Aostatal gehört. Dass der wie ein Würfel geformte Bau mit seiner Zugbrücke und den vielen Schießscharten wenig einladend wirkt, war Sinn der Konstruktion – in ihrer 650-jährigen Geschichte wurde die Burg nie eingenommen. Der Innenbereich überrascht jedoch mit einer luftigen Treppe und vielen Verzierungen (www.regione.vda.it/cultura).

Von Verrès aus führt eine Straße nach Brusson, wo fast 90 Jahre lang nach Gold gegraben wurde; in der Nähe des Dorfes wurden dafür auf sieben Ebenen Stollen in den Berg getrieben. Nach der Aufgabe der Förderung wurde das Bergwerk besuchergerecht umgestaltet und kann nun im Rahmen einer (italienischsprachigen) Führung besichtigt werden. Unter Tage geht es auf der siebten Sohle 1600 m zur Fenilliaz-Ader. Wo früher die Seilbahn die Mineralien abtransportierte, befindet sich heute ein Mineralienmuseum. Informationen zur Anlage bietet ein Dokumentationszentrum (www.mine-experience.com/minierabrusson). Im Dorf gibt es nahe beim Gletschersee einen großen Wohnmobilstellplatz.

So abweisend die Burg ist, so farbenfroh und einladend zeigen sich die Häuser von Verrès.

CASTEL SAVOIA

7 Die kluge Frau sorgt vor: Königin Margarethe fühlte sich auf dem nahe Aosta liegenden Jagdschloss ihres Gatten Umberto von Italien nicht wohl und ließ sich bei Gressoney-Saint-Jean das Castel Savoia erbauen. Nachdem der König einem Attentat zum Opfer gefallen war, stand sie zumindest nicht auf der Straße. Um das mit fünf unterschiedlichen Türmen verzierte Herrenhaus zu besichtigen, folgt man der Straße ab Pont-Saint-Martin. Die Innenarchitektur ist mit ihren Gemälden und Holzvertäfelungen ebenso hübsch anzusehen wie der große Garten (www.regione.vda.it/cultura).

Gressoney und die Region haben sich mit einem breiten Freizeit- und Sportangebot einen Namen gemacht. Im Winter fährt eine Seilbahn in das nahe Skigebiet, im Sommer laden Moutainbike-Trails und Wanderwege zum aktiven Urlauben ein.

Camping Val di Rhêmes im Parco Nazionale del Gran Paradiso

CAMPING- & STELLPLÄTZE

CAMPINGPLÄTZE

Green Park Village ★★★☆☆

1 Im Green Park Village dominieren zwar Dauercamper und Mobilheime; es gibt aber auch ein Areal mit 20 Touristenplätzen, die jeweils 50 bis 70 m² groß sind. Strom (CEE, 6 A), Frischwasser und Entsorgung sind ebenso Standard wie das auf dem gesamten Gelände verfügbare WLAN. Ein großes Schwimmbecken und Sportanlagen lassen die Zeit kurz werden, in den Ferien wird Kinderanimation angeboten. Nicht zuletzt sorgt das empfehlenswerte Restaurant für Wohlbefinden. Auf der steilen und schmalen Zufahrt zum Stellplatz müssen Fahrer langer Gespanne Augenmaß an den Tag legen.

▸ Via dei Romani 4, 11015 La Salle, Tel. +39 01/65 86 13 00, ganzjährig, GPS: 45.75135, 7.06023333

■ pincamp.de/ao1300

Aktivitäten

Aktives Austoben ist auf einer der zahlreich angebotenen Raftingtouren auf dem Fluss Dora Baltea angesagt (www.centrorafting.com). Heiße Bäder in frischer Alpenluft bietet die Therme im nahen Pré-Saint-Didier, die eine Vielzahl von Wellness-Anwendungen offeriert (www.qcterme.com). Vier Kilometer weiter gibt es im Wald einen großen Kletterpark (www.parcoavventuramontblanc.com). Das nahe Morgex ist ein hübsches Ziel für einen Ausflug. Am Ortsrand findet man einen auf Kinder zugeschnittenen Literaturpark, der nicht nur Leseratten begeistert (www.parcodellalettura.eu).

Camping International Touring ★★½☆☆

2 Das Rauschen des Flusses gehört hier zur Geräuschkulisse einfach dazu. Vor den Toren der alten Römerstadt Aosta gelegen, bietet das

Camping International Touring 100 Standplätze an. Der alte Baumbestand auf dem Platz erfordert exaktes Einparken, neben dem Platz fließt die Dora Baltea ins langgestreckte Tal. Die Ver- und Entsorgungsstation ist zentral platziert; die CEE-Steckdosen sind auf nur drei bis sechs Ampere ausgelegt. WLAN ist an der Rezeption verfügbar. Mit Pizzeria und großzügig gestalteten Sport- und Spielstätten ist die Ausstattung auf Familien ausgerichtet – auch Kinderanimation gehört dazu. Im Hochsommer kann man sich im Pool erfrischen. Hunde sind erlaubt.

▶ Frazione Arensod 10, 11010 Sarre, Tel. +39 01 65/ 25 70 61, Juni–Mitte Sept., GPS: 45.7219, 7.26985

■ pincamp.de/ao1900

Aktivitäten

Von Sarre aus lassen sich interessante Wanderungen in Angriff nehmen. Der 14 km lange Rundwanderweg in die nördlich gelegenen Berge bietet spektakuläre Panoramen – es gilt aber, einen Höhenunterunterschied von 1666 m zu bewältigen. Als Ziele bieten sich auch die Burgen und Schlösser in der Region an; einige sind in gutem Zustand und können besichtigt werden (www.lovevda.it/de/kultur/burgen). Darüber hinaus bietet sich das Tal für Touren mit dem Fahrrad an, z. B. in die Römerstadt Aosta.

Camping Val di Rhêmes ★★½

3 Übernachten auf 1150 m, umgeben vom Nationalpark Gran Paradiso – der Campingplatz Val di Rhêmes liegt in einem Seitental der Aostaregion und bietet 125 Standplätze. Das gestufte Wiesengelände liegt an einem Gletscherfluss; die Stromversorgung (CEE, 2–6 A) ist etwas dürftig. Dafür gibt es zwei Sanitärhäuser, für größere Einkäufe oder die Pizza zum Mitnehmen bietet sich der Laden im nahen Dorf an. Frischwasser und Entsorgung sind vorhanden; Hunde sind gern gesehen. Auf dem gesamten Gelände gibt es WLAN-Empfang. Fahrräder und E-Bikes können ausgeliehen werden. Ein Platz für Menschen, die das Ursprüngliche zu schätzen wissen.

▶ Località Voix 1, 11010 Rhêmes-Saint-Georges, Tel. +39 01 65/90 76 48 , Mitte Mai–Mitte Sept., GPS: 45.64991667, 7.15205

■ pincamp.de/ao1500

Aktivitäten

Wanderschuhe oder Mountainbikes sind die besten Fortbewegungsmittel in der teils schroffen Bergregion. Eine Herausforderung ist der am Fluss entlangführende Weg hinauf nach Rhêmes-Notre-Dame. Auf zwölf Kilometern muss ein Höhenunterschied von 600 m überwunden werden. Entspannter gestaltet sich ein Besuch im Tierpark von Introd im unteren Tal, wo vom Wolf bis zum Adler die einheimische Tierwelt versammelt ist (www.parc-animalier-introd.it).

STELLPLÄTZE

Area di Sosta Camper, Aymavilles

1 Der kommunale Stellplatz für 35 Mobile befindet sich auf einem Friedhofsparkplatz gegenüber der Hauptpost. Der geschotterte Untergrund ist weitgehend eben. Es gibt die Möglichkeit, Frischwasser zu fassen und Grauwasser zu entsorgen. Hunde sind erlaubt. Gebührenpflichtig.

▶ Frazione Chef Lieu, 11010 Aymavilles, Tel. +39 01/65 92 28 00, www.comune.aymavilles.ao.it, ganzjährig, GPS: 45.701278, 7.239469

Camper Service Capoluogo, Aosta

2 In zentraler Lage mitten in Aosta hat die Stadt einen Stellplatz für 31 Mobile eingerichtet. Der Untergrund ist befestigt, es gibt keinen Schatten. Frischwasser (im Sommer) und Strom können gegen Gebühr bezogen werden; Vorrichtungen für die Entsorgung von Grauwasser und Chemietoilette sind vorhanden. Gebührenpflichtig.

▶ Via Caduti del Lavoro 15, 11100 Aosta, Tel. +39 01 65/36 75 12, www.lovevda.it, GPS: 45.73611, 7.32916

Slowenien

In der Region Gorenjska lässt es sich herrlich wandern, den gut 2400 m hohen Špik immer fest im Blick.

Mit den Zielen …

Julische Alpen ▸ S. 196, Ljubljana und Steiner Alpen ▸ S. 202, Celje und Bachergebirge ▸ S. 208, Nordost-Slowenien ▸ S. 214

JULISCHE ALPEN

Gewusst, wann …

Festival čokolade

Beim dreitägigen Schokoladenfestival in Radovljica Mitte April geht es himmlisch süß zu. Hier gibt es nicht nur viele Verkostungen, sondern auch Workshops bei den besten slowenischen Mâitres Chocolatiers.

▸ www.festival-cokolade.si

7 864 m führt der Straßentunnel unter dem Bergmassiv der Karawanken hindurch. Für Urlauber, die von Villach in Österreich kommen, stellt er die schnellste Verbindung ins Alpenland Slowenien dar. Der Westen des einstigen Herzogtums Krain wird durch die Julischen Alpen geprägt, welche auch die Grenzlinie zum Nachbarland Italien bilden. Ein frühes Abbiegen von der Autobahn empfiehlt sich, denn hier lockt der Nationalpark Triglav mit Bergen, Höhlen und Wasserfällen – ein ideales Gebiet für Aktivitäten jeder Art. Als attraktives Ziel inmitten dieser faszinierenden Landschaft bietet sich der Bohinj-See an. Zu den Orten, die man in Slowenien gesehen haben muss, gehört der Bleder See mit seiner malerisch in der Mitte gelegenen Insel. Entlang der Flüsse Save und Soča stößt man auf die Spuren der Geschichte des häufig umkämpften Landes.

In der Ferienregion rund um den Nationalpark gibt es viele Campingplätze. Auch entlang der Save und in den anderen Flusstälern herrscht ein gutes Angebot. Die Qualität schwankt jedoch zwischen Fünf-Sterne-Plätzen mit Top-Ausstattung und vor allem kleineren Camps, die seit den 1960er-Jahren kaum verändert wurden. Die Anzahl der Stellplätze wächst langsam, aber unaufhaltsam. Viele Plätze liegen an landschaftlich schönen Orten oder nahe den Sehenswürdigkeiten. Die Versorgung mit Strom und Wasser sowie Entsorgungsanlagen ist größtenteils gesichert.

XXX Neues Bild, neue BU XXX

SEHENSWERTES

VRŠIČ-PASS

1 Im äußersten Nordwesten des Landes hat sich Kranjska Gora als Wintersportdestination einen Namen gemacht. Der bronzene Steinbock am Rande des Jasna-Sees ist ein beliebtes Fotomotiv, im Gehöft Liznjek aus dem 17. Jh. befindet sich ein Heimatmuseum.

Hinter dem Ort beginnt die höchste Passstraße Sloweniens: Der Vršič-Pass erreicht eine Höhe von 1611 m, seine Markenzeichen sind die 50 nummerierten Serpentinen und das Kopfsteinpflaster in vielen Spitzkehren. Gebaut wurde der Pass 1915 von russischen Kriegsgefangenen; in Erinnerung an die etwa 400 Opfer eines Lawinenunglücks beim Bau steht eine russische Kapelle am Wegesrand. Vorbei geht es am Denkmal für den Bergsteiger Julius Kugy, der in den Julischen Alpen zahlreiche Erstbesteigungen vorgenommen hat. Wenig weiter lohnt der Abstecher zum Botanischen Garten Alpinum Juliana (www.pms-lj.si). Entlang der Soča führt die Strecke weiter nach Trenta. Wer gerne auf anspruchsvollen Pässen unterwegs ist, wird in den schneefreien Monaten seine helle Freude an der Strecke haben. Mit überlangen Wohnmobilen könnte in den engen Spitzkehren allerdings etwas Stress aufkommen.

SOČA-TAL

2 Heute wirkt das Soča-Tal friedlich, im Ersten Weltkrieg aber wurde es ganze drei Jahre lang umkämpft – zu beklagen waren eine Million Opfer.

Die Straße folgt ab Trenta dem Lauf des Flusses, nach zehn Kilometern lohnt der Abstecher zu den türkisblauen Großen Soča-Trögen, den Velika Korita, wo sich das reißende Wasser einen Weg durch die engen Schluchten bahnt.

Acht Kilometer weiter führt rechter Hand ein Stich zur Festung Kluze, wo es im Museum um die Flora und Fauna des Nationalparks Triglav geht (www.soca-valley.com).

Wieder am Fluss, erweist sich der Ort Bovec als Hochburg für Outdooraktivitäten. Auf dem weiteren Weg lohnt ein Stopp am Boka-Wasserfall, wo der Fluss über 140 m in die Tiefe stürzt. Von dem an einem Lokal gelegenen Parkplatz führt ein Waldweg zur Aussichtsplattform.

In der Kleinstadt Kobarid schrieb Ernest Hemingway seine Erlebnisse in der Isonzo-Schlacht in seinem Roman »In einem anderen Land« nieder. 100 Jahre darauf steht der Ort für das Gedenken an die damaligen Gräuel. Das kleine Museum zeichnet die Ereignisse nach, ein Lehrpfad führt zu Festungs-

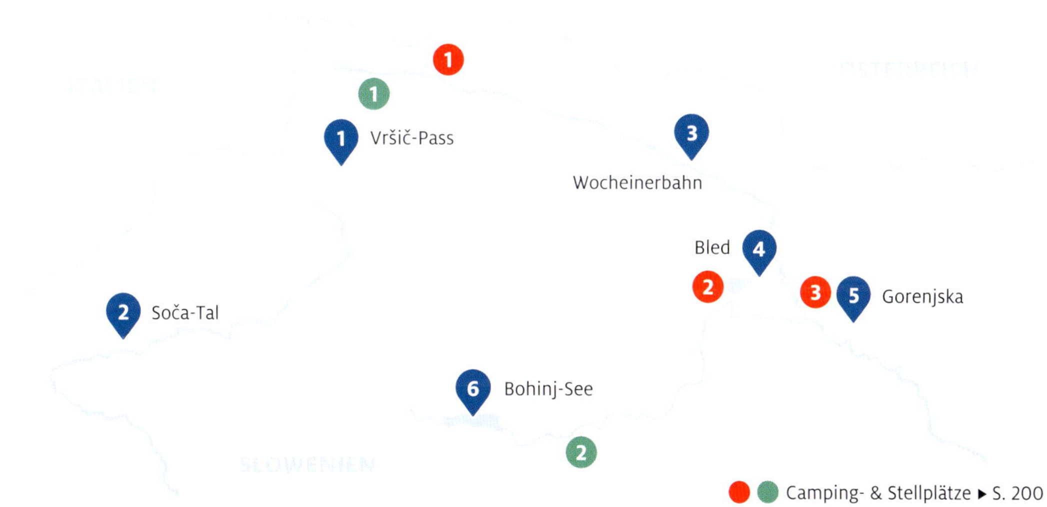

hügeln und Schützengräben (www.kobariski-muzej.si). Endpunkt der Strecke ist der sechs Kilometer hinter Tolmin gelegene Stausee, auf dem Fahrten mit einem Raddampfer unternommen werden können (www.ladja-lucija.si).

MUSEUMSZUG WOCHEINERBAHN

3 Die Öffnung des Suez-Kanals machte die damals zu Österreich gehörende Hafenstadt Triest zu einem wichtigen Umschlagplatz für Waren aller Art. Für den Transport durch die ebenfalls zum Kaiserreich gehörende Krain sollte eine Zugstrecke sorgen. 1905 war die Wocheinerbahn fertig; der nun durch Slowenien führende Teil der Strecke wird im Sommer regelmäßig mit einem Museumszug befahren. Von Jesenice aus geht die dreistündige Fahrt über Bled und Bohinj nach Kanal, Endpunkt ist der Grenzbahnhof Nova Gorica. Brücken und Viadukte überspannen die zahlreichen Schluchten, als längster der vielen Tunnel führt der 6327 m lange Wocheinertunnel durch die Julischen Alpen. Kurz vor dem Ziel passiert der Zug die Salcanobrücke – mit 85 m Spannweite die größte gemauerte Steinbogenbrücke der Welt. Fahrkarten und Plätze müssen reserviert werden (www.sloveniaholidays.com).

BLED

4 Staatspräsident Tito hatte in Bled zu großjugoslawischen Zeiten seine Sommerresidenz – Politiker und Wirtschaftsgrößen gaben sich hier ein Stelldichein. Seit Mitte des 19. Jh. für seine Heilanstalten gerühmt, pflegt Bled seinen Ruf als Luftkurort. Im Zentrum erinnert noch manches Gebäude an Kaisers Zeiten. Schmuckstück des Ortes aber ist der

ESSEN & TRINKEN

Gostilnica Štrud'l Das Besondere bei diesem Traditionsrestaurant ist, dass sämtliche Angestellte in der Umgebung aufgewachsen sind und nur Produkte verwendet werden, die von lokalen Erzeugern stammen. Auf der Speisekarte stehen köstliche Eintöpfe, Wurst- und Käseplatten – und zum Nachtisch, da ist der Lokalname Programm: Strudel!

▸ Triglavska cesta 23, 4264 Bohinjska Bistrica, Tel. +386 (0)41/54 18 77, www.strudl.si

Gostišče Tulipan Üppige Grillteller, Wildschwein oder Gulasch mit Polenta schmecken in diesem Restaurant, das auch Gästezimmer bereithält, besonders gut. Auf eventuelle Nahrungsunverträglichkeiten oder sonstige Essensvorlieben nimmt das Küchenteam gern Rücksicht.

▸ Alpska cesta 8, 4248 Bled-Lešče, Tel. +386 (0)4/537 88 00, www.tulipan-azman.si

Gostilna Lectar Gemütliches Traditionsgasthaus mit regionaler Küche, darunter eine köstliche Pilzsuppe im Brottopf. Im Keller werden in einer Schauwerkstatt traditionelle rote Deko-Lebkuchenherzen gebacken und aufwendig verziert.

▸ Linhartov trg 2, 4240 Radovljica, Tel. +386 (0)4/537 48 00, www.lectar.com

EINKAUFEN

Mlekarna Planika Molkereiladen mit guter Auswahl an lokalen (Biomilch-)Produkten, Alpen-Kräutertees, Honig, Brotaufstrichen oder Schnäpsen. Im firmeneigenen Molkereimuseum nebenan erfährt man in einem kurzen Film etwas über die Geschichte des Betriebs.

▸ Gregorčičeva ulica 32, 5222 Kobarid, Tel. +386 (0)5/384 10 00, www.mlekarna-planika.si

Bleder See, ein Wassersportparadies, auf dem auch Regatten ausgetragen werden. Das beliebteste Fotomotiv Sloweniens ragt in der Mitte des Sees empor: die auf einer Insel errichtete Marienkirche. Sie kann auch besichtigt werden; Besucher können sich mit Ruderbooten übersetzen lassen.

Auf einem 130 m hohen Fels erbaut, bietet die Burg von Bled eine spektakuläre Sicht auf die Alpen. Zudem ist dort eine Ausstellung des Nationalmuseums Sloweniens zur 1000-jährigen Geschichte des Bleder Winkels zu sehen. Für eine stilvolle Anreise zur Burg stehen an der Uferpromenade Fiaker bereit (www.blejski-grad.si).

Abenteuer kann man in der Umgebung erleben: Reiterhöfe bieten Ausritte an, die Stromschnellen der Vintgar-Klamm können auf Holzstegen überquert werden. In den Höhlen von Babjij Zob kann man einen Blick in die Unterwelt werfen.

GORENJSKA

5 In der Region Gorenjska liegt am Ufer der Save die süßeste Stadt Sloweniens, Radovljica: Im Schloss erfährt man in einem Museum alles über die slowenische Tradition der Bienenzucht (www.mro.si). Der Honig der fleißigen Tierchen wird unter anderem zu Lebkuchen verarbeitet. Wie das geht, zeigt eine Schauwerkstatt im Untergeschoss des Gasthauses Lectar (www.lectar.com). Außerdem wird in Radovljica seit 100 Jahren die feine Gorenjka-Schokolade hergestellt. Jedes Jahr im April findet ein Schokoladenfestival statt (www.radolca.si). Ganz »nebenbei« ist auch die Altstadt sehenswert, deren Häuser aus dem 16. bis 18. Jh. stammen.

Der Nachbarort Begunje gilt als Geburtsstätte der Oberkrainer Musik. Durch ihre ungewöhnliche Instrumentierung und Spielweise hat sie die volkstümliche Musik der Alpen maßgeblich geprägt. Das Museum zur Volksmusik ist einem Gasthaus angeschlossen, das regelmäßig Liederabende veranstaltet (www.avsenik.com). Die Bretter, die Skifahrern die Welt bedeuten, werden seit über 70 Jahren in Begunje von der Firma Elan gefertigt. Der schwedische Skirennläufer Ingemar Stenmark errang auf ihnen 86 Weltcup-Siege. Das werkseigene Museum zeigt die Entwicklung der Skier (www.museum.elanskis.com).

Mit einem traditionellen Holzboot, der Pletna, kann man sich über den Bleder See fahren lassen.

BOHINJ-SEE

6 Der Besuch des Nationalparks Triglav und ein Campingaufenthalt am größten natürlichen See Sloweniens lassen sich im Bohinjtal leicht miteinander verbinden. Vor der Kulisse der Berggipfel Vogel und Kobla führt am östlichen Ausläufer eine alte Steinbrücke über die Sava Bohinjka; die mehr als 800 Jahre alte Kirche daneben, Sv. Janeza Krstnik, ist Johannes dem Täufer geweiht. Sehenswert sind dort die Fresken aus dem 14. Jh. und der 35 m hohe Glockenturm (www.janez-krstnik-bohinj.si).

Im 1,5 km entfernten Stara Fužina beherbergt die alte Käserei ein Hirtenmuseum. Etwas weiter gibt es im Haus Opelen das Museum der Wohnkultur, in dem die Lebensverhältnisse zu Beginn des 19. Jh. gezeigt werden (www.bohinj.si).

Ein besonderes Naturschauspiel bietet der sieben Kilometer westlich liegende Savica-Wasserfall. Der Fluss fällt erst 38 m tief über Kaskaden, um sich dann für weitere 51 m in zwei Wasserfälle aufzuteilen.

Im Herzen der Julischen Alpen gelegen: Camp Špik

CAMPING- & STELLPLÄTZE

CAMPINGPLÄTZE

Camp Špik ★★★

1 Der Campingplatz am Ufer der Save bietet 200 gekieste Stellflächen (70–95 m²) auf weitgehend ebenem Wiesengrund mit alten Nadelbäumen. Die Sanitäranlage lässt ebenso wenig Wünsche offen wie die Ver- und Entsorgung; Strom (CEE, 10 A) und WLAN sind selbstverständlich. Ein kleiner Laden dient der Versorgung; offene Getränke hat die angeschlossene Bar auf der Karte. Hunde dürfen auf den Platz. Das Hallenbad des benachbarten Hotels darf genutzt werden, und gleich vor dem Eingang verläuft ein Radweg.

▶ Jezerci 15, 4282 Gozd Martuljek, Tel. +386 (0)51/ 63 44 66, ganzjährig, GPS: 46.485057, 13.836315

■ pincamp.de/sv300

Aktivitäten

Angeboten werden Kajak-, Canyoning- und Raftingtouren; an der Save gibt es schöne Angelplätze. Wanderer und Bergsportler finden in den Bergen 150 km markierter Wege, für Radfahrer gibt es ein Wegenetz von 200 km Länge. Ein Magnet für Mountainbiker ist der Bike Park bei Kranjska Gora mit fünf Trails (www.bike-park.si). Im Winter locken Lifte und Loipen, in den Bergen kann man auch eisklettern. Kurse für Ski und Snowboard werden angeboten. Ein Besuch des Gebirgs- und Bergsteigermuseums in Mojstrana lohnt sich (www.planinskimuzej.si).

Camping Bled ★★★★

2 Umgeben von der Bergwelt der Karawanken, übt der Bleder See eine besondere Anziehungskraft auf Urlauber aus. Das zumeist ebene Wiesen-

gelände befindet sich gegenüber der Stadt in einem nach hinten ansteigenden Tal; die Ausstattung mit mehreren Sanitärhäusern, Gastronomie und Freizeiteinrichtungen liegt auf hohem Niveau. Die 244 Standplätze sind zwischen 70 und 100 m² groß und mit Stromanschlüssen (CEE, 16 A) ausgestattet. Hunde sind erlaubt; WLAN gibt es auf dem ganzen Platz.

▶ Kidričeva 10c, 4260 Bled, Tel. +386 (0)4/575 20 00, April–Mitte Okt., GPS: 46.36168333, 14.0821

■ pincamp.de/sv350

Aktivitäten

Badestelle und Bootsverleih findet man gleich vor dem Eingang des Platzes. Es gibt zahlreiche Sport- und Spielgelegenheiten wie ein Beachvolleyballfeld und Trampoline. Wer sich im Bogenschießen versuchen möchte, hat hier die Gelegenheit dazu. Zudem gibt es die Möglichkeit, einen Tauchkurs zu buchen. Für den längeren Spaziergang oder eine kurze Radtour bietet sich der Rundweg um den See an – auf der Bergseite herrscht kein Verkehr. Mit dem Boot gelangt man auf die mitten im See liegende Insel mit der Wallfahrtskirche Mariä Himmelfahrt.

Camping Šobec ★★★★

3 In einer Flussschleife der Save gelegen, wird die Hälfte des Camping Šobec von Wasser umspült; ein mit dem Fluss verbundener künstlicher Weiher lädt zum Baden, aber auch zum Angeln ein. Der seit über 60 Jahren bestehende Platz hat sich in Slowenien zu einem der beliebtesten Ziele für Camper entwickelt. In einem weitgehend naturbelassenen Gelände sind 250 der 600 Stellflächen in Größen von 60 bis 90 m² parzelliert, an den Stellplätzen gibt es sowohl Strom (CEE, Schuko, 16 A) als auch Anschlüsse für Frisch- und Abwasser. Das Restaurant hat einen Biergarten; über den Platz sind fünf Sanitärhäuser verteilt. Der angeschlossene Laden hat das Format eines Supermarktes. Für Kinder gibt es vielfältige Spielmöglichkeiten nebst Animation. Hunde sind erlaubt; WLAN gibt es auf dem ganzen Platz.

▶ Šobčeva cesta 25, 4248 Lesce, Tel. +386 (0)4/535 37 00, Mitte April–Anfang Okt., GPS: 46.354889, 14.1481157

■ pincamp.de/sv400

Aktivitäten

Ob Rafting, Canyoning oder eine Kajaktour – Touren können über den Campingplatz gebucht werden. Ganz in der Nähe kann man sich mit der Zipline über eine Schlucht schwingen (www.zipline-dolinka.si). Und bei einem Gleitschirmflug lassen sich die Karawanken aus der Luft erleben. Mehrere Reitclubs bieten Kurse an. Nur zwei Kilometer vom Campingplatz entfernt liegt der größte 27-Loch-Golfplatz Sloweniens (www.royalbled.com). Am Camp selbst stehen Tennisplätze sowie Anlagen für Badminton und Ballsportarten zur Verfügung. MTB und E-Bikes lassen sich ausleihen.

STELLPLÄTZE

Camper Stop Kranjska Gora

1 400 m vom Ortszentrum entfernt liegt der Stellplatz für 20 Mobile vor dem Eingang eines Campingplatzes. Strom, Wasser und Entsorgung sind vorhanden, ebenso WC und WLAN. Hunde sind erlaubt. Gebührenpflichtig.

▶ Borovska cesta 106, 4280 Kranjska Gora, Tel. +386 (0)4/580 94 40, www.avtokampi.si, ganzjährig, GPS: 46.487044, 13.77312

Camper Stop Bohinj, Bohinjska Bistrica

2 Am Ortsrand stehen auf dem Camper Stop 22 gekieste Parzellen für Wohnmobile zur Verfügung. Strom, Ver- und Entsorgung sowie WC sind vorhanden. Es gibt auch WLAN-Empfang. 50 m vor dem Platz fährt der öffentliche Bus ins Wandergebiet um den Bohinj-See ab. Gebührenpflichtig.

▶ Triglavska cesta 1, 4264 Bohinjska Bistrica, Tel. +386 (0)51/22 47 28, www.camperstopbohinj.com, ganzjährig, GPS: 46.274272, 13.9481

LJUBLJANA UND STEINER ALPEN

Gewusst, wann …

Ljubljana Festival
Das wichtigste und älteste Kulturfestival Sloweniens mit klassischer Musik, Tanz und Theater berühmter internationaler Ensembles findet zwischen Mitte Juni und Mitte September statt – an verschiedenen Locations der Altstadt wie Kirchen, Innenhöfen und Plätzen.
▸ www.ljubljanafestival.si

Wer Wien mag, wird Ljubljana lieben: Sloweniens Hauptstadt ist reich an Geschichte und gilt darüber hinaus als kulturelles Zentrum des Landes. Noch zu Zeiten der Donaumonarchie errichtete Prachtbauten mischen sich mit der mitunter pompös wirkenden Architektur aus den Zeiten, als Jugoslawien den Sozialismus eigener Prägung versuchte. Das weitere Umland der Metropole zieht sich von den Savinja-Alpen im Norden bis zu den südlichen Ausläufern des Julischen Gebirges. Von der langen Geschichte des Landes zeugen die alten Burgen und Klöster. Zu den Naturwundern gehören die faszinierenden Tropfsteinhöhlen, und die Sickerseen im Südosten der Region sind einzigartig in Europa.

In der Region, die von Urlaubern auf dem Weg in Richtung Adria häufig nur durchfahren wird, sind Campingplätze hauptsächlich nördlich von Ljubljana zu finden. Oftmals handelt es sich um einfache Camps. Reisende mit dem Wohnmobil, die nur einen Platz für eine Nacht benötigen, können sich über ein gutes Netz an Stellplätzen freuen. Vor allem in direkter Nähe zu beliebten Sehenswürdigkeiten sind die Chancen groß, auf einem der Übernachtungsplätze unterzukommen. In vielen Fällen umfasst die Ausstattung auch Ver- und Entsorgungsvorrichtungen.

Die slowenische Hauptstadt Ljubljana hat nicht nur im Abendrot ein ganz besonderes Flair. Hier lohnt ein mehrtägiger Aufenthalt.

SEHENSWERTES

PLANŠARSKO-SEE

1 Weil der aufgestaute Planšarsko-See die Form eines Herzens aufweist, wird er auch gern als »See der Liebe« bezeichnet – und natürlich ist er ein beliebtes Ziel für Verliebte. Das ihn umgebende Jezersko-Tal am Rande der Savinja-Alpen nahe der österreichischen Grenze bietet sich für Wanderungen, zum Beispiel zu den Ank-Wasserfällen, an. Angler erfreuen sich am See seines Fischreichtums – wer die Forelle lieber gebraten als am Haken hat, kehrt in einem der nahen Gasthäuser ein. Zwei kleinere Camps bieten in erreichbarer Entfernung Übernachtungsmöglichkeiten an.

KRANJ

2 Als anderswo in Europa noch Höhlen wohnlich gestaltet wurden, war das heutige Kranj schon besiedelt – die Stadt gilt als ältester Ort Sloweniens. Schöne Bürgerhäuser wie das Zollhaus oder das alte Rathaus und Arkaden reizen zum Besuch der Altstadt, auch die gotische Kirche St. Kancijan ist sehenswert. Begrenzt wird die Altstadt vom Fluss Kokra, der dort eine 30 m tiefe Schlucht in den Fels gefräst hat. Auf der anderen Seite des Ortskerns umfließt die Save eine Insel, die von Einkaufszentren bebaut ist. Eine Plattform in der Altstadt bietet eine gute Aussicht auf die Vereinigung beider Flüsse. Spannend gestaltet sich eine Führung durch das 1300 m lange Tunnelsystem unter dem Zentrum.

Das oberhalb der Stadt im Örtchen Brdo gelegene Renaissanceschloss kann nur zu besonderen Gelegenheiten besucht werden, der beeindruckende Schlosspark ist jedoch zugänglich (www.brdo.si).

Im Ort erinnern mehrere Stätten an den Dichter France Prešeren, der die Zeilen der slowenische Nationalhymne schrieb. Das Haus, in dem er drei Jahre lang in Kranj lebte, ist heute ein seinem Leben gewidmetes Museum.

KAMNIK

3 Als eine der schönsten mittelalterlichen Städte Oberkrains gilt das nördlich von Ljubljana gelegene Kamnik. Mitten im Ort bietet die auf einem Hügel gelegene Burgruine Mali Grad mit ihrem imposanten Wachturm einen schönen Überblick über die Region. Nahebei befindet sich die innen mit Fresken verzierte, dreistöckige Kapelle des heiligen Eligius, eines der ältesten romanischen Bauwerke des Landes.

Das Franziskanerkloster Mekinje oberhalb des Ortes ist berühmt für seine Bibliothek; unter anderem wird hier die erste Bibelübersetzung ins Slowenische aus dem Jahr 1578 aufbewahrt (www.samostanmekinje.si). Kunst und Geschichte bietet das in der Burg Zaprice eingerichtete Heimatmuseum (www.muzej-kamnik-on.net).

Folgt man der Kamnik Bistrica, die übrigens als sauberster Fluss des Landes gilt, erreicht man am Ortsrand das Arboretum Volčji Potok. Die großartige Parkanlage besteht aus annähernd 5 000 Baum- und Pflanzenarten.

ESSEN & TRINKEN

Monstera Bistro Das kleines Bistro mit ungezwungener Atmosphäre ist ein angesagter Ort, um Spitzenküche zu erschwinglichen Preisen zu probieren: Vier Gerichte (Fleisch, Fisch) stehen zur Auswahl, am Abend wird ein Sieben-Gänge-Menü aufgetischt.

▶ Gosposka ulica 9, 1000 Ljubljana, Tel. +386 (0)40/43 11 23, www.monsterabistro.si

Jesharna Der Boden ist knusprig, und die Lieblingszutaten für die Pizza kreuzt man selbst an. Das versteckte Lokal findet man rechter Hand, wenn man aus Richtung des Busbahnhofs die Brücke passiert.

▶ Blaževa ulica 10, 4220 Škofja Loka, Tel. +386 (0)4/512 25 61, www.facebook.com/jesharna

Gostilna Arvaj Die beste Krainer Wurst gibt's in diesem Traditionsgasthaus, das oberhalb der Kokra-Schlucht liegt. Die Wurst wird aus bestem regionalen Schweinefleisch hergestellt und enthält außer Nitritsalz keine Zusatzstoffe.

▶ Kajuhova ulica 2, 4000 Kranj, Tel. +386 (0)4/280 01 00, www.gostilna-arvaj.si

EINKAUFEN

Trnič-Käse Wollte früher ein junger Mann heiraten, überbrachte er seiner Auserwählten zwei Trnič-Käse als Zeichen seiner Treue. Diesen etwas an italienischen Parmesan erinnernden »Liebeskäse«, hergestellt von Hirten auf der Hochalm Velika Planina, gibt es in diversen Geschäften in Kamnik zu kaufen.

▶ 1241 Kamnik

LJUBLJANA

4 Von der Autobahn sieht man Plattenbauten – doch sie sollten nicht davon abhalten, in Sloweniens Hauptstadt einzutauchen. Ljubljana ist so schön wie vielfältig, und vor allem grün. Der weitläufige Tivoli-Park ist so groß wie ein ganzes Stadtviertel und bietet neben Orten zur Entspannung auch kleine Kunsttempel und Sportstätten. In unmittelbarer Nähe befinden sich auch der Zoo (www.zoo.si) und das Nationalmuseum für slowenische Geschichte (www.muzej-nz.si).

Hauptstadtflair im historischen Gewand lässt sich in der Altstadt erleben. Viele Häuser wurden bereits in der Kaiserzeit erbaut, die Brücken über das Flüsschen Ljubljanica verbinden die Altstadt mit dem Geschäftsviertel. Einen Blickfang stellen die drei historischen Brücken dar, die zum Teil mit Skulpturen versehen sind. Rathaus, Dom und Bauernmarkt liegen nah beieinander; der Weg zu einer Kunstausstellung oder zu einem der vielen Museen der Stadt ist nie weit. Ein Höhepunkt ist der Besuch der Burg, die auf einem Hügel mitten in der Stadt steht. Die Anlage kann vom Turm bis zum einstigen Kerker besichtigt werden; im Felsenkeller werden Jazzkonzerte veranstaltet. Überdies bietet die Lage eine einzigartige Sicht über die gesamte Altstadt (www.ljubljanskigrad.si).

IDRIJA

5 Fast 500 Jahre lang wurde in Idrija Quecksilber gefördert. Das erst 1990 geschlossene Bergwerk kann besichtigt werden (www.cudhg-idrija.si). Am Ortsrand sieht man das größte hölzerne Wasserrad Europas – mit einem Durchmesser von 13,6 m pumpte es 163 Jahre lang das Wasser aus den Stollen. Der ehemalige Sitz der Bergwerksverwaltung dient heute als Museum, das sich neben der Geschichte der Mine auch dem Handwerk des Spitzenklöppelns widmet (www.muzej-idrija-cerkno.si).

Der vor den Toren der Stadt liegende Divje jezero, der »Wilde See«, ist Teil des Geoparks Idrija. Bei starken Niederschlägen wird aus dem ruhigen Gewässer ein wilder, wasserspeiender Kessel. Hier befindet sich auch der mit 55 m Länge kürzeste Fluss des Landes (www.geopark-idrija.si).

Architektonische Meisterleistung: die in eine Felswand gebaute Burg Predjama bei Postojna

POSTOJNA

6 Seit mehr als 200 Jahren fasziniert die größte Tropfsteinhöhle Sloweniens ihre Besucher. Stalagmiten und Stalaktiten hatten zwei Mio. Jahre Zeit, um sich zu kunstvollen Gebilden zu formen. Für die Öffentlichkeit zugänglich sind fünf Kilometer des viermal so langen Tunnelsystems. Mit einem Zug geht es 3,7 km tief in den Berg hinein, dann erst geben die Höhlen von Postojna ihre Schätze preis. Jedoch sollte man sich dort auf eine Temperatur von zehn Grad einstellen – für den knapp zweistündigen Besuch ist wärmende Bekleidung empfehlenswert.

Auf dem Areal befindet sich auch die Expo-Höhle Karst, in der die Entstehung der Karsterscheinungen sowie die Geschichte der Höhle dargestellt werden. Im Museum nebenan begegnet man dem Grottenolm, der zehn Jahre lang ohne Nahrung auskommen kann und dennoch bis zu 100 Jahre alt wird.

Nur wenige Kilometer entfernt kann die größte Höhlenburg der Welt in Augenschein genommen werden. Burg Predjama wurde in 123 m Höhe an einer steilen Felsenwand errichtet und galt als uneinnehmbar. Für Tropfsteinhöhle und Burg sind Kombitickets erhältlich (www.postojnska-jama.eu).

PIVKA

7 Ein europaweit einzigartiges Naturphänomen sind die 17 Sickerseen, die in der Region Pivka verstreut liegen. Je nach Jahreszeit und Niederschlag schwankt der Wasserpegel – mal schwimmen Wasservögel auf den Seen, dann wieder ergibt sich ein Blick auf blühende Blumenwiesen. Größter See ist der Palško jezero zwei Kilometer östlich des Flusses Pivka; das für Radtouren bestens geeignete Gebiet ist als Landschaftspark geschützt. Im Ort informiert ein Museum über das sensible Ökosystem.

Wenige Kilometer entfernt ist Oliv die vorherrschende Farbe: Auf dem Gelände einer ehemaligen Kaserne befindet sich das größte Militärmuseum Sloweniens (www.parkvojaskezgodovine.si).

Camping Smlednik am Ufer der Save

CAMPING- & STELLPLÄTZE

CAMPINGPLÄTZE

Camping Smlednik ★★★☆☆

1 Am Ufer der Save bietet das Camping Smlednik 100 ruhige Übernachtungsplätze, auf dem Wiesengelände sorgen viele Bäume für Schatten. Auf dem Platz gibt es ein Areal für FKK-Anhänger. Die Ausstattung der sanitären Anlagen und der Stromversorgung (Schuko, 6 A) ist nicht mehr topaktuell, aber gepflegt. Möglichkeiten zur Ver- und Entsorgung sind vorhanden. Das gastronomische Angebot wird durch ein Restaurant mit Biergarten und den Brötchenservice abgedeckt. Hunde sind erlaubt, und auf dem Gelände gibt es WLAN. Gästen stehen Felder für Volleyball, Basketball und Tennis zur Verfügung.

▸ Dragočajna 14a, 1216 Smlednik, Tel. +386 (0)1/ 362 70 02, Mai–Mitte Okt., GPS: 46.1742, 14.4163

■ pincamp.de/sv600

Aktivitäten

Am Campingplatz gibt es an die Save grenzende Liegewiesen; nur drei Kilometer weiter verbreitert sich der Fluss zum Zbiljer See, an dem ebenfalls reizvolle Badestellen liegen. Der Tourismusverein Zbilje betreibt einen Verleih für Kanus und Ruderboote. Der Stausee eignet sich auch zum Segeln und zum Windsurfen. Bei Anglern ist der See für seinen Fischreichtum bekannt. Vier Kilometer vom Camp entfernt bietet ein Gestüt Reitstunden und Ausritte an (www.kmetija-janhar.si). Golfer können auf dem fünf Hektar großen Areal des nahen Golfclubs aktiv werden (www.cubogroup.si/cubo-golf).

Camping Resort Ljubljana ★★★★☆

2 Am nördlichen Rand von Ljubljana befindet sich auf drei Hektar Fläche die aus einem Hotel und dem Campingplatz bestehende Ferienanlage. Für

Camper stehen am Rande der Save 177 Stellflächen à 65–100 m² bereit; für die zentralen Einrichtungen zur Stromversorgung (CEE, 12 A) werden zum Teil Verlängerungskabel benötigt. Eine Ver- und Entsorgungsanlage steht am ebenfalls vorhandenen Camper Stop zur Verfügung. Die Nutzung der WLAN-Hotspots ist kostenpflichtig. Zwei Spielplätze und der große Outdoor Pool gehen auf die Wünsche kleinerer Kinder ein. Das Restaurant serviert slowenische und internationale Gerichte; die Kalorien können im Fitnesszentrum oder auf einem der Sportplätze abtrainiert werden. Haustiere sind erlaubt.

▶ Dunajska cesta 270, 1000 Ljubljana, Tel. +386 (0)70/25 38 45, April–Anfang Okt., GPS: 46.097538, 14.518768

■ pincamp.de/sv700

Aktivitäten

Vom Campingplatz aus gibt es einen direkten Zugang zum entlang der Save führenden Erholungspfad; Fahrräder können ausgeliehen werden. Genehmigungen für das Fliegenfischen im Fluss stellt die Rezeption aus. Nur im Sommer geöffnet ist das große Freibad neben dem Platz, der Eintritt ist für Gäste ermäßigt. Auf dem Campingplatz gibt es neben zwei Volleyballplätzen auch Spielfelder für Basketball und Fußball. Die Ausrüstung für Badminton, Tischtennis und Frisbee ist kostenlos an der Rezeption erhältlich.

Camp Plana

3 Die Region am Rande des Naturparks Pivka ist bekannt für ihre Pferdezucht. Eines der Gestüte, das jahrelang Islandpferde züchtete, hat jedoch umgesattelt und betreibt heute einen einfachen Campingplatz. Trotz schlichter Ausstattung mangelt es dem Platz nicht an Atmosphäre. Neben einem Spielplatz gibt es ein Lokal, das auch regionale Gerichte anbietet. Die 100 Standplätze auf geschottertem Untergrund sind mit Stromanschlüssen versehen. Der unter deutscher Leitung stehende Platz ist sehr hundefreundlich.

▶ Selce 66, 6257 Pivka, Tel. +386 (0)70/66 86 68, April–Anfang Okt., GPS: 45.708712, 14.192509

■ pincamp.de/pin_234821

Aktivitäten

Auf dem Reiterhof gibt es natürlich Pferde für einen Ausritt; Kinder können auf der Koppel die ersten Reiterfahrungen machen. Die Region eignet sich gut zum Wandern und Radfahren, als Ziele bieten sich die nahen Vremščica-Berge an, um den Krainer Schneeberg bei Snežnik führen Wanderwege. Mountainbiker finden im Umland schöne Strecken – lohnenswert sind die Etappen des MTB-Trails von Postojna nach Triest. Im Landschaftspark der Pivka-Seen können Vogelkundler bis zu 120 Vogelarten entdecken.

STELLPLÄTZE

Wohnmobilstellplatz am Hotel Kanu, Smlednik

1 Stellplatz für zehn Mobile an einem kleinen Hotel am Ortsrand. Strom, Wasser und Entsorgung sind inklusive, die Einrichtungen des Hotels wie Spielplatz, Pool oder Sportanlagen können genutzt werden. Am Platz befindet sich ein Restaurant. Gebührenpflichtig.

▶ Valburga 7, 1216 Smlednik, Tel. +386 (0)1/362 70 11, hotel-kanu.si, ganzjährig, GPS: 46.169028, 14.42199

Camper Stop Ljubljana

2 Der Platz in der Nähe des Zentrums hat 65 Stellflächen, neben Strom und WLAN werden auch Ver- und Entsorgung sowie WCs geboten. Im Restaurant nebenan gibt's Frühstücks. Ganz in der Nähe verlaufen die beiden kleinen Flüsse Ižica und Ljubljanica. Gebührenpflichtig.

▶ Peruzzijeva ulica 105, 1000 Ljubljana, Tel. +386 (0)40/33 06 10, ganzjährig, www.camperstopljubljana.com, April–Mitte Okt., GPS: 46.021148, 14.522995

CELJE UND BACHERGEBIRGE

Gewusst, wann …

Dezela Celjska vabi
Übersetzt heißt dieses zweitägige Mittelalterfest auf der Burg von Celje »Das Land von Celje lädt ein« – und zwar jeweils am letzten Augustwochenende zu Ritterspielen, Workshops, Livemusik, Tanz und natürlich Speis und Trank.
▸ www.celje.si

Auf halber Strecke zwischen Ljubljana und Maribor liegt Celje im Herzen Sloweniens; im Norden gehen die Karawanken ins Bachergebirge über. Hier biegt man am besten in eines der zahllosen Täler ab, um in die ursprüngliche Natur einzutauchen. Statt überlaufener Musentempel gibt es dort versteckt gelegene Wasserfälle und Almhöfe mit Bewirtung; Burgruinen und kleine Freilichtmuseen lassen eine Ahnung aufkommen, wie sich hier in der Vergangenheit das Leben abspielte. Zur Erkundung laden auch die Ufer der Savinja ein. Die oftmals in ferner Vergangenheit für den Bergbau angelegten Gruben sind mittlerweile beliebte Badegewässer, an denen auch Möglichkeiten zur aktiven Freizeitgestaltung geboten werden.

In dieser Region stellen große Campingplätze eher eine Ausnahme dar. Kleinere Plätze befinden sich entlang der Flüsse und an den Seen. Wohnmobilstellplätze sind nahe den größeren Orten und in den Flusstälern zu finden; die Ausstattung liegt häufig über dem Durchschnitt. Allerdings wird in Slowenien nicht genau zwischen Camping- und Wohnmobilstellplätzen unterschieden. Kleinere Anlagen sind häufig als »Mini-Camp« oder »Auto-Camp« ausgeschildert. Ob Ausstattung und Platzgröße den eigenen Komfortansprüchen genügen, muss an Ort und Stelle entschieden werden.

Ein Verein gründete 1978 den Park Mozirski Gaj und betreibt ihn seitdem. Spenden sowie ehrenamtliches Engagement haben ihm zu seiner Schönheit verholfen.

SEHENSWERTES

MEŽICA

1 Das ehemalige Blei- und Zinkbergwerk in Mežica hat einmalige Attraktionen zu bieten: Die Tour führt mit einer Grubenbahn 600 m tief in den Berg hinein, wo alles so aussieht, als würde gleich weitergearbeitet. Noch abenteuerlicher ist es, das Bergwerk mit dem eigenen Mountainbike zu erkunden. Die Führungen dauern 2,5 Stunden, Stirnlampen werden gestellt. Nach vorheriger Reservierung werden außerdem vierstündige Kajaktouren durch die Grube veranstaltet. Wieder am Tageslicht, erwarten den Besucher nicht nur das Infozentrum des Geoparks Karawanken sowie ein Bergwerksmuseum: Im Erlebnispark wird man von Sauriern empfangen, zudem gibt es ein Labyrinth und eine Kletterwand (www.podzemljepece.com).

ZUR QUELLE DER SAVINJA

2 Der Weg zur Quelle der Savinja ist eine Reise durch malerische Täler vor der Kulisse der Bergwelt. Von Prebold aus wählt man die Hauptstraße 225 nach Polzela, wo Teile der Burg Hailenstein zu besichtigen sind (www.gradkomenda.polzela.si). Nach weiteren 14 km erreicht man Mozirje. Dort erfreut die üppige Blumenpracht im »Park der slowenischen Gärtner« Augen und Sinne (www.mozirskigaj.com). In Nazarje befindet sich an der Mündung der Dreta ein noch aktives Franziskanerkloster aus dem 17. Jh., das an den Wochenenden besucht werden kann. Zu seinen Schätzen gehört die Bibliothek aus dem Jahr 1752 (www.franciskani-nazarje.si).

Bei Juvanje wechselt man auf die Hauptstraße 428 und folgt der Savinja über 22 km bis Solčava. Das Tal eignet sich hervorragend für Wanderungen und hat einige Sehenswürdigkeiten zu bieten; Bauernhöfe bieten selbstproduzierte Waren an (www.solcavska-panoramska-cesta.si). Nach gut vier Kilometern auf der Solčava-Panoramastraße biegt man an der Kapelle nach links ab und erreicht nach kurzer Zeit die Quelle der Savinja. Ab Prebold misst die Strecke rund 60 km, auf dem Rückweg können mehrere Abzweige nach Velenje genutzt werden.

VELENJE

3 An Burgen und Schlössern herrscht rund um Velenje kein Mangel; das bereits im 13. Jh. erbaute Schloss Velenje gab der in den 1950er-Jahren aufstrebenden Bergarbeiterstadt seinen Namen. Dass es im Tal von Šalek auch drei Seen gibt, ist

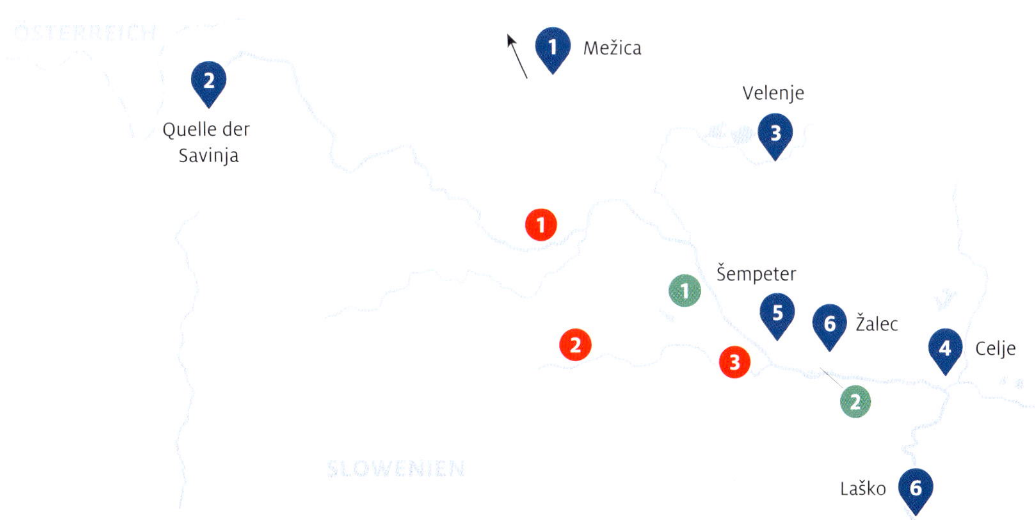

Camping- & Stellplätze ▸ S. 212

Celje am Zusammenfluss von Savinja und Voglajna ist die drittgrößte Stadt Sloweniens – und immer noch ein Geheimtipp.

ebenfalls dem Bergbau zu verdanken. Der größte von ihnen, der Velenjsko jezero, wurde nach dem Ende der Braunkohleförderung zum Naherholungsgebiet – am tiefsten See Sloweniens kommen Wassersportler und Angler gleichermaßen auf ihre Kosten. Wo früher Kohle gefördert wurde, können heute Besucher für einen Tag Bergmann sein. Im Slowenischen Kohlebergbaumuseum wird ein realistischer Eindruck der Arbeitsbedingungen vermittelt. Eine Ausstellung befasst sich mit der Geschichte der Grube (www.muzej.rlv.si/de/bildungsangebot).

Kunst zwischen Barock und moderner Malerei bietet die zum Museum umgewandelte Burg am Stadtrand (www.muzej-velenje.si). Ein Denkmal der jüngeren Geschichte ist die zehn Meter hohe Statue des ehemaligen Präsidenten Tito im Stadtzentrum.

CELJE

4 Erhaben steht die Burg der Grafen von Cilli in 400 m Höhe über der Stadt. Die größte mittelalterliche Burganlage Sloweniens, um die sich ungezählte Mythen und Legenden ranken, ist teilweise renoviert. Dort finden Besichtigungen statt, im Sommer werden Konzerte veranstaltet. Dass der Zahn der Zeit an der Substanz genagt hat, steigert eher die Atmosphäre. Vom Burgberg aus hat man einen grandiosen Blick über die gesamte Stadt, deren Zentrum von den Flüssen Savinja und Voglajna begrenzt wird.

Die Vergangenheit der Stadt reicht bis in die Römerzeit zurück, doch prägend sind die Spuren des Mittelalters. In der Altstadt fallen die außergewöhnlichen Bauten verschiedener Epochen auf; schon äußerlich ein Blickfang sind die zweistöckigen Arkaden der Alten Grafei, die das Regionalmuseum beherbergt. Im Inneren sollte ein Blick auf die berühmten Deckenmalereien geworfen werden. Eine ganze Abteilung ist der bekanntesten Tochter der Stadt vorbehalten: Die Reiseberichte der Journalistin und frühen Weltreisenden Alma Karlin (1889–1950) gehörten einst zur beliebtesten Reiseliteratur, erst in den 1990er-Jahren wurde sie wiederentdeckt.

Nicht nur für eine Besichtigungspause im Grünen ist der an der Savinja gelegene Stadtwald jenseits der Flößerbrücke einen Besuch wert: Zahlreiche Erlebnispfade durchziehen den Wald, und zwischen April und Oktober ist dort das größte Baumhaus Sloweniens zu besichtigen – ein Traum in Holz, der nicht nur Kinder begeistert (www.visitcelje.eu).

ŠEMPETER

5 Fast 500 Jahre lang gehörte das heutige Slowenien zum Römischen Reich; die Zeugnisse der damaligen Besiedlung sind in Šempeter besonders sehenswert: Die erst in den 1950er-Jahren entdeckte Nekropole ist heute ein Freilichtmuseum – mehr als 1 000 Grabmäler wurden freigelegt. Die prächtigsten von ihnen bestehen aus Marmor; kunstvoll gestaltete Reliefs stellen mythische Szenen und den Verlauf der Jahreszeiten dar. Das größte Grabmal wurde für den damaligen Bürgermeister errichtet und misst in der Höhe immense acht Meter. Fünf Gehminuten von der archäologischen Stätte entfernt sind zudem 300 m römischer Straße erhalten geblieben.

Fünf Kilometer weiter lässt sich in Tropfsteinhöhlen der höchste unterirdische Wasserfall Sloweniens entdecken. Besucher der sich auf zwei Ebenen erstreckenden Pekelhöhlen können 1159 m des Höhlensystems erkunden (www.td-sempeter.si).

LAŠKO UND ŽALEC: DIE BIERSTÄDTE

6 Die unbestrittene slowenische Hauptstadt des Biers ist das zwölf Kilometer südlich von Celje gelegene Laško: Am jetzigen Standort der Touristeninformation wurde 1825 das erste Bier gebraut; das örtliche Museum ist der Brautradition gewidmet. Für das körperliche Wohlbefinden werden im Ort Bier-Massagen angeboten und selbst im Escape-Room geht es um den Gerstensaft. Die größte Brauerei vor Ort kann natürlich besichtigt werden – Verkostung inklusive (www.lasko.info).

Einen Brunnen, aus dem sich sechs verschiedene Biersorten zapfen lassen, hält, acht Kilometer westlich von Celje, der Hopfenort Žalec bereit – bezahlt werden muss nur das Glas, dann geht es ans Verkosten. Nur wenige Straßen weiter beschäftigt sich das Hopfen- und Biermuseum mit allem rund ums Brauen (www.turizem-zalec.si). Doch Vorsicht: Auf slowenischen Straßen gilt die 0,5-Promille-Grenze.

ESSEN & TRINKEN

Gostilna Murko Seit mehr als 100 Jahren führt Familie Murko ihr Gasthaus, nun in der vierten Generation. Gekocht wird traditionelle slowenische Küche mit modernen Akzenten.
▶ Francetova cesta 24, 2380 Slovenj Gradec, Tel. +386 (0)41/60 71 31, www.gostilnamurko.com

Gostilna in pivnica Stari Pišker Immer was los ist in diesem Pub-Restaurant, dessen Angebot recht fleischlastig, aber gut ist: Burger, Steaks, Schweinerippchen und -haxen. Vegetarier werden hier auch satt, und auf den Nachtisch können sich am Ende sowieso alle einigen.
▶ Savinova ulica 9, 3000 Celje, Tel. +386 (0)3/544 24 80, www.stari-pisker.com

Pavus Grad Tabor Das Restaurant, bekannt als eines der besten Sloweniens, befindet sich hoch über dem Städtchen Laško in einer mittelalterlichen Burg. Eine saisonale, kreative und regionaltypische Küche erwartet die Gäste. Im Sommer sitzt man perfekt im schattigen Innenhof, im Winter im gemütlichen Turm.
▶ Cesta na Svetino 23, 3270 Laško, Tel. +386 (0)3/620 07 23, www.pavus.si

EINKAUFEN

Kavarna Evropa Nostalgisches k.u.k.-Kaffeehaus mit Kronleuchtern, eleganten Säulen und den vermutlich besten Torten der Stadt. Selten geworden ist türkischer Mokka mit Bodensatz, der hier im Kupferkännchen serviert wird.
▶ Krekov trg 4, 3000 Celje, Tel. +386 (0)3/426 96 09, www.hotel-evropa.si

Ein familiengeführter Platz ist Camping Menina.

CAMPING- & STELLPLÄTZE

CAMPINGPLÄTZE

Camping Menina ★★★☆☆

1 Der acht Hektar große Platz am Ufer der Savinja spricht vor allem Gäste an, die auch im Urlaub aktiv sein möchten. Auf dem weitgehend naturbelassenen Gelände gibt es 230 Stellflächen, die mit Stromanschlüssen (CEE, Schuko, 6–10 A) versehen sind. Alle Parzellen sind mindestens 100 m² groß; auf einem Teil des Platzes gibt es WLAN. Der Spielplatz ist überdacht, und über das Gelände verteilt finden sich vier Sanitärhäuser. Wohnmobilen steht eine Ver- und Entsorgungsanlage zur Verfügung. Im Spa mit Sauna können Massagen gebucht werden.

▸ Varpolje 105, 3332 Rečica ob Savinji, Tel. +386 (0)51/21 93 93, ganzjährig, GPS: 46.31181667, 14.90878333

■ pincamp.de/sv2000

Aktivitäten

Langeweile kommt hier nicht auf: Am Platz gibt es eine Minigolfanlage, mehrere Sportfelder und die Möglichkeit, Bogenschießen zu betreiben. Im angrenzenden Wald kann man sich im Adventure Park mit Hochseilgarten in schwindelnde Höhen begeben. Wassersportlern werden Kajak-, Rafting- und Canyoningtouren auf der Savinja offeriert. Geführte Touren bis hinunter an die slowenische Adria stehen ebenfalls auf dem Programm. Auf eigene Faust erwandern oder mit dem Mountainbike bezwingen lässt sich das nahe gelegene Logarska-Tal. Regelmäßig finden Verkostungen einheimischer Weine und Biere statt.

Camp Podgrad-Vransko ★★★½☆

2 Etwa auf der Hälfte der Strecke zwischen Maribor und Ljubljana bietet sich der autobahnnahe Campingplatz auch für ausgedehnte

Aufenthalte an. Die 28 Stellflächen (80–100 m²) sind alle mit Strom- (CEE, 10–16 A) sowie Frischwasseranschlüssen versehen. Mit Grillstelle, Kinderspielplatz und Garten kommt das Camp den Bedürfnissen von Familien nach. Die sanitären Anlagen sind mit Waschmaschine und Trockner komplett ausgestattet. WLAN gibt es auf dem gesamten Gelände. Durch den Platz fließt der Bach Podgrajščica; das Umland bietet genügend Möglichkeiten zum Auslauf für Hunde.

▶ Prapreče 30, 3305 Vransko, Tel. +386 (0)51/22 91 15, ganzjährig, GPS: 46.24364, 14.94302

■ pincamp.de/sv2160

Aktivitäten

Nur 900 m vom Camp entfernt gibt es die Möglichkeit zum Ponyreiten. Die Region eignet sich hervorragend für leichte und mittelschwere Wanderungen, ein beliebtes Ziel ist die in etwa zehn Kilometer Distanz liegende Bergregion Čemšeniška planina. Rennradler und Mountainbiker finden hier und um das nördlich gelegene Čreta anspruchsvolle Straßen und Strecken. Räder können über den Campingplatz ausgeliehen werden. Vom 20 km entfernten Mozirje aus werden Gleitschirmflüge angeboten (www.impulse.si).

Camp Dolina ★★½

3 Kurz bevor das Flüsschen Bolska in die Savinja mündet, lädt das Camp Dolina am Ortsrand von Prebold zum Bleiben ein. Auf ebener Wiese verteilen sich 40 Standflächen; in der Mitte des Areals sorgt ein kleiner Pool an heißen Tagen für Abkühlung. Die CEE- und Schuko-Steckdosen sind mit 16 Ampere abgesichert und auf dem gesamten Platz gibt es WLAN. Die sanitären Einrichtungen des Campingplatzes verfügen über eine Sauna sowie einen Wasch- und Trockenraum; Abwassertanks können entleert werden. Bei der Rezeption befindet sich eine kleine Bar, zudem gibt es eine Grillstelle. Kindern steht ein Spielplatz zur Verfügung, und Fahrräder können ausgeliehen werden. Hunde sind erlaubt. Der Platz akzeptiert keine Barzahlung.

▶ Dolenja vas 147, 3312 Prebold, Tel. +386 (0)3/572 43 78, ganzjährig, GPS: 46.24053332, 15.08794999

■ pincamp.de/sv2200

Aktivitäten

Nur acht Kilometer entfernt befindet sich das größte Klettergebiet Sloweniens: Die Region Kotečnik lockt mit 334 Routen, die sowohl Anfänger als auch erfahrene Bergsportler ansprechen. Die Gegend um Prebold ist darüber hinaus ein Zentrum für Himmelsstürmer: Gleitschirmflüge – auch als Tandem – lassen sich hier ebenso verwirklichen wie Exkursionen mit dem Motordrachen oder einem Ultraleichtflieger. Ballonfahrten werden ebenfalls angeboten. Der nur fünf Kilometer vom Camp entfernte Golfplatz ist auch auf Anfänger eingerichtet (www.pitchputt-slo.com). An der Savinja und am Ribnik-See kann geangelt werden.

STELLPLÄTZE

Stellplatz Najem & Kamping, Braslovče

1 Am Ortsrand von Preserje gibt es einen kleinen Stellplatz für zehn Wohnmobile am Ufer der Savinja. Der Wiesenplatz ist mit Strom, Frischwasser sowie mit Entsorgungsmöglichkeiten ausgestattet. Hunde können mitgebracht werden. Gebührenfrei.

▶ Preserje 16b, 3314 Braslovče, Tel. +386 (0)37/03 15 71, ganzjährig, GPS: 46.288978, 15.05579

Wohnmobilstellplatz Žalec

2 Der kommunale Stellplatz am Kulturzentrum bietet auf einem öffentlichen Parkplatz Raum für zehn Mobile. Der Untergrund ist gepflastert. Strom, Wasser und Entsorgung können genutzt werden, den Schlüssel für die Anlagen hält das Hotel nebenan bereit. Gebührenfrei.

▶ Mestni trg, 3310 Žalec, Tel. +386 (0)37/10 04 34, www.turizem-zalec.si, ganzjährig, GPS: 46.254083, 15.15388

NORDOST-SLOWENIEN

Gewusst, wann …

Festival Lent
Ende Juni bis Anfang Juli verwandeln Konzerte, Folklore, Straßentheater und Freiluftkino Maribor in eine einzige Bühne. Mehr als eine halbe Million Menschen bevölkern beim größten Open-Air-Festival Sloweniens die Gassen und Plätze der Stadt.
▸ www.festival-lent.si

Pohorje und Pomurje – wer der slowenischen Sprache nicht mächtig ist, kann sich leicht vertun: Der Pohorje ist ein teils über 1500 m hoher Bergzug, auf der österreichischen Seite als Bacher bekannt. Dort dominiert nicht mehr die Bergwelt der Hochalpen – der Pohorje weist mit seinen Hügeln eher die Lieblichkeit eines Mittelgebirges auf. Täler und Ebenen laden zu Exkursionen mit Wanderschuhen und Mountainbikes ein. Das Plätschern der vielen kleinen Bäche und Flüsse, die ihr Quellgebiet in den Bergen haben, ist ein steter Begleiter. Die Drau durchquert den Landstrich bis zur flacher gelegenen Region Pomurje, die auch das Grenzgebiet zu Ungarn markiert. Dass die Wurzeln vieler Orte in der Römerzeit liegen, hat auch die Landschaft geprägt. Im Osten Sloweniens hat der Weinanbau eine jahrhundertelange Tradition.

Campingplätze sind vorrangig an den touristisch interessanten Orte zu finden. Rund die Hälfte der Camps hat sich in der Nähe von Thermen angesiedelt. Stellplätze in Flussnähe sind in der gesamten Region vorhanden, auch in abgelegenen Gebieten gibt es den einen oder anderen offiziellen Platz für die Nacht. Wo die Standflächen Campingplätzen angegliedert sind, darf mit Ver- und Entsorgungseinrichtungen gerechnet werden. Wohnmobilstellplätze sind mitunter auch für Caravangespanne freigegeben.

Die Pestsäule mit der Marienstatue wurde nach einer überstandenen Epidemie im 17. Jh. von Bürgern auf dem Glavni trg, dem Hauptplatz von Maribor, aufgestellt.

SEHENSWERTES

MARIBOR

1 An Vielfalt dürfte die zweitgrößte Stadt Sloweniens kaum zu übertreffen sein: Die an der Drau liegende historische Altstadt von Maribor lockt mit ihren Kirchen, Museen und natürlich der Burg. Im von dort aus nahen Stadtpark herrschen die Schwäne am Weiher. Gleich nebenan feiert das Aquarium und Terrarium mit 170 Tieren 2023 sein 70-jähriges Bestehen (www.visitmaribor.si).

Die älteste Rebe der Welt rankt im Lent-Viertel und gibt nach 450 Jahren immer noch 25 Liter Wein pro Jahr. Mehr Wein gibt es an den Hängen der im Norden aufsteigenden Berge der Windischen Bühel, wo Winzer zur Verkostung bitten. Dazu passend ist Maribor für eine gute Küche bekannt, die zwar gehoben, aber nie abgehoben ist.

Den besten Blick auf die Stadt verspricht der 386 m hohe Pyramidenberg – von der Stadt aus zu Fuß in 20 Minuten zu erreichen. Ebenfalls ganz nah ist das Skigebiet, das im Sommer von Wanderern und Mountainbikern geschätzt wird. Kultur wird großgeschrieben: Die Alpenstadt des Jahres 2000 war im Jahr 2012 auch Kulturhauptstadt Europas. Übrigens: Hinter der Festung Sodni Stolp am Fluss befindet sich die Bühne eines Puppentheaters (www.lg-mb.si).

POMURJE

2 Der nordöstliche Zipfel Sloweniens ist nur 80 km von Maribor entfernt. Wo das Alpenvorland in die Pannonische Tiefebene übergeht, befindet sich die Region Pomurje, die für ihre vielen Heilquellen bekannt ist. In Goričko steht das größte Barockschloss des Landes, auch bekannt für seinen englischen Park. Hier finden regelmäßig Ausstellungen statt (www.park-goricko.org).

Alt trifft Neu in Murska Sobota, der größten Stadt in der Mura-Ebene. In den Barocksälen des Schlosses wird die wechselhafte Geschichte der Region dargestellt, am Rande des Ortes wurde nahe dem künstlichen See Soboško jezero der interaktive Erlebnispark Expano eingerichtet. Mittels Hologrammen und Virtual-Reality-Flügen wird dort die Murlandschaft vorgestellt (www.expano.si).

Das Dreiländereck bei Lendava hat sich mit seinen schmackhaften Weinen einen Namen gemacht; Winzer und Weinstuben laden zu Verkostungen ein. Einen grandiosen Blick über Slowenien und die Nachbarländer Kroatien und Ungarn bietet der Aussichtsturm Vinarium Lendava. Wer die 240 Stufen des 53,5 m hohen Turms scheut, nimmt den Aufzug (www.vinarium-lendava.si).

RUND UM JERUZALEM

3 Nur ein paar Dutzend Bewohner leben in Jeruzalem, und doch hat der kleine Ort eine große Anziehungskraft. Nicht nur, weil er einst von Kreuzrittern gegründet wurde, die hier auch die Kirche der Traurigen Mutter Gottes bauten. Sondern auch – und vielleicht vor allem –, weil das Dorf das Zentrum der wichtigsten slowenischen Weinbauregion ist. Wer hierherkommt, möchte auf einem der zahlreichen Weingüter Šipon, Welschriesling und Muskateller verkosten. Im jahrhundertealten Winzerhaus Malek zwischen Jeruzalem und Svetinje kann man nicht nur einzigartige

ESSEN & TRINKEN

Restavracija MAK Chefkoch David Vračko, der mit seinem Auftreten eher an einen Rockstar erinnert, hat sich mit seinen kreativen Gerichten und einer grandiosen Kulinarik-Show auf höchstem Niveau viele Slow-Food-Anhänger erkocht. Unbedingt frühzeitig reservieren!
▸ Osojnikova ulica 20, 2000 Maribor, Tel. +386 (0)2/620 00 53, www.restavracija-mak.si

Gostilna Amadeus Familiengeführtes Restaurant, das slowenische Spezialitäten zubereitet – etwa *štruklj,* salzigen Käsestrudel, oder *ajdova kaša z jurčki,* Buchweizengrütze mit Pilzen.
▸ Prešernova ulica 36, 2250 Ptuj, Tel. +386 (0)2/771 70 51, www.gostilna-amadeus.si

MuziKafe Die bunt zusammengewürfelte Retro-Einrichtung dieses Cafés in der Altstadt schafft ein behagliches Ambiente. Zum Café, das sich in einem liebevoll restaurierten Gebäude von 1618 befindet, gehören auch einige Gästezimmer.
▸ Jadranska ulica 5, 2250 Ptuj, Tel. +386 (0)2/787 88 60, www.muzikafe.si

EINKAUFEN

Tržnica Auf dem Wochenmarkt in Maribor, der sich von der Koroška-Straße bis zur Drau erstreckt, findet man von Obst und Gemüse über Trockenfrüchte, Saatgut, Kräuter, Molkereiprodukte und Fleisch praktisch alles, was die Bauern der Umgebung produzieren. Besonders köstlich sind regionale Erzeugnisse wie Kürbiskernöl oder Honig.
▸ Vodnikov trg 7, 2000 Maribor

Das Weinbaugebiet rund um den Ort Jeruzalem gehört zu Sloweniens wichtigsten. Die Reben tragen vor allem Weißweinsorten wie Gelber Muskateller oder Chardonnay.

Weine probieren, sondern auch ein kleines Weinbaumuseum besichtigen (www.visitjeruzalem.com).

Während die Weinliebhaber ihre Zeit beim Winzer verbringen, zieht es Ornithologen in das Naturschutzgebiet Ormoške-Lagune nahe Ormož, wo sie zahlreiche bedrohte Vogelarten beobachten können. Rad-, Reit- und Wanderwege führen durch das Feuchtgebiet.

PTUJ

4 Selten präsentiert sich eine Altstadt so farbenfroh wie das historische Viertel von Ptuj: Die in Pastelltönen gehaltenen Fassaden der mittelalterlichen Häuser wirken sofort sympathisch; die Prešernova ist die von Läden und einfachen Lokalen gesäumte Flaniermeile. Hier steht auch der Stadtturm, der nur an drei Seiten mit Uhren versehen ist – weil sich die Burgherren beim Bau des Turms geizig zeigten, gibt es zur Burg hin kein Zifferblatt. Das Schloss oberhalb der Stadt beeindruckt mit seinem drei Etagen hohen Arkadenhof; das darin befindliche Regionalmuseum zeigt neben Glasmalerei auch eine Sammlung historischer Musikinstrumente (www.pmpo.si).

FREILICHTMUSEUM ROGATEC

5 Die verschiedenen Facetten der Geschichte werden in Rogatec am Flüsschen Draganja beleuchtet: Im dortigen Freilichtmuseum können die typischen Bauernhäuser und Werkstätten der Region nicht nur angeschaut werden – jeden Donnerstag- und Samstagnachmittag werden auch Bräuche und Kunsthandwerk vorgestellt. Besucher können sich im Rahmen eines Workshops im Körbeflechten, Schmieden oder traditionellem Brotbacken versuchen (www.rogatec.si).

Weiter zurück in die Historie führt ein Besuch des nahe gelegenen Renaissance-Barock-Schlosses Strmol. Seit der Renovierung werden dort Ausstellungen und Theater geboten (www.rogatec.si).

Nahe dem Campingplatz Terme Ptuj: die gleichnamige Burg

CAMPING- & STELLPLÄTZE

CAMPINGPLÄTZE

Camping Center Kekec ★★½☆☆

1 Nur wenige Kilometer von Maribor entfernt spürt man wenig davon, dass die zweitgrößte Stadt Sloweniens so nah ist. Am Rande eines Vororts wartet der Campingplatz in landschaftlich schöner Umgebung mit 30 gekiesten Standflächen auf, pro Stellplatz stehen zwischen 80 und 90 m² zur Verfügung. WLAN kann auf dem gesamten Gelände in Anspruch genommen werden; die sanitären Anlagen sind gepflegt, Hunde erlaubt. Für Wohnmobile und Caravans gibt es Ver- und Entsorgungseinrichtungen, die Stromkästen (CEE, Schuko, 16 A) versorgen mehrere Parzellen.

▸ Pohorska ulica 35c, 2000 Maribor, Tel. +386 (0)40/ 66 57 32, ganzjährig, GPS: 46.53558333, 15.605

■ pincamp.de/sv3400

Aktivitäten

Entlang der Drau befinden sich Verleihstationen für Kanus – angeboten werden auch Boots- und Floßfahrten. Zu Fuß erreichbar ist ein kleiner Weiher, an dem geangelt werden darf. Ebenfalls nur wenige Hundert Meter entfernt finden Golfer ein Green, auch Freibad und Hallenbad sind gut zu Fuß zu erreichen. Am Camping Center können Fahrräder ausgeliehen werden, der Radweg nach Maribor führt am Camp entlang. 300 m vom Platz entfernt ist die Talstation der Gondelbahn zum Skigebiet Pohorje, wo im Winter Skilanglauf betrieben werden kann. In schneefreien Monaten empfiehlt sich die Gegend als schönes Wandergebiet. Ein Bikepark bietet hier Trails für Mountainbiker, außerdem gibt es eine Sommerrodelbahn (www.visitpohorje.si). Ein unvergessliches Erlebnis ist ein Tandem-Fallschirmsprung (www.skydivemaribor.com).

Camping Terme Banovci ★★½

2 Im Osten Sloweniens, in der Pomurje, bietet dieser Campingplatz auf einer ebenen Wiese unter Pappeln 80 Standplätze für Urlauber an. Die Parzellen haben eine Größe von etwa 80 m², Stromanschluss (Schuko, CEE, 16 A) ist selbstverständlich. Die Ver- und Entsorgung für Wohnmobile ist gesichert. Es gibt einen Brötchenservice und ein Restaurant; wer selbst kochen möchte, kauft im nur einen Kilometer entfernten Supermarkt ein. WLAN gibt es in Teilbereichen. Ein separater Platzteil ist für FKK-Anhänger reserviert. Hunde sind nicht erlaubt.

▸ Banovci 1a, 9241 Veržej, Tel. +386 (0)2/513 14 40, April–Okt., GPS: 46.57311667, 16.17148333

■ pincamp.de/sv3200

Aktivitäten

Der Platz ist an eine Thermalbadeanlage mit mehreren Becken, Whirpool, Dampfbad sowie einem Frei- und Hallenbad angeschlossen. Wer nicht schwimmen mag, leiht sich auf dem Platz ein Fahrrad und unternimmt Touren durch die Umgebung. Ein Sport- und ein Unterhaltungsprogramm für die Erwachsenen sowie Animation für Kinder sorgen dafür, dass im Urlaub erst gar keine Langeweile aufkommen kann.

Camping Terme Ptuj ★★★½

3 Hinter dem Campingplatz mündet ein breiter Industriekanal in die Drau, kurz darauf erweitert sich der Fluss zum Ptujer See. Angeschlossen an ein Thermalbad, werden 120 Stellplätze für Camper geboten; das ebene Wiesengelände wird durch Bäume und Büsche aufgelockert. Zwischen 80 und 100 m² groß sind die Parzellen, von denen jede mit einem Stromanschluss (CEE, Schuko, 10 A) versehen ist. Die Hälfte der Plätze ist mit einem eigenen Wasseranschluss ausgestattet. Auf dem Areal finden sich je zwei Sanitär- sowie Ver- und Entsorgungsanlagen. Zufahrt und Wege sind auch für große Fahrzeuge und lange Gespanne breit genug. Der Eintritt in den Thermalpark mit seinen zahlreichen Wellnesseinrichtungen und zwölf Schwimmbecken ist inbegriffen. Die WLAN-Nutzung ist kostenpflichtig.

▸ Pot v toplice 9, 2250 Ptuj, Tel. +386 (0)2/749 41 00, ganzjährig, GPS: 46.42261667, 15.85443333

■ pincamp.de/sv3500

Aktivitäten

Der nahe Ptujer See bietet sich für Wassersportaktivitäten an: Ruderer finden hier gute Bedingungen vor, Segler machen ihre Boote klar, und Kitesurfer nutzen den Wind. Anlagen für Wasserski- und Wakeboardfans können im 20 km entfernten Wake Park Dooplek genutzt werden. Unterhalb der Burg von Ptuj befindet sich ein Golfplatz, dessen letztes Loch auf einer künstlichen Insel liegt (www.golf-ptuj.si). Schnelle Runden sind auf der Kartbahn im vier Kilometer entfernten Slovenja vas möglich – eine Brücke führt über den Kanal zum Kart-Gelände (www.amzs.si/center-sporta/delovni-cas).

STELLPLÄTZE

Gostilna koblarjev zaliv, Maribor

1 Zwei Kilometer von Maribor entfernt bietet ein Gasthaus auf seinen Parkflächen zehn Stellplätze für Wohnmobile. WLAN, Strom und Zugang zu den Toiletten sind im Preis enthalten. Gebührenpflichtig.

▸ Na otok 20, 2351 Maribor, Tel. +386 (0)2/229 95 50, www.koblarjev-zaliv.si, ganzjährig, GPS: 46.565485, 15.61916

Wohnmobilstellplatz Ormož

2 Gegenüber dem Freibad von Ormož, auf einem größtenteils ebenen, geschotterten Grund, finden vier Wohnmobile einen Platz für die Nacht. Strom, Frischwasser und Entsorgungsmöglichkeiten sind vorhanden. Gebührenpflichtig.

▸ Vinarska ulica, 2270 Ormož, Tel. +386 (02)/741 53 56, www.ormoz.si, ganzjährig, GPS: 46.406111, 16.155556

Lieblingstouren

Auf den Spuren Napoleons geht die Tour auch hinauf in die südfranzösischen Berge.

So schön Ihr Platz auch ist, Sie möchten weiter? Diese sechs Routen sind echte Lieblingstouren: Sie sind abwechslungsreich, verbinden Natur mit Kultur und Sport mit Entspannung. Sie führen zu Sehenswürdigkeiten, die man kennen muss, und zu weniger bekannten Orten, die es zu entdecken lohnt. Einfach per QR-Code die GPX-Daten der Touren herunterladen und losfahren (▸ S. 1) Viel Spaß!

TOUR 1: AN ISAR UND LOISACH ZUR ZUGSPITZE

MURNAU

Im Westen des Ortes lockt der Staffelsee, im Osten der kleinere Riegsee, das Naturschutzgebiet Murnauer Moos lädt zum Radeln und Wandern ein, und auf den Spuren berühmter Künstler kann man hier auch wandeln. ▶ S. 25

GARMISCH-PARTENKIRCHEN

Was für ein Anblick: Die Zugspitze dominiert als Deutschlands höchster Berg das Panorama von Garmisch-Partenkirchen. In dem Kurort kommen auch sportliche und kulturelle Angebote nicht zu kurz. ▶ S. 25

KOCHELSEE

Mit seinen anspruchsvollen Routen ist das Klettergebiet rund um den Kochelsee ein Magnet für Alpinisten. Maler wie Marc und Kandinsky hielten die Landschaft fest. Im Franz Marc Museum kann man ihre Bilder bewundern. ▶ S. 27

BAD TÖLZ

Prima Klima im Isartal: Der Kurort Bad Tölz ist bekannt für seine gute Luft; Wanderer finden in den umliegenden Moorgebieten anspruchsvolle Wege. Besonders sehenswert: das Stadtviertel Gries mit seinen verwinkelten mittelalterlichen Gassen. ▶ S. 31

SYLVENSTEINSPEICHER

Der Stausee ist nicht nur ein schöner Badeplatz, sondern auch ein guter Startpunkt für Wanderungen und Klettertouren. Die über den See führende Faller-Klamm-Brücke ist Teil der ältesten Ferienstraße Deutschlands, der Deutschen Alpenstraße. ▶ S. 31

TOUR 2: ENTLANG DER SALZACH

SALZWELTEN HALLEIN

Die bis in die Bronzezeit zurückreichende Geschichte des weißen Goldes kann man im einstigen Salzbergwerk erleben. Während der 70-minütigen Führungen passiert die Grubenbahn sogar unterirdisch die österreichisch-deutsche Staatsgrenze. Ein Erlebnis. ▶ S. 46

GROSSGLOCKNER HOCHALPENSTRASSE

Der Aufkleber der Großglockner Hochalpenstraßen galt einst als Ritterschlag am Fahrzeugheck. Auf knapp 48 km schraubt sich die kurvenreiche Alpinstrecke auf 2 571 m hoch. Die mautpflichtige Straße ist tagsüber von Mai bis Oktober befahrbar – Erdmännchen kreuzen. ▶ S. 47

GOLLINGER WASSERFALL

Unglaubliche 76 m stürzt hier das Wasser des Schwarzbachs in die Tiefe – das Panorama ist atemberaubend. Der Gollinger Wasserfall ist eine der spektakulärsten Naturstätten Österreichs. Vom Parkplatz ist er in rund 20 Min. zu erreichen. ▶ S. 46

EISRIESENWELT WERFEN

Willkommen im Land des ewigen Eises: Zwischen Mai und Oktober können die verschiedenen Höhlen der Eisriesenwelt besichtigt werden; warme Kleidung und feste Schuhe sind Voraussetzung. Das Wohnmobil wird besser in Werfen geparkt und der Weg per Zubringerbus zurückgelegt. ▶ S. 46

TOUR 3: SIEBEN SCHWEIZER SEEN SEHEN

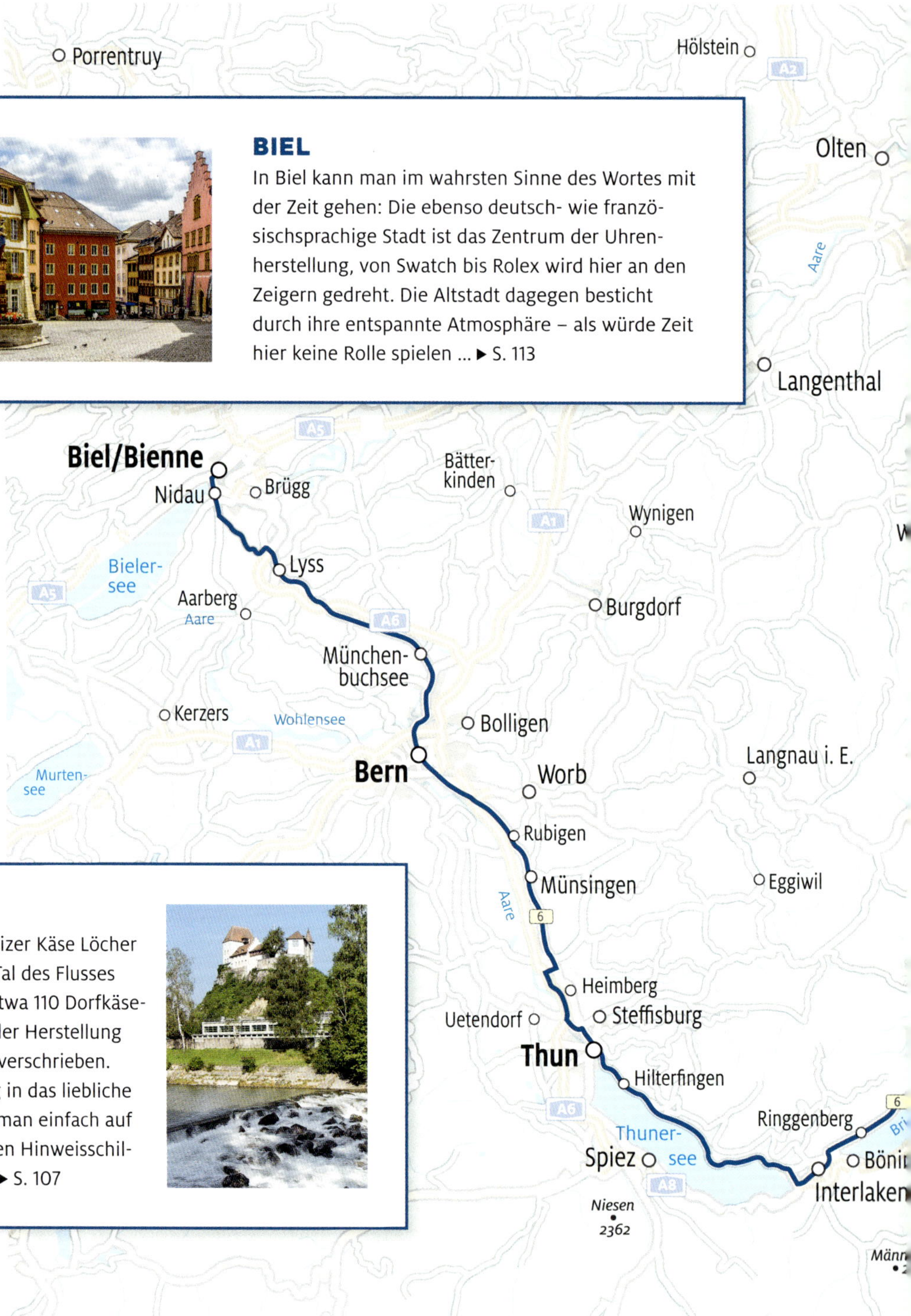

BIEL

In Biel kann man im wahrsten Sinne des Wortes mit der Zeit gehen: Die ebenso deutsch- wie französischsprachige Stadt ist das Zentrum der Uhrenherstellung, von Swatch bis Rolex wird hier an den Zeigern gedreht. Die Altstadt dagegen besticht durch ihre entspannte Atmosphäre – als würde Zeit hier keine Rolle spielen … ▶ S. 113

EMMENTAL

Warum der Schweizer Käse Löcher hat, lässt sich im Tal des Flusses Emme auflösen: Etwa 110 Dorfkäsereien haben sich der Herstellung des Emmentalers verschrieben. Bei einem Ausflug in das liebliche Emmental achtet man einfach auf die entsprechenden Hinweisschilder zu Käsereien. ▶ S. 107

LUZERN

Am Rande des Vierwaldstättersees bummelt man durch das historische und moderne Luzern. Der Weg von der Alt- in die Neustadt wird über überdachte Holzbrücken zurückgelegt, die mit Bildern ausgeschmückt sind. ▶ S. 84

ZÜRICH

Zürich fasziniert mit einer Mischung aus Finanzmetropole und mittelalterlichem Stadtkern. Als eines der Zentren des Schweizer Kulturlebens hat die Stadt eine Vielzahl an Galerien und Museen zu bieten, und ein Spaziergang am See mit Blick auf das gegenüberliegende Ufer ist einfach ein Genuss. ▶ S. 83

BRIENZ

Vor der Kulisse der Berge bestimmen traditionelle Chalets das Bild, und um Holz geht es auch im Holzbildhauerei-Museum im Ort. In der Umgebung bieten sich zahllose Routen zum Wandern an. Und eine Schiffstour über den Brienzersee darf man sich natürlich nicht entgehen lassen. ▶ S. 109

TOUR 4: AUF DEN SPUREN NAPOLEONS

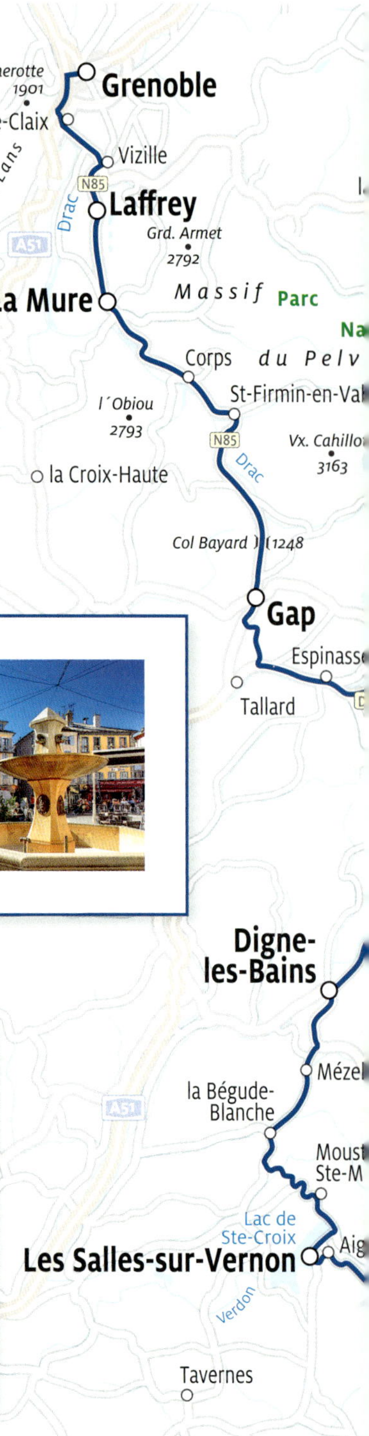

VIZILLE

Die alte Römerstadt ist bei weitem nicht so unscheinbar, wie sie auf den ersten Blick wirkt: Der weitläufige Schlosspark steht unter Denkmalschutz, und im Schloss Vizille wurde die Französische Revolution eingeläutet. ▸ S. 134

GAP

Im Jahr 2002 war Gap die Alpenstadt des Jahres. Wegen der sich hinter dem Ort erhebenden Dauphiné-Alpen war Gap mehrfach Etappenziel der Tour de France. Ein schöner Ausgangspunkt für viele sportliche Aktivitäten in den Bergen. ▸ S. 140

GRAND CANYON DU VERDON

Die grünen Wasser des Verdon lassen Gedanken an die Karibik aufkommen, die Rundstrecke um den Stausee bietet immer neue Eindrücke. Entlang des Lac de Sainte-Croix ist die Infrastruktur ausgezeichnet, und das leibliche Wohl kommt nie zu kurz. ▸ S. 146

LA MURE

Ganz im Zeichen des Bergbaus steht der 1000 Jahre alte Ort La Mure. Auf der hier beginnenden Bahnstrecke wurde einst Kohle transportiert; heute werden dort Ausflugsfahrten mit Museumszügen angeboten. ► S. 134

GRASSE

Ein Auf und Ab von schmalen Gassen führt durch die nur 20 km von der Côte d'Azur entfernte Hauptstadt des Parfüms, mehrere Hersteller der edlen Duftstoffe bieten kostenlose Führungen an. Vom Jardin des Plantes überblickt man die Altstadt und kann bis zum Mittelmeer sehen. ► S. 147

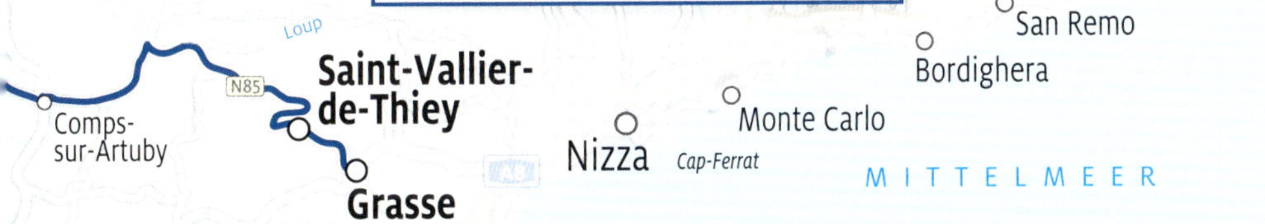

TOUR 5: DURCH DIE SEENLANDSCHAFT OBERITALIENS

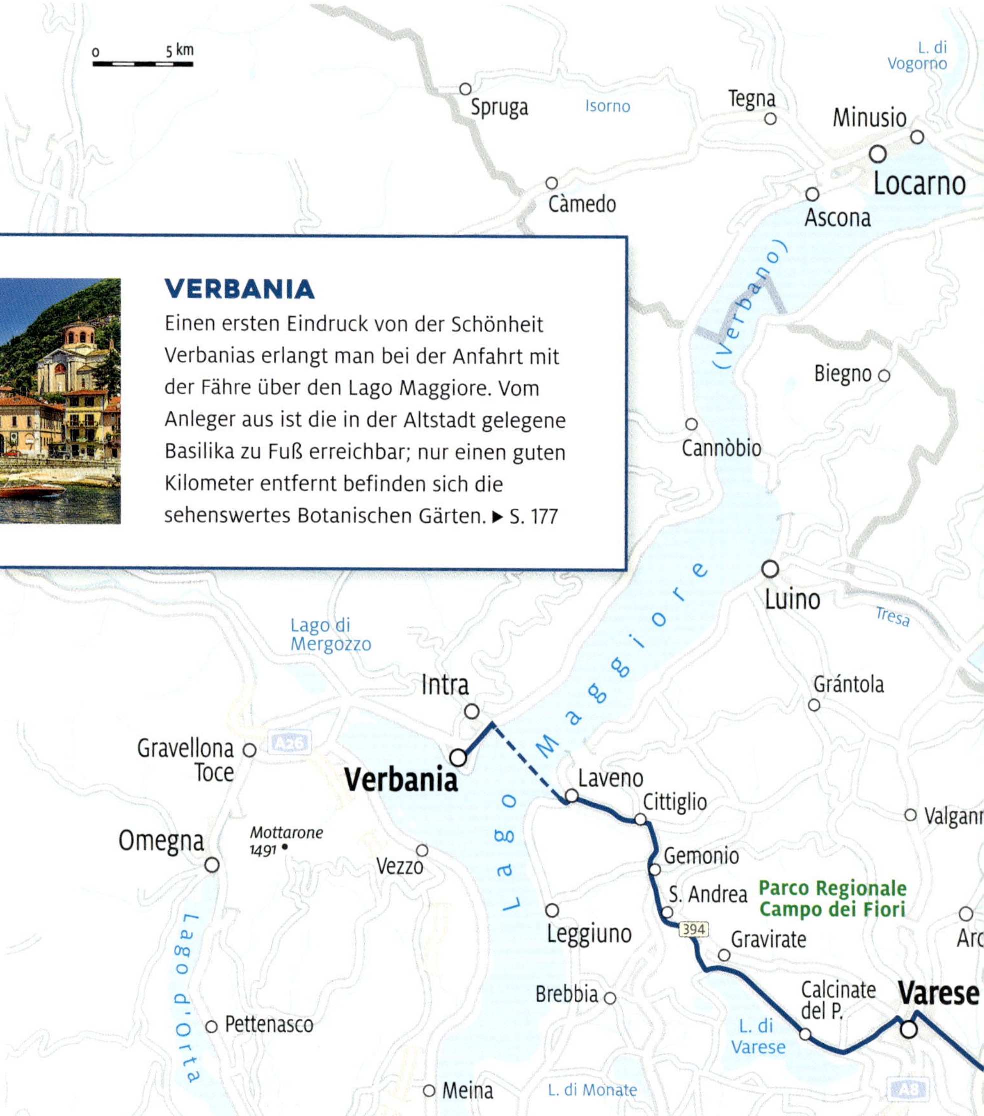

VERBANIA

Einen ersten Eindruck von der Schönheit Verbanias erlangt man bei der Anfahrt mit der Fähre über den Lago Maggiore. Vom Anleger aus ist die in der Altstadt gelegene Basilika zu Fuß erreichbar; nur einen guten Kilometer entfernt befinden sich die sehenswertes Botanischen Gärten. ▸ S. 177

VARESE

Der Lago di Varese hat sich zum Lieblingsplatz von Ruderern entwickelt. Varese selbst hat eine sehenswerte Altstadt. Doch die meisten Besucher kommen wegen des Heiligen Berges, des Sacro Monte di Varese, der mit acht weiteren Heiligen Bergen als Wallfahrtsort zum Weltkulturerbe der UNESCO zählt. Der Weg hinauf wird von 14 Kapellen gesäumt. ▸ S. 179

COMO

Die 3000 Jahre alte Stadt ist ein Zentrum für Kunst, Kultur und klassische Architektur. Wegen des kühlen Borawindes weist der Ort auch im Sommer ein angenehmes Klima auf. ▶ S. 173

MANDELLO DEL LARIO

Die Motorräder von Moto Guzzi gelten als nationales Erbe Italiens; gebaut werden sie seit 100 Jahren in Mandello – der Ort steht ganz im Zeichen eines der ältesten Motorradhersteller der Welt. Während der Besichtigung des Werksmuseums kann man auch einen Blick auf die Produktion werfen. ▶ S. 171

LECCO

Wo der Fluss Adda den Comer See verlässt, bietet Lecco eines der schönsten Panoramen der Region. Das Bergmassiv der Grigna gilt als Wiege des italienischen Alpinismus; die hiesigen Klettergärten sind ein Dorado für Sportkletterer. ▶ S. 171

TOUR 6: AN SAVE UND DRAU

BLED

Wie eine Perle glänzt der Bleder See am Rande des Naturparks Triglav. Der Ort Bled hat sich den Charme eines Kurorts aus Kaisers Zeiten bewahrt. Ruderboote bringen Besucher zur Marienkirche auf der mitten im See befindlichen Insel. An Freizeitmöglichkeiten mangelt es nicht. ▶ S. 198

LJUBLJANA

Die Mischung aus Elementen der K.-u.-k.-Monarchie, sozialistischen Einheitsbauten und Hauptstadtflair macht Ljubljana ebenso bunt wie reizvoll. Zahllose Brücken über die Ljubljanica verbinden die Altstadt mit dem Geschäftsviertel. Für eine Entdeckungstour ist die Stadt wie geschaffen. ▶ S. 204

MARIBOR

Es ist nicht nur die älteste Weinrebe der Welt, die Gourmets nach Maribor zieht – die im Umland gekelterten Weine gehören zur Spitzenklasse. Im Ort hat sich eine Szene der gehobenen Gastronomie entwickelt, die kaum Wünsche offenlässt. ▶ S. 215

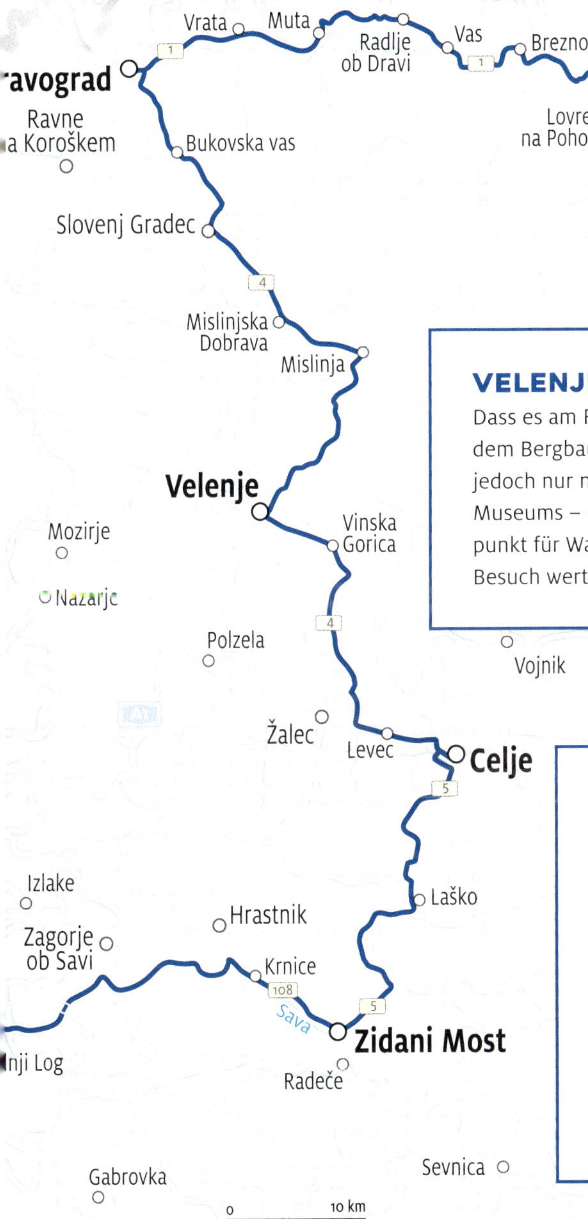

VELENJE

Dass es am Rande von Velenje einen See gibt, ist dem Bergbau zu verdanken. Eingefahren wird jedoch nur noch in den Besucherstollen des Museums – der See hat sich zum Anziehungspunkt für Wassersportler entwickelt. Einen Besuch wert ist auch das Schloss. ▶ S. 209

CELJE

Gleich drei Flüsse münden im Stadtgebiet von Celje in die Savinja, doch beherrscht wird der Ort von der alten Burg. Allein des Ausblicks wegen lohnt sich der Weg. Ein Traum nicht nur für Kinder ist das größte Baumhaus Sloweniens, das sich im Stadtwald befindet. ▶ S. 210

REGISTER

BILDNACHWEIS

Coverfoto: Camping Aaregg © David Birri
Umschlagrückseite: Campingplatz am Mondsee © stock.adobe.com: Ina Ludwig

Alpen-Caravanpark Tennsee 28; Alpsee-Camping 22, Umschlagklappe vorne; AWL images: ClickAlps 103; AWL images: Hans Georg Eiben 77, 82; Camping Aaregg: David Birri 80-81; Camping Alweglehen 40; Camping de la Plage 136; Camping International du Sierroz 130, Umschlagklappe vorne; Camping La Farigoulette 148; Camping Lago di Levico 162; Camping Le Vele 174; Camping Menina 212; Camping MondSeeLand 54; Camping Morteratsch 98, Umschlagklappe vorne; Camping Orta 186; Camping Paradis 116; Camping Ronacher 72; Camping Seefeld 86; Camping Seehorn 92; Camping Smlednik 206; Camping Špik 200, Umschlagklappe vorne; Camping Toblacher See 156; Camping Val di Rhemes 192, Umschlagklappe vorne; Camping Village Europa Silvella 168; Campingplatz Pilsensee 16; Campingplatz Rüppenhof 60; Campingplatz Seehamer See 34; Campofelice Camping-Village 104; DEEPOL by plainpicture: Stefan Schütz 138; Getty Images: Christoph Wagner 223-1; Getty Images: EyeEm 217; HUBER IMAGES: Günter Gräfenhain 161, 231-1;HUBER IMAGES: Paolo Giocoso 228-2; HUBER IMAGES: Monica Goslin 231-2; HUBER IMAGES: Reinhard Schmid 24, 222-1; HUBER IMAGES: Stefano Coltelli 205, 232-1; Huttopia Camping LaClarée 142; imageBROKER: Norbert Eisele-Hein 5; imago images: Kickner 94, 150-151; iStockphoto: Getty Images 8, 188, 191; iStockphoto: Ryhor Bruyeu 220; Komfortcamping Berau 48; Lagocamp Parkcamping Maccagno 180; Laif: Fautre/Le Figaro Magazine 2, 10-11, 144; mauritius images: Alamy/Roman Babakin 194-195; mauritius images: Alamy/Sorin Colac 233-1; mauritius images: Enrico Caccia 112; mauritius images: Marco Faggi 226-2; mauritius images: Westend61 224-1; Seecamping Berghof 78; Shutterstock: AerialVision_it 170; Shutterstock: Andrew Mayovskyy 106; Shutterstock: Benny Marty 115; Shutterstock: COLOMBO NICOLA 172; Shutterstock: DaLiu 152; Shutterstock: elesi 179; Shutterstock: elitravo 184; Shutterstock: Eugen B 39, 59; Shutterstock: Eva Bocek 85, 100; Shutterstock: Fabio Michele Capelli 231-3; Shutterstock: FooTToo 26, 33, 36, 70; Shutterstock: Gasper R. Photo 233-2; Shutterstock: hbpro 214; Shutterstock: irakite 228-1; Shutterstock: Kalnitsky 88; Shutterstock: Karnholz 74; Shutterstock: Leonid Andronov 90, 227-3; Shutterstock: LianeM 230-2; Shutterstock: Maja Knesevic 208; Shutterstock: marcin jucha 218; Shutterstock: Mike Workman 141; Shutterstock: Massimiliano Succi 62; Shutterstock: milosk50 210; Shutterstock: Nok Lek 44; Shutterstock: Noppasin Wongchum 222-2; Shutterstock: Nuria Kreuser 223-3; Shutterstock: Nyokki 52; Shutterstock: Oksana Perkins 6; Shutterstock: Olgysha 223-2; Shutterstock: PhotoFires 232-2; Shutterstock: Roxana Bashyrova 233-3; Shutterstock: Sabine Klein 229-2; Shutterstock: saiko3p 50; Shutterstock: S-F 202; Shutterstock: Simon Dannhauer 4; Shutterstock: Sina Ettmer 18; Shutterstock: Sonja Filitz 158; Shutterstock: Thomas Mathys 227-1; Shutterstock: ThomBal 12, 225-2, 226-1; Shutterstock: Voyagerix 228-3; Shutterstock: Yevhenii Chulovskyi 47; stock. adobe.com: xbrchx 56; stock.adobe.com: Anna Reinert 199; stock.adobe.com: Boris Stroujko 182; stock.adobe.com: Callidior 68; stock.adobe.com: Charlie Hambsch 30; stock.adobe.com: Comofoto 224-2; stock.adobe.com: Composer 42-43; stock.adobe.com: Franois 120; stock.adobe.com: Janis Smits 129; stock.adobe.com: JFL Photography 227-2; stock.adobe.com: Julia Lavrinenko 225-1; stock.adobe.com: Mari79 176; stock.adobe.com: Matthew 118-119; stock.adobe.com: midgardson 122; stock.adobe.com: mojolo 230-1; stock.adobe.com: Novak 196; stock.adobe.com: Photography Walter P. 66, Umschlagklappe vorne; stock.adobe.com: pwmotion 21; stock.adobe.com: Relief Drone 135; stock.adobe.com: Sanga 108; stock.adobe.com: santosha57 126; stock.adobe.com: Simon Dannhauer 155; stock.adobe.com: T. Linack 15; stock.adobe.com: Taljat 97; stock.adobe.com: Thomas Viallefont 229-1; stock.adobe.com: ttinu 65; stock.adobe.com: Unclesam 132; stock.adobe.com: visuall2 146; TCS-Camping Thunersee 110; Village Le Fayolan 124.

DIE SCHÖNSTEN AUSSICHTEN
ZU FUß ENTDECKEN!
Andrea und Andreas Strauß
Tessin
Lago Maggiore · Luganer See · Comer See
52 Touren mit GPS-Tracks
ROTHER | WANDERBUCH
Evamaria und Primus Wecker
Wandern am Wasser
Südtirol
Waalwege · Wildbäche · Schluchten · Seen
60 Touren mit GPS-Tracks
ROTHER | WANDERBUCH
Heinrich Bauregger
Gardaseeberge
Die schönsten Tal- und Höhenwanderungen
57 Touren mit GPS-Tracks
ROTHER | WANDERFÜHRER
Gerhard Hirtlreiter
Chiemsee
Berge und Seen zwischen Rosenheim und Salzburg
55 Touren mit GPS-Tracks
ROTHER | WANDERFÜHRER

IMPRESSUM

Postfach 86 03 66, 81630 München

Markenlizenz der ADAC Camping GmbH, München

ISBN 978-3-98645-012-0
1. Auflage 2022

Autor: Marc Roger Reichel
Redaktion und Projektmanagement: Anne-Katrin Scheiter
Lektorat: Elke Sagenschneider Texte und Projekte, München
Satz: Tim Schulz, Mainz
Bildredaktion: Petra Ender, Nora Goth
Kartografie: Katharina Grimm; Kartographie Huber, München
Umschlaggestaltung: Independent Medien Design, Horst Moser, München; Birgit Kohlhaas
Layout: Anja Linda Dicke, dickedesign.de; Independent Medien Design, Horst Moser, München
Herstellung: Mendy Willerich
Druck und Bindung: Printer Trento, Italien

GRÄFE UND UNZER

Ein Unternehmen der
GANSKE VERLAGSGRUPPE

Wichtiger Hinweis
Die Daten und Fakten für dieses Werk wurden mit äußerster Sorgfalt recherchiert und geprüft. Wir weisen jedoch darauf hin, dass diese Angaben häufig Veränderungen unterworfen sind und inhaltliche Fehler oder Auslassungen nicht völlig auszuschließen sind, zumal zum Zeitpunkt der Drucklegung die Auswirkungen von Covid-19 auf das Hotel- und Gastgewerbe vor Ort nicht vollständig abzusehen waren. Für eventuelle Fehler oder Auslassungen können Gräfe und Unzer, die ADAC Camping GmbH sowie deren Mitarbeiter und die Autoren keinerlei Verpflichtung und Haftung übernehmen. Aus Gründen der besseren Lesbarkeit wird in diesem Buch bei Personenbezeichnungen das generische Maskulinum verwendet. Es gilt gleichermaßen für alle Geschlechter.

Ansprechpartner für den Anzeigenverkauf:
KV Kommunalverlag GmbH & Co. KG,
MediaCenter München, Tel. 089/928 09 60

Bei Interesse an maßgeschneiderten B2B-Produkten:
roswitha.riedel@graefe-und-unzer.de

Leserservice
GRÄFE UND UNZER Verlag
Grillparzerstraße 12, 81675 München
www.graefe-und-unzer.de

Umwelthinweis
Nachhaltigkeit ist uns sehr wichtig. Der Rohstoff Papier ist in der Buchproduktion hierfür von entscheidender Bedeutung. Daher ist dieses Buch auf PEFCzertifiziertem Papier gedruckt. PEFC garantiert, dass ökologische, soziale und ökonomische Aspekte in der Verarbeitungskette unabhängig überwacht werden und lückenlos nachvollziehbar sind.